养老金基金与数理基础

马春明 ◎ 编著

FUNDAMENTALS OF
PENSION FUNDS AND
PENSION MATHEMATICS

图书在版编目(CIP)数据

养老金基金与数理基础/马春明编著. —北京：北京大学出版社，2015.4
ISBN 978-7-301-25540-7

Ⅰ. ①养… Ⅱ. ①马… Ⅲ. ①退休金—资产管理—研究—中国—高等学校—教材 Ⅳ. ①F249.213.4

中国版本图书馆CIP数据核字(2015)第035380号

书　　　名	养老金基金与数理基础
著作责任者	马春明　编著
责 任 编 辑	贾米娜
标 准 书 号	ISBN 978-7-301-25540-7
出 版 发 行	北京大学出版社
地　　　址	北京市海淀区成府路205号　100871
网　　　址	http://www.pup.cn
电 子 信 箱	em@pup.cn　　QQ：552063295
新 浪 微 博	@北京大学出版社　@北京大学出版社经管图书
电　　　话	邮购部 62752015　发行部 62750672　编辑部 62752926
印 刷 者	北京大学印刷厂
经 销 者	新华书店
	787毫米×1092毫米　16开本　16.25印张　341千字
	2015年4月第1版　2015年4月第1次印刷
定　　　价	38.00元

未经许可，不得以任何方式复制或抄袭本书之部分或全部内容。
版权所有，侵权必究
举报电话：010-62752024　电子信箱：fd@pup.pku.edu.cn
图书如有印装质量问题，请与出版部联系，电话：010-62756370

前言

香港大学统计及精算学系于2012年秋季开设了一门"养老金数理基础"课程。它的主要目的是让精算专业本科生对养老金计划的财务规划概念有初步的认识和理解。我有幸被香港大学邀请讲授这门课程。在教学期间,我根据北美精算师协会(Society of Actuaries)的养老金专业考试大纲和阅读材料,编写了一些教学笔记。这本书就是由那些笔记翻译而来的。

本书涵盖了养老金计划的设计和养老基金管理的基本知识,阐述了与养老金计划评估相关的各种精算成本方法,以及如何将精算评估技术运用于养老金计划的筹资、会计处理和成本预测等。它包括下列主题:私营养老金计划基础、养老金负债的定价和估值、精算成本方法及其对成本模式的影响、精算假设的选择和资产负债管理原则。

本书可作为为期一个学期的养老金基础课程的教材。在成功完成课程后,学生应能:

- 按照养老金计划的规定条款计算养老金给付;
- 采用不同的精算成本方法计算养老金计划的正常成本和精算负债;
- 进行养老金计划的评估和损益分析;
- 选择应用于养老金计划的筹资和会计的精算假设与方法;
- 解读精算评估报告中的评估结果;
- 了解与养老金计划有关的资产和负债建模原则。

据我了解,在中国内地和港澳地区,目前还找不到一本专注于养老金财务规划的中文教科书。我希望这本书能够填补这方面的空白。

本书的主要读者是大学精算专业的教师和学生,特别是那些准备精算专业考试的学生们。它也可以给养老保险专业人士作为参考之用。

全书内容分为12章。第1章介绍了一些有关养老金和养老金计划的基本概念。第2章提出了如何为养老金计划融资和进行会计处理,并让学生了解影响养老金计划成本的一些主要因素。第3章至第6章引入适用于确定给付养老金计划的各种精算成本方法及损益分析。第 7 章对前面章节学习过的成本方法作总结回顾。第 8 章分析了如何把各种成本方法应用于捐纳型养老金计划,以及雇员缴费对养老金成本的影响。第 9 章讨论了养老金计划可能提供的各种附属给付和可选给付形式,以及它们的估值方法。第 10 章介绍了一些在北美洲公认的、应用于确定给付计划评估的精算原则,并提出了选择精算假设、精算成本方法和资产评估方法的必要考量因素。第 11 章讨论了养老金计划的筹资和会计处理之间的差异,并简要介绍了美国的一般公认会计准则和国际通用的国际财务报告准则。最后一章介绍了养老金成本的预测方法,以及它们在养老金计划财务规划中的应用。此外,还引入了有别于传统精算评估方法的预测筹资方法。

书末附有养老金评估的应用表示例、与第 3 章至第 9 章相关的练习题以及养老金精算中英文名词对照表。书中的示例和练习题所用的货币金额都以美元为单位。

如前所述,本书是由我的教学笔记翻译而成的,在此要感谢香港大学统计及精算学系的宋晗煜、王金、俞智婕、张菡馨、王欧亚等同学的帮助。要特别感谢北京大学出版社的总编辑助理林君秀和经济与管理图书事业部贾米娜编辑的大力支持。

由于水平所限,书中难免存在一些错误和不足,恳请读者予以指正。

马春明

2014 年 11 月

目录

第 1 章　养老金概述

1.1　养老金和养老金计划　1
1.2　老龄的经济问题　1
　1.2.1　退休后所要求的生活水准　1
　1.2.2　退休后的受雇机会　1
　1.2.3　长者的个人积蓄　2
　1.2.4　寿命延长　2
1.3　养老金的种类　3
　1.3.1　基于雇佣关系的养老金　3
　1.3.2　社会和国家养老金　4
1.4　养老制度　4
　1.4.1　加拿大的养老制度　4
　1.4.2　收入替代　6
　1.4.3　支持与反对设立养老金计划的争论　7
　1.4.4　加拿大养老制度与中国养老制度的比较　8
1.5　确定给付计划和确定缴费计划　10
　1.5.1　确定给付计划　10
　1.5.2　确定缴费计划　14
1.6　具有确定给付与确定缴费特征的计划　16
1.7　设立养老金计划　17
1.8　养老金计划的条款　18
1.9　养老金计划的操作　21
1.10　养老的挑战　22

第 2 章　养老金计划的财务规划

2.1　养老金计划的成本　23
　2.1.1　筹资　23
　2.1.2　会计　24
2.2　养老金成本的预算　24
　2.2.1　现收现付制筹资　25
　2.2.2　期末基金提存筹资　26
　2.2.3　提前筹资　26
2.3　精算评估概览　27
　2.3.1　精算成本法　27
　2.3.2　资产评估法　28
　2.3.3　精算假设　29
2.4　养老金计划的筹资　29
　2.4.1　成本分配法　30
　2.4.2　给付分配法　31
2.5　基本精算函数　31
　2.5.1　组合生存函数　31
　2.5.2　利率函数　33
　2.5.3　年金函数　33
2.6　养老金成本函数　35
　2.6.1　养老金计划负债的度量　36
　2.6.2　精算评估的相关概念　36

第3章　单位信用成本法

3.1　引言　*39*

3.2　成本定义　*40*

3.3　传统单位信用成本法与规划单位信用成本法　*42*

3.4　损益分析　*45*

　　3.4.1　精算损益　*46*

　　3.4.2　归因分析　*48*

　　3.4.3　给付或精算假设变化的影响　*53*

　　3.4.4　新计划参加者的影响　*54*

第4章　个体进入年龄正常成本法

4.1　引言　*55*

4.2　个体进入年龄正常成本法——无工资增长假设　*56*

　　4.2.1　成本定义　*56*

　　4.2.2　损益分析　*60*

　　4.2.3　归因分析　*62*

4.3　个体进入年龄正常成本法——有工资增长假设　*63*

　　4.3.1　成本定义　*63*

　　4.3.2　损益分析　*65*

　　4.3.3　归因分析　*66*

第5章　个体均衡保费成本法

5.1　引言　*69*

5.2　成本定义　*70*

5.3　损益分析　*77*

第6章　聚合成本法

6.1　引言　*83*

6.2　FIL法和AAN法——无工资增长假设　*84*

　　6.2.1　成本定义　*84*

　　6.2.2　损益分析　*89*

6.3　FIL法和AAN法——有工资增长假设　*90*

　　6.3.1　成本定义　*90*

　　6.3.2　损益分析　*91*

6.4　聚合法　*94*

　　6.4.1　成本定义　*94*

　　6.4.2　损益分析　*95*

6.5　个体聚合成本法　*97*

6.6　聚合进入年龄正常成本法　*100*

第7章　成本方法综述回顾

7.1　正常成本的重要性　*103*

7.2　经验收益和损失　*105*

7.3　附加成本　*113*

7.4　养老金领取者　*115*

第8章　捐纳型养老金计划

8.1　引言　*117*

8.2　单位信用成本法　*118*

8.3　进入年龄正常成本法　*119*

8.4　个体均衡保费成本法　*121*

8.5　聚合法　*123*

8.6　示例　*124*

第 9 章 附属给付和给付可选形式

9.1 引言 131
9.2 单位信用成本法下的养老金受领权 132
9.3 进入年龄正常成本法下的养老金受领权 133
9.4 提早退休 136
9.5 延迟退休 136
9.6 传统单位信用成本法下的退休给付 138
9.7 给付可选形式 139
9.8 精算假设改变的影响 143
9.9 示例 144

第 10 章 公认精算实务

10.1 引言 153
10.2 养老金计划筹资建议 153
10.3 持续经营评估 154
10.4 养老金基金管理 155
  10.4.1 基金管理由谁负责 156
  10.4.2 基金管理事项 156
  10.4.3 主要资产种类的特点 157
  10.4.4 资产配置的含义 158
  10.4.5 固定收益投资的久期 160
  10.4.6 养老金计划负债的免疫 164
  10.4.7 养老金基金回报的度量 166

10.5 精算假设的选择 168
  10.5.1 评估利率 169
  10.5.2 人口及其他假设 171
  10.5.3 其他考虑因素 172
10.6 精算成本法的选择 173
10.7 资产评估方法的选择 176

第 11 章 养老金计划的会计处理

11.1 引言 182
11.2 资产和负债的计量 183
11.3 雇主养老金费用的计量 185
11.4 养老金计划对公司财务报表的影响 188
11.5 美国一般公认会计准则和国际财务报告准则的比较 191

第 12 章 养老金成本预测

12.1 引言 196
12.2 决定性的预测和随机性的预测 196
12.3 养老金成本预测的应用 197
12.4 预测筹资方法 198

附录 1　养老金评估应用表示例 201
附录 2　练习题 205
附录 3　养老金精算中英文名词对照表 243
参考文献 249

第 1 章
养老金概述

1.1 养老金和养老金计划

养老金(pension)是一种定期付给个人固定金额的承诺,给付通常是从受益人退休之后开始支付,至其寿命终结为止。换言之,养老金是对退休人员终身的一系列周期性付款。

养老金计划(pension plan 或 pension scheme)是一种由赞助人承诺为雇员提供退休后每月固定收入的正式合约。赞助人可以是单个雇主、雇主团体、工会或政府机构。

1.2 老龄的经济问题

长寿是经济不安全性的来源之一,这是因为个人的寿命可能超过他们的财务能力所能维持的生活年限。一位退休人士的财务能力能多大程度上维持自己和受抚养者的生活开销取决于退休后所要求的生活水准、退休后的受雇机会以及其他可能的经济来源(如个人积蓄、社会保障、继承所得的资产等)。

1.2.1 退休后所要求的生活水准

通常的假设是:个人在退休后的资金需求会比退休前低。在某种情况下,这个假设似乎是合理的。然而,由于个人的期望或偏好,退休人士可能会要求一个不低于退休前的生活水准。有迹象显示,越来越多的退休人士仍然维持着一种颇为活跃的生活状态,所以对资金仍然有一定的需求;而老年长期护理的开销则是另一个令退休后资金需求不会显著下降的重要因素。退休人士要求维持不低于退休前的生活水准的现象,与现代社会思潮的趋势是一致的。

1.2.2 退休后的受雇机会

在美国,目前年龄为 65 岁及以上的人群中,有工作收入的比例大约为 18%。长者退出劳动力市场有很多原因,其中包括自愿退休的、由于生理能力下降而不能继续工作的。不过,长者的就业机会受到其他更重要的因素的影响,如生产工业化、科学技术进步、政府提供的养老福利、私营养老金以及其他雇员福利的扩张等。同时,雇主或许会认为雇用年长员工会增加雇员福利方面的开销,因而倾向于雇用比较年轻的员工。

一般人可能会认为年长员工的就业机会变得越来越有限。然而,由于可预期的未来人口老龄化和某些领域劳动力的不足,这或许不是一个长期的现象。

1.2.3 长者的个人积蓄

如果长者的受雇机会正在减少,而他们对资金的需求仍然巨大,那么,养老储蓄的重要性就变得相当明显了。然而,有研究显示,很多长者已经拥有自己的住房并且还清了房贷。由于正常的房屋维修费和税费开支会少于同等居住条件下的房租费用,这在某种程度上减轻了长者对资金的需求。不仅如此,他们还有可能把住房转换为一种产生收入的资产或是作房屋权益贷款抵押。例如,房屋所有者可以购买一份逆向年金(reverse annuity),从贷款公司每月领取固定的金额,其代价是在死亡后把房屋的所有权移交给贷款公司。

在美国,个人储蓄水平近年来达到了历史新低点。影响个人为养老而储蓄的因素有很多,其中包括:雇主提供的私营养老金降低了个人为养老而储蓄的需求,相当一部分的雇员收入被用来购买个人消费品(消费品营销商通过广告、分期付款等方式吸纳了雇员的收入),高入息税率降低了雇员的储蓄能力,等等。

对于退休人士来说,他们的养老储蓄是否足够支撑他们将来的生活开支,通货膨胀是一个不可忽视的因素。尽管过去十年来通货膨胀率维持在一个比较低的水平,我们还是不应该忽略其对于购买力的负面影响。

1.2.4 寿命延长

老龄化面临的另一个整体性经济问题是老年人口在总人口中所占的比重。已经为人所共知的一个事实是,人类的寿命预期正在不断地延长。在发达国家中,人口寿命延长已经对社会、经济和民生产生了很大的影响。无论是从绝对数量还是相对数量来说,美国的65岁及以上的人口在其总人口中都在不断地增加。1900年,美国大约有300万65岁及以上的人口,而这一数字在2000年已经达到3500万。65岁及以上的人口占美国总人口的比重也从1900年的4%达到2000年的12.7%。更多的、占更大比重的美国人口正受到老龄经济不确定性的困扰,这也是大多数发达国家所面临的普遍性问题。

在大部分发达国家中,老龄人口面临经济不确定性的问题一般是通过以下一种或几种方法来解决的：

(1) 鼓励个人增加养老储蓄（包括购买养老保险和年金等）；

(2) 鼓励雇主为雇员设立养老金计划；

(3) 设立社会养老保险项目等。

1.3 养老金的种类

养老金可以按照不同的赞助者分为以下两大类：

1.3.1 基于雇佣关系的养老金

一种由公营部门或私营部门的雇主为它们的雇员提供的养老金，称为职业养老金(occupational pension)或是基于雇佣关系的养老金(employment-based pension)。这是一种由雇主建立的雇佣合约，其目的是在雇员退休后为他们提供一笔固定的终身收入。这种合约一般要求雇主或雇主与雇员双方，在雇员仍在工作期间向一个基金定期缴费；当雇员退休后，这个基金便对他们提供养老福利。在一些发达国家中，如果这种基金在税务部门注册，雇主或雇主与雇员双方将能够从他们各自的收入中扣除对基金的缴费来减轻他们的年度税务负担。因此，合资格的养老金计划是一个通过基金免税积累来为雇员提供退休后收入的延迟征税积蓄机制(deferred tax savings vehicle)。

在美国，私营养老金的起源要追溯到19世纪，而养老金计划的蓬勃发展则始于20世纪40年代。影响私营养老金成长的主要因素有以下几点：

- 优质的人力资源管理能系统地解决雇员的养老问题。随着年龄的增长，雇员会达到一个生产力开始下降的时间拐点。换言之，当达到一定的年龄时，雇员对公司所能贡献的生产力，其价值或许会低于公司给予他们的薪酬。养老金计划以一种人道的、非歧视性的方式，允许那些生产力下降的员工有一个除了继续工作之外的选择。同时，公司面临的人力资源问题也可以得到有效的解决。
- 税务方面的优惠往往激励雇主向雇员提供合资格的养老金计划。
- 雇员工会为其会员争取退休后的福利，也促进了养老金计划的增长。
- 为了在招聘及留住员工的过程中更具竞争力，雇主也可能选择为雇员提供养老金。养老金计划也可以被用来奖励长期员工的服务。
- 某些时代的基金代理人（如20世纪二三十年代的保险公司营销代表及代理人；自20世纪50年代开始的银行信托部门、企业受托人和财富基金经理等）曾经利用营销手段促进了很多雇主设立养老金计划。

1.3.2 社会和国家养老金

另一种类型的养老金是由政府直接提供的。很多国家都设立了养老金计划，以便为其公民和居民提供退休后（或在残疾情况下）的生活保障。这通常需要公民或居民在他们的工作期间定期向某个政府养老金计划缴费来获得退休后享受福利的资格。这是一种"基于分摊缴费"（contribution based）的养老福利，它取决于个人对养老金计划的缴费额度。加拿大的加拿大养老金计划（Canada Pension Plan，简称CPP）、英国的国民保险计划（National Insurance）、美国的社会安全福利计划（Social Security），就属于这类养老金。

很多国家也提供一种"社会性养老金"（social pension），它又被称为非分摊性养老金（non-contributory pension）。这是一种通过规则性税收转移来向长者支付福利的计划。加入这种计划的资格包括年龄、公民/居民身份、其他因素（如收入、个人资产）等。有超过80个国家提供了这种社会性养老金计划。加拿大的老年保障金（Old Age Security，简称OAS）和新西兰的国家养老金计划（Superannuation Scheme）就属于这一类。

1.4 养老制度

不同的国家有不同的养老制度，我们以加拿大现有的养老制度为例，作一简要说明。

1.4.1 加拿大的养老制度

加拿大的养老制度提供一个由"三根柱子"组成的养老保障方案，三根柱子分别是公共养老保障项目、基于雇佣关系的养老金计划以及自愿性的个人储蓄，如图1-1所示。

第 1 章
养老金概述

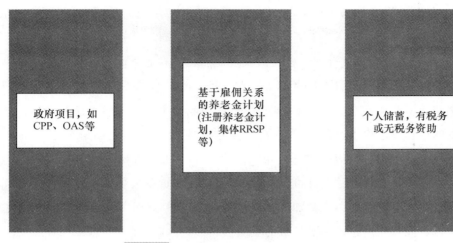

图 1-1 加拿大养老制度的三根柱子

1. 第一根柱子

第一根柱子由政府养老项目组成。加拿大确立了一个为所有老年公民和居民提供最低收入保障的公共政策。加拿大的长者可以依靠一个由各级政府（包括联邦、省和市）管理的福利和社会保障计划所构成的"安全网"。

所有在加拿大长期定居的人都有资格从 65 岁起领取 OAS。那些低收入的长者还有可能收到额外的入息保障补助金（Guarantee Income Supplement，简称 GIS）和生活津贴。不过那些收入比较高的人，其老年保障金会因政府的征税而减少。

另一个主要的政府项目是加拿大养老金计划，即 CPP。在说法语的魁北克省有一个与之相似的魁北克省养老金计划（Quebec Pension Plan，简称 QPP）。除了低收入人士外，所有在职者和自雇人士都需要参加这个养老金计划。它依据加拿大平均工资（被称为"年度最大个人收入"，Year's Maximum Pensionable Earning，简称 YMPE）提供基本的养老福利；上述的加拿大平均工资每年会根据工资上涨指数调整。加拿大养老金计划的融资完全由雇员、雇主和自雇人士负担，并无任何政府补贴。个人每月的福利是其退休时每月平均工资（但不能超过 YMPE 的 1/12）的 25%。

2. 第二根柱子

加拿大养老制度的第二根柱子是职业或基于雇佣关系的养老金计划。这些计划是由雇主（公营的或私营的）为其雇员设立或是通过工会集体谈判而产生的。这其中包括注册养老金计划（Registered Pension Plans，简称 RPPs）、团体注册养老储蓄计划（Group Registered Retirement Saving Plans，简称 Group RRSPs）、延期利润分享储蓄计划（Deferred Profit Sharing Plans，简称 DPSPs）等。与中国香港地区的香港强制性公积金(Hong Kong Mandatory Provident Fund,简称 MPF)不同的是,加拿大的职业养老金计划都是非强制性的。

长期以来,加拿大通过有利的税收条款激励了职业养老金计划的设立和发展。根据加拿大的所得税法,在满足特定条件和限制的情况下,雇员和雇主双方可以从他们各自的收入中扣除向注册养老金计划缴纳的费用,从而减轻了他们的年度课税负担。注册养老金计划的投资收益也不会即时被征税。但当这种计划派发养老福利时,除了某些特定的转移支付外,接受福利者都要把所得的福利纳入他们的应课税收入中。

除了要在所得税法下注册外,退休金计划还必须在加拿大各省制定的养老金标准法律下注册。当养老金计划中有参加者在某个省份工作时,该计划就必须遵从那个省份的养老金法律。联邦政府也颁布了类似的立法,以管理受联邦法律管辖的商业(如交通业、通信业、银行业等)所设立的养老金计划。养老金标准法律规定了正式养老金计划的条款和条件、最低筹资要求、计划资产的投资等,其目的是保障计划参加者的权益。雇员的养老金承保必须由事先的雇主缴费(有时也包括雇员的)来提供资金来源;对于某些养老金计划,这种事先的缴费必须依据可接受的精算成本法(actuarial cost method)计算。

3. 第三根柱子

加拿大养老制度中的第三根柱子是由各种形式的个人储蓄构成的。其中包括有税收优惠的储蓄计划(如个人注册养老储蓄计划、免税储蓄账户等),以及其他形式的个人储蓄(如银行存款、个人投资账户和家庭资产等)。

1.4.2 收入替代

收入替代率(income replacement rate)是指退休后收入与退休前收入的比率,它衡量了退休后收入的充足程度,常用于养老制度的比较及对制度充足程度的评估研究。图 1-2 显示了加拿大养老制度中第一根柱子和第二根柱子所提供的收入替代水平:第一根柱子包括 OAS/GIS/CPP 等政府养老项目,而第二根柱子则包括职业养老金计划如 RPPs/Group RRSPs 等。在各个收入水平之间,政府项目(即第一根柱子)提供的福利占总退休后收入的比重差异很大。对于最低收入者,他们从 OAS、GIS 和 CPP 中所得到的福利替代了他们退休前收入的 70% 或更高的比例。然而,对于年收入 4 万加元的人(根据 2009 年的统计),政府项目只能替代他们大约 40% 的退休前收入,而且这个百分比会随着收入的进一步增加而下降。因此,为了维持他们退休前的生活水准(研究表明这需要 60%—80% 的收入替代率),持中等至高收入的人士必须利用职业养老金计划(第二根柱子)以及个人储蓄(第三根柱子)来补充他们退休后的生活开支。

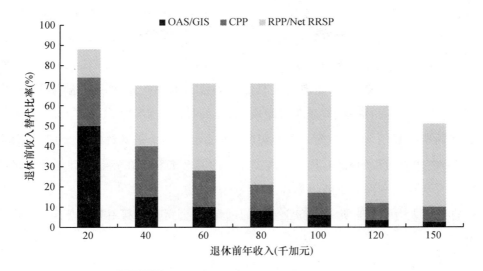

图 1-2 加拿大养老制度的收入替代水平

资料来源：Mintz, J. M. (2009). Summary Report on Retirement Income Adequacy Research. Canada：Department of Finance。

对于年收入在 4 万加元或以上的加拿大人来说，个人储蓄的运用往往会影响他们退休后的生活质量。这些人必须同时考虑到现在对收入的需求和未来对收入的需求，在两者之间取得平衡来决定如何运用个人储蓄。

1.4.3 支持与反对设立养老金计划的争论

对加拿大的雇主来说，为雇员设立养老金计划是非强制性的，那为什么雇主还要设立养老金计划呢？有哪些激励因素会促使他们建立和维持这种计划呢？

1. 支持设立养老金计划的依据

- 吸引及保留优秀员工。大多数雇主意识到，如果要吸引到优秀的员工，就必须建立并维持某种形式的雇员福利项目。一个好的养老金计划提高了雇主在劳动力市场中招聘时的竞争力，尤其是招揽那些有特殊技能的员工。

- 达到竞争力标准。雇员福利项目是雇员补偿中的重要和显著组成部分。人们很容易把其福利水平和成本，与同一行业中其他公司的雇员福利项目相比较。

- 最优化税务优惠。由于加拿大的高所得税税率，雇主在设计雇员福利计划时，税务往往是一个重要的考量因素。这是因为雇主和雇员可以利用对已注册养老金计划的缴费来减轻他们的税务负担。让我们考虑一个简单的例子：假设一笔投资每年可赚取

5%的税前收益,而税率是50%。如果这个公司在符合税收规定的资金中配置1 000元,因为投资收益是免税的,则一年后这笔资金的累计额将是1 050元。如果这笔资金之后被转换成养老金福利,雇员养老金福利的税后所得将是525元。反之,如果公司将这1 000元直接付给一个雇员,则该雇员将只能得到税后的500元。如果这笔钱被投资到一个不符合免税规定的资金中,资金将赚取25元的投资利润,但其中的12.5元用于缴税,因而税后所得只是512.50元。由此可见,通过设立一个正式的养老金计划,公司分摊的费用能够赚取免税的利润,从而提高了雇员的养老福利。在养老金计划延续多年的情况下,这种免税的利润会不断地累计。

• 有效的人力资源工具。在商业重组的过程中,公司可以利用养老金计划提供的福利,让年长或"多余"的员工有序地退休。

• 与公司利益一致的设计。某些类型的养老储蓄计划,例如延期利润分享计划,其福利可以和公司的盈利目标挂钩,由此而激励雇员提高他们的生产力。很多雇主都相信,通过雇员福利项目、其他的正面补助、员工培训等,可以有效地提高员工的士气和归属感。

• 社会责任感。一些雇主可能感到他们有责任为雇员退休后提供足够的收入。从另一方面看,雇员从雇主那里得到的福利可以减轻社会的整体福利开支。

2. 反对设立养老金计划的依据

当然,并不是所有的雇主都愿意为他们的雇员设立养老金计划,他们的依据可能是:

• 用公司的现存现金对公司的生意进行再投资,其潜在的收益会大于分摊于养老金基金的收益。

• 为了遵从复杂的养老金计划法律,雇主往往要付出高昂的行政管理费用和很大的精力,这也是阻碍他们设立养老金计划的原因之一。

• 有些雇主认为雇员应该承担为自己退休后的生活储蓄的责任。雇主只要向雇员支付足够多的现金工资,他们应该就能通过各种有税务优惠的储蓄计划,积累到足够的养老金储备。

在加拿大,个人需要承担的为自己退休后的生活储蓄的责任,正在不断地加大。

1.4.4 加拿大养老制度与中国养老制度的比较

为了使读者能明白养老制度的差异性,我们将加拿大的养老制度和中国的养老制度进行一个简略的比较,把它们的主要特点列在表1-1中。请注意,该比较只反映2012年时存在的制度。

表 1-1　加拿大养老制度与中国养老制度的比较

	加拿大	中国
简要特征	公共养老保险制度 提供了一个基本的定额给付、一个基于收入测试的给付、一个与工资挂钩的养老金计划。 职业养老金计划 由个别雇主自愿提供给他们的雇员。可以是确定给付计划、确定缴费计划、混合类型计划（各种计划的定义，可参见下一节）。	两层养老保险系统 包括基本养老保险和一个强制性的员工供款二线计划。该系统于1998年推出，并于2006年大幅修订。该系统涵盖了城镇职工。许多计算给付的参数是基于各省的（而非全国的）平均雇员收入。
资格条件	2012年6月，加拿大政府改变了OAS的支付年期。由2023年4月开始，基本养老OAS和GIS的开始支付年龄将从65岁逐渐提高到67岁，预计将于2029年1月全面实施。 对于与雇员工资挂钩的计划，如果要获得养老金全额，雇员需要向计划供款40年左右。每一年的供款，雇员都可以得到一定数额的养老金。正常退休年龄为65岁，但也可以提前到60岁时便开始领取养老金。	正常退休年龄，男性是60岁，蓝领女性职工是50岁，而白领女性职工是55岁。
正常退休给付	基本养老金 2012年全额OAS养老金水平为6 510.60加元。每年依据通货膨胀率作调整。该养老金必须通过税务系统的入息审查（即所谓"回补"）。当年收入超过69 562加元（数额依据通货膨胀率调整）时，超过的部分会被政府征回15%。 针对性测试养老金 保证收入补贴（GIS）和OAS养老金加在一起，提供最高每年15 338.52加元的目标福利。如有其他非OAS养老金的收入，GIS会以50%的比率减少。最高目标福利也是依据通货膨胀率调整的。 与工资挂钩的养老金 加拿大养老金计划（CPP）或魁北克省养老金计划（QPP）提供了一个与工资挂钩的养老金。CPP和QPP提供的退休给付大致相同。该计划的目标给付为受雇期间（除去15%收入最低的年份）平均工资的25%。纳入计算的年工资不能超过最高可供计算养老金的薪金额（即YMPE），并依照每年全国平均工资增长率作调整。全额养老给付大约需要向计划供款40年，较短的供款年期则按比例减少。 2012年的最高养老金是每月986.67加元，每年依据通货膨胀率调整。	基本养老金 基本养老给付是每工作一年，可得1%的个人工资和省内平均工资的平均值，但最少需要有15年的供款才符合资格。每年的给付依据工资和价格的组合指数调整，通常是平均工资增长率的40%—60%。 确定缴费账户（包括实质性的和名义的） 该二线计划主要为个人账户。东北三省（辽宁、吉林、黑龙江）和另外八个省份提供了实质性的缴费账户系统。其他省份大部分是名义账户，以名义利率入账。 员工向个人账户系统缴交工资的8%。退休时，个人累计的资金结余或名义账户结余被转换成养老金支付。计算方法是将结余除以一个由政府确定的年金因子。这个因子的大小取决于个人的退休年龄和全国人口的平均预期寿命。 如同基本养老给付一样，该给付是每年依据工资和价格的组合指数调整的。

(续表)

	加拿大	中国
提前退休给付	对于与工资挂钩的公共养老金计划，雇员可以提前到60岁开始领取减额提早退休给付。每提前一年，全额养老金会被扣减6%。这个扣减率从2012年开始五年内会逐渐被提高至7.2%。 对于其他两个公共计划，即基本养老金和针对性养老金，则不提供提前退休福利。	从事体力劳动工作的人，男性可以从55岁开始领取养老金，女性则从50岁开始。对于残疾人士，男性可以从50岁开始领取养老金，而女性则从45岁开始。先决条件是最少要有15年的供款记录。
延迟退休给付	对于与工资挂钩的公共养老金计划，雇员可以延迟到65岁以后的五年内才开始领取养老金。2010年起，每延迟一年，退休给付会增加6%。这个增量从2011年开始三年内会逐渐被提高至8.4%。 其他两个公共计划则不提供延迟退休给付。但从2013年7月开始，合资格人士可以延迟领取基本养老金OAS。每延迟一个月，退休给付会增加0.6%。	退休人士可以将退休年龄推迟，但养老福利不会因延迟退休而增加。

资料来源：OECD（2013）. *Pensions at a Glance 2013*：*OECD and G20 Indicators*. OECD Publishing. Available from http://www.oecd.org/pensions/public-pensions/OECDPensionsAtAGlance2013.pdf。

1.5 确定给付计划和确定缴费计划

在选择养老金福利计划时，雇主通常有两种选择，其中一种是确定给付计划。在这种计划下，雇主为雇员退休后提供定额养老金给付，这一给付是依据一个特定的公式计算得出的，它的金额通常取决于雇员的工作年数和工资。第二种选择是确定缴费计划，这一计划中雇员退休后提供的养老金给付取决于注入雇员个人账户内的缴费以及该账户内的投资收益。确定缴费计划包含了某种特定分摊缴费形式，也包含了利润分享、节俭储蓄或员工持股的形式等。

近年来，一些雇主选择了将上述两种计划的特定特点合并在一起的方案。这种方案被称为混合或组合计划，它包含了"目标给付""现金余额"以及其他形式的混合方案。

1.5.1 确定给付计划

确定给付（defined benefit，简称DB）计划所给出的养老金是由一个固定公式计算的。一般来说，这一公式中包含了雇员的工资、工作年数、退休时的年龄或其他因素。一个简单的例子是"货币乘服务"（Dollar Times Service）计划的公式，在这一计划下，雇员的每一个工作年都转化为每月的给付额。比如说,在一个每工作一年可得每月 100 元给付的计划中,一个工作了 30 年的退休雇员会获得每月 3 000 元的养老金。在北美洲国家、一些有员工工会组织的公司中,这类计划非常普遍。然而,在北美和英国,"最终服务期间平均工资"(final average earnings,简称 FAE)的给付计划仍然是最常见的确定给付计划。在这种计划中,雇员职业生涯最后几年的平均年薪决定了养老金的给付额度。其他类型的确定给付计划还有"职业平均工资"(career average earnings,简称 CAE)计划,这一类计划的给付额取决于雇员在参加计划期间的整体工资收入,例如,给付等于整个工作期间的工资总额的 1.5%。

在英国,养老金法律要求注册养老金计划提供与通货膨胀挂钩的给付。在美国和加拿大,只有公共部门的养老金计划以及少数大企业的养老金计划提供与通货膨胀挂钩的给付。在雇员退休期间,通货膨胀会降低定额养老金的购买力;通货膨胀率越高,固定金额的购买力就会变得越低。假如养老金与通货膨胀指数挂钩,养老金的购买力就可以得到某种程度的保障,这对雇员是有利的。

很多确定给付计划包含了提早退休条款,以鼓励雇员在未达到正常退休年龄(在北美洲,一般是 65 岁)时提前退休。一些此类计划,除了提供定额年金给付,还会在从提早退休时开始直到正常退休年龄期间,派发额外的暂时或附加给付(temporary 或 supplemental benefits)。

计算确定给付计划的"成本",一般需要精算师来完成。即使有精算软件工具的辅助,精算师也不能精确地计算出确定给付计划的成本,因为它只是一个基于某些精算假设的估计值而已。这些假设包含了预期平均退休年龄、雇员的寿命预期、养老金基金预期赚取的收益率等。

 方格 1

养老金的估值

如果你从一个养老金计划取得一份养老金,假如你想转让这份养老金来获得一笔整付,那么你能获得的金额是多少呢?决定养老金价值的方法不是唯一的,因为不同的估值目的会产生不同的数值。与可交易资产(如股票、债券等)不同的是,由于没有公开的养老金交易市场,养老金没有现成的市场价值信息可供参考。

一种养老金估值的方法是计算养老金给付的折现值,但我们应该用什么利率来计算该折现值呢?从一方面来看,养老金与债券有类似之处,它们都是定期支付固定金额。但从另一方面来看,养老金又与债券不同,因为它支付的时间长度是不固定的。养老金通常是在领受者的存活期间支付,所以给付的时间长度是随机的、不确定的。一般来讲,精算师运用以下两条假设来计算养老金的折现值:

- 贴现率。一般是基于与养老金持续期相近的长期政府债券的收益率。
- 死亡率。它反映了养老金领受者的平均余命。

在基于雇佣关系的养老金计划里,计划参加者向雇主提供服务并且赚取养老金福利。养老金给付要到参加者停止工作时才开始支付,其额度取决于养老金计划的条款。考虑下面这个简单的例子:

简易例子

养老金给付公式　　每工作一年可得每月 50 元的养老金

养老金的形式　　从 65 岁起开始支付的纯粹终身年金(straight life annuity)

估值日时的参加者数据:

性别	男
年龄	40 岁
已工作年数	10 年

精算假设:

利率	6%
退休前死亡或退保概率	0
65 岁时的年金因子 $\ddot{a}_{65}^{(12)}$	等于 10(基于 6% 的利率及某种死亡表)

应计养老金给付额精算现值的计算

每月应计给付 $= 50 \times 10 = 500$(元)

$$\text{应计给付的精算现值} = v^{65-40} \times {}_{25}p_{40} \times (500 \times 12 \times \ddot{a}_{65}^{(12)})$$

$$= \frac{1}{1.06^{25}} \times (500 \times 12 \times 10) = 13\,980(元)$$

注意:

- 精算现值取决于选用的利率和死亡率的假设。
- 较低的利率会给出较高的精算现值。
- 较低的死亡率(亦即较长的平均余命)会给出较高的精算现值。

应计给付额的精算现值随年龄的增长而呈现 J 形曲线上升。应计给付的价值在雇员入职早期缓慢地增长,但从中期后便开始加速上升。原因有两点:

> - 随着雇员临近退休,利率折现的时间段在缩短。
> - 随着雇员临近退休,退出养老金计划的概率在降低,亦即退休前减量的折现在减少。
>
> 结论:为年长员工提供养老金的成本比为年轻员工提供同等额度养老金的成本高。
>
> **课后练习**
>
> 运用以上假设,计算出在该方案下,在 30 岁、35 岁、40 岁、45 岁、50 岁、55 岁、60 岁和 64 岁时,每额外工作一年所产生的应计养老金给付的精算现值。在图中画出每多工作一年产生的应计给付的精算现值与年龄的关系。在确定给付计划中,你能得出有关雇主成本分配的什么样的结论呢?

雇主的(有时也包括雇员的)缴费,被投资于一笔基金内来累积目标给付所需要的资金。基金的未来收益和支出的给付,是事先不能确定的。因此,我们无法保证一定额度的缴费及其收益可以达到目标给付所需要的资金。一般来说,精算师需要定期对养老金计划的资产负债作评估,以便检测资金的充裕程度。

在确定给付计划中,投资风险和回报通常是由赞助人或雇主而非计划参加者所承担的。如果计划的资金不足,所需的缴费便会增加。在企业财务困难的情况下,雇主可能没有足够的资金来支付法例规定的最低缴费。在美国、英国等国家,确定给付计划的雇主必须向某一个政府的保险项目缴纳一种类似于保险保费的费用,如美国的联邦养老金保障公司(Pension Benefits Guarantee Corporation,简称 PBGC),或英国的养老金保障基金(Pension Protection Fund,简称 PPF)等,当养老金计划赞助人面临破产时,该保险项目便为计划参加者提供及时的、不间断的养老金福利(不超过某一规定上限)。总的来说,确定给付计划所提供的给付是相对确定的,但由精算师估计的分摊缴费却是无法预先确定的。因此,在考虑设立一个养老金计划时,雇主需要考虑确定给付计划可能带来的不确定成本风险。

对确定给付计划的批评

如我们之前提到的,在传统确定给付计划的设计中,由于临近退休折现时间的缩短,应计给付的精算现值会呈现 J 形的曲线上升。在雇员职业生涯的早期,应计给付的精算现值会缓慢地增长,但在中期后则迅速增加。换言之,为年长员工提供养老金的成本,会远高于为年轻员工提供同等额度养老金的成本(这是一种所谓的"年龄偏差",age bias)。再者,相对于确定缴费计划,确定给付计划的转移性(portability)[①]也较差。大部分确定给付计划的福利,是以年金的形式派发给退休雇员的。因此,退休雇员无须担心低投资收益率、寿命超出预期可能带来的风险。然而,对雇主来说,这种保证给付的成本是难以估计和控制的。这也是这些年来,许多雇主把确定给付计划转变为确定缴费计划的原因。

由于年龄偏差、转移性较差、不确定的成本风险等因素,确定给付计划比较适合于雇员流动性低的大型雇主,例如公营部门(一般来说,公营部门的养老金计划还可以得到纳税人在财政上的支撑)。

确定给付计划有时被批评为是一种家长式的安排。因为它是基于以下的假设情况而设计的:雇员会受雇于同一个雇主,直到他们退休为止。在今天的高流动性劳务市场中,这种情况已经很少出现了。

1.5.2 确定缴费计划

在确定缴费计划中,分摊缴费由一个固定公式(通常是参加者收入的固定百分比)确定,各个参加者的缴费被存入其独立的账户中。缴费被投资于股票市场、固定收益资产或其他类型的资产,投资的回报(可能为正也可能为负)亦被计入每个人的账户中。与计划相关的行政管理费用则被分配到每个人的账户中并相应扣除。退休时,计划参加者的账户结余被用来提供参加者退休后的福利(有时是通过购买年金的方式来支付的)。

确定缴费计划一度被认为会产生高昂的行政管理费用,因为计划需要保留各个参加者的账户记录,而且可能要处理很多的管理程序(如退保、改变投资策略等)。然而,由于法律对确定给付计划的要求,如精算评估、应缴的计划终止保险费等,这些计划的行政管理费用近年来不断地上升,并且达到一个高于一般确定缴费计划的管理费用水平。由于行政管理费用的相对下降,以及易于计算雇主所要承担的缴费义务,一般的雇主会倾向于为新雇员设立确定缴费计划(与确定给付计划不同的是,你不需要雇用一个精算师来计算年金的等价整付)。事实上,在全世界范围内,确定缴费计划已经越来越广泛地被接受,许多国家的私营养老金都是采取这种类型。举例来说,在美国和英国,越来越多的雇主终止了他们运作多年的确定给付计划,转向确定缴费计划,所以这些国家的确定给付

[①] 转移性是指计划参加者将其养老福利权益从一个职业性养老金计划或公共社会保障项目转移到另一个计划的可能性。

计划的数量一直在下降。

在确定缴费计划中,投资的风险和回报是由雇员、退休者而非赞助人、雇主承担的。另外,参加者在退休时也无须用他们的账户结余去购买终身年金,因此他们会面临在有生之年把账户储蓄耗尽的风险。在英国,政府为了降低这类风险,法律硬性规定雇员在退休时,必须用他们账户内的大部分结余去购买终身年金。

确定缴费计划的成本可以依照计划内的缴费公式计算得出,但它的给付则取决于雇员退休时的账户结余。因此,它的缴费是确定的,而给付金额在雇员退休前是无法确定的。

尽管确定缴费计划的参加者一般有控制投资决策的权利,但在很大程度上,计划赞助人仍然对计划内的资产投资(包括投资选项和行政管理供应商的选择等)负有信托性的责任。

支持确定缴费计划者指出,每个雇员都可以根据其个人需求和财务状况设计并调节投资组合,决定是否向自己的账户内缴费以及缴费额度的大小。然而,有些人会怀疑雇员投资决策的能力和缴费给养老账户的自律性。近年来,很多雇主开发了各类投资教育项目,目的是提高雇员的基础投资知识,希望雇员可以成为更好的投资者。

总结以上的论述,我们将确定给付计划与确定缴费计划的主要特征列于表 1-2 中。

表 1-2 确定给付计划与确定缴费计划的比较

特征	确定给付计划	确定缴费计划
谁承担投资风险和回报	赞助人、雇主	计划参加者、雇员
养老金计划的成本	不能预先确定,基于精算假设估计。年长员工的成本高于年轻员工的成本(即"年龄偏差")	应纳缴费随时可以计算出。无"年龄偏差"情况出现
给付的确定性	给付可以依计划内的公式计算,且有相对的保障(在美国和英国,政府提供一定额度的给付保障)	给付不能预先确定。它取决于雇员退休时的账户结余。存在资产积累不足以支持退休后生活费用的风险
投资决策	由赞助人、雇主控制;参加者一般不参与投资决策	参加者一般可以自己控制自己账户内的投资选择
可转移性	一些计划允许离职雇员转移一笔养老金整付;已经开始支付的养老金则不可以转移	个人账户可以很容易地转移

方格 2

讨 论 题

假设你是一个25岁的员工,现在有机会选择雇主提供的确定给付计划和确定缴费计划。根据确定给付计划最新的精算估值,雇主每年的成本是每个参加者工资的6%。确定缴费计划要求的雇主缴费也恰恰是每个参与者工资的6%。你会倾向于加入哪个计划呢?请描述你如何比较这两个方案和所依据的假设。

1.6 具有确定给付与确定缴费特征的计划

传统的确定给付计划或确定缴费计划都有一系列的优点和缺点,但未必完全符合雇主与雇员的需求。一些计划赞助者发现,单独地调整确定给付计划或确定缴费计划的条款,并不能满足他们的雇员需求以及商业上的需求,于是他们决定分别提供两套方案供雇员选择:一个是确定给付计划,另一个是确定缴费计划。其他的计划赞助者则转向了混合型的设计。

混合型养老金计划融合了确定给付计划与确定缴费计划的优良特性,以达到这两种传统计划独自难以完成的目标。典型的混合计划提供一个不小于两种传统计划方案的福利。例如,一个混合计划规定参加者可以从他们的确定缴费户口中提取养老金,并保证最低年金额不少于最后三年平均年收入的1%乘以工作年限。一些混合计划所提供的养老金则等于两种不同养老金计划给付的总和。

现金余额计划(cash balance plan)是另一种混合方案。它的基本福利是与一个规定了特定利率累积的缴费储蓄户口挂钩。当参加者终止参与计划时,其账户结余可以被整付或按特定息率转化成年金。从税务、会计或法律监管方面说,现金余额方案被视为确定给付计划处理。与确定给付计划相同的是,计划的投资风险主要由计划赞助人承担;而与确定缴费计划相同的是,养老金给付是根据账户结余计算,并在雇佣关系结束时以整付的形式给出的。对于年轻的和工作不久便离职的雇员来说,现金余额方案下的可转移整付、相对较早的收益累积是比较有吸引力的;但工作年限较长的员工则会倾向于参与确定给付计划,因为他们可以从中取得较高的福利和保障。自20世纪90年代起,一些美国的雇主便开始提供这种方案,但同在北美的加拿大则不常见。

目标给付计划(target benefit plan)基本上是一个确定缴费计划,但被设计成类似于确定给付计划。雇主的缴费是根据一个目标养老金给付,在合理精算假设的基础上计算出来的。然而,当基金资产累计值及预期未来的确定缴费不足以支付目标养老金给付时,这一目标给付值有可能被削减。因此,与确定给付计划不同的是,确定给付计划中的雇主要承担全部的投资风险,而目标给付计划中的参加者则须承担部分或全部的投资损失。此外,目标给付计划中的长寿风险,通常是由不同代的雇员分担的。在2008年的全球金融危机中,许多确定给付计划深陷资金不足的困境,一些养老金方面的专家便开始提出目标给付的设计。它被认为是一种最有可能代替确定给付计划来提供可持续退休收入的方案。

1.7 设立养老金计划

养老金计划的一个典型特征是,它可能要持有资产达40年或更长的时期,才开始向受益人派发退休给付。雇主在财务困难时期,可能会利用养老金计划内的资产来满足他们生意上的现金需求。因此,将养老金计划内的资产与雇主的资产分隔开是十分必要的。

如果雇主清晰而明确地承诺在雇员最终退休后支付给他们养老金,这一安排就被视为一个正式的养老金计划;换言之,它是一个为雇员提供养老金福利的规范性安排。正式养老金计划的主要目的是为参加者提供退休后的终身年金给付,它有以下两个主要特点:

• 计划中的条款列明了养老金和其他给付如何被确定,以及在何种条件下派发这些给付。

• 给付的资金需求,通常是通过构建一个信托基金或以保险合同的形式来满足的。

一般来说,雇主除了要决定养老金给付的额度以外,还需要决定给哪一类或哪些雇员团体提供养老金福利。在某些情况下,养老金计划的条款是通过雇主与雇员的集体谈判而确立的。

加拿大的法律环境

每个国家有不同的养老金法律。以下,我们以加拿大为例作一说明。

在加拿大,养老金计划的雇主或计划参加者若想得到有关的税务优惠,必须向税务当局注册计划。根据加拿大的《所得税法》(*Income Tax Act*),雇员和雇主双方可以从他们各自的收入中扣除向注册养老金计划的缴费来减轻税务负担。注册养老金计划内的基金投资收入也可以免于被即时征税。然而，计划参加者需要把从计划中取得的福利计入他们各自的年度课税收入中。

除需要在《所得税法》下注册之外，正式的养老金计划也必须在一个或多个省份的养老金标准法律下注册。联邦政府也颁布了类似的立法，以管理受联邦法管辖的企业（如交通业、通信业、银行业等）所设立的养老金计划。

加拿大的养老金法律并不强制每一个雇主为其雇员设立一个养老金计划，它也不要求雇主设立的养老金计划必须覆盖所有雇员。然而，当一个养老金计划被组建起来时，类似工作范畴内的所有雇员都必须被纳入计划之中。

雇主可以随时终止他们赞助的养老金计划，但先决条件是必须事先给予雇员足够的通知。事实上，多种类型的公司事件，如出让公司分支、公司合并、破产或是企业改变雇员薪酬和养老福利的安排等，都可能导致养老金计划的终止。然而，当养老金计划终止或被转换成另一类型的安排时，养老金标准法律为了给予计划参加者充分的保障，往往需要雇主和计划管理者遵守复杂的法律规定及行政管理政策。

1.8　养老金计划的条款

在这一节中，我们将简单地介绍养老金计划文件中的主要条件条款。这些条件条款，往往因养老金计划的类型（如确定给付计划、确定缴费计划等）、计划赞助者是单一雇主还是多个雇主、雇主是公营部门还是私营部门等而有所不同。

养老金计划的主要条款包括下列各项：

- 参与计划的资格（eligibility）；
- 养老金计算公式（pension formula）；
- 纳入计算养老金的工作年限（pensionable or credited service）；
- 捐纳型计划中的雇员分摊缴费（employee contributions）；
- 退休年龄（retirement age）；
- 养老金的正常和可选形式（normal and optional forms of pension）；
- 退休前的死亡给付（pre-retirement death benefits）；
- 离职或退保给付（termination benefits）；
- 残疾给付（disability benefits）；
- 通货膨胀保护（inflation protection）。

下面简要讨论上述条款中的每一条。

参与计划的资格

决定哪类员工及什么时候可以或必须成为计划参加者。加拿大的大多数养老金标准法律规定,雇员在被雇用两年后即有资格成为计划参加者。

养老金计算公式

该公式决定了养老金给付在参加者受雇年限内如何累计。雇主通常会基于一个可接受的收入替代率为其雇员设计养老金给付公式。在决定养老金给付额度时,雇主会考虑到给付成本、给付的充足性以及在行业内的竞争性。研究表明,在整体职业生涯中累积到60%—80%的目标收入替代率是较为合理的。

纳入计算养老金的工作年数

雇员可以赚取养老金的工作年数。

捐纳型计划中的雇员分摊缴费

这是雇员在捐纳型养老金计划(contributory pension plan)中需要分摊的费用。捐纳型计划在加拿大很常见,主要是因为雇员的缴费是可以用来扣减入息税的。在私营的捐纳型计划中,雇员的缴费一般是薪酬的3%—5%。

非捐纳型养老金计划(non-contributory pension plan)的雇主则须缴纳计划的全部费用。

退休年龄

• 正常退休年龄(normal retirement age)是指容许参加者退休并收到全额养老金给付的年龄。一般来说,男性和女性的正常退休年龄是65岁。

• 提早退休年龄(early retirement age)是指参加者可以在一个早于正常退休的年龄而退休的年龄。在加拿大,雇员可以在正常退休年龄前十年内的任何时间退休。提早退休的养老金可以有不同的计算方法:它可以是① 正常退休给付的精算等值;② 正常退休给付的全额;③ 高于正常退休给付的精算等值但少于正常退休给付的全额。计划也可能在终身给付之外,提供一笔提早退休的暂时给付。暂时给付是一笔从提早退休年龄开始支付直至正常退休年龄为止的限期终身年金。

养老金的正常和可选形式

一个养老金计划必须设定养老金给付的正常形式,它可能包含退休后的死亡给付。例如,计划可能为退休雇员提供终身年金,并保证如果雇员在退休后的指定年限内死亡,一笔最低期限的给付将会继续给予雇员的生存配偶或受益人,一个典型的例子是确定10年期终身年金(life annuity with 10-year term certain)。在加拿大,注册养老金计划必须提供联生遗属年金(joint and survivor annuity);当计划参加者死亡后,该联生遗属年金必须为其配偶提供不少于参加者养老金给付的60%。

退休前的死亡给付

一个养老金计划必须设定,如果参加者在退休前死亡的话,雇员的配偶或受益人可以从计划中取得什么样的给付。在加拿大,典型的退休前死亡给付是雇员在死亡时的应计给付现值。

离职或退保给付

除了死亡或退休因素外,当雇佣关系终止时,一个养老金计划还必须设定雇员的福利和权益。

- 在捐纳型的计划中,给付不能少于雇员个人的总缴费额及积累的利息。
- 受领权(vesting)指的是一个终止计划的参加者享有计划中由雇主缴费所提供的养老金福利的权利。在加拿大,典型的受领权资格是参加计划满两年。
- 锁定(locking-in)是指参加者不能以整付方式取出任何由雇员或雇主的缴费所提供的退休给付。
- 可转移性(portability)指的是把养老金计划的给付和权利转移到另一个养老金计划的可能性。在加拿大,雇员在退休年龄前终止雇佣合约,便可以享有转移给付的权利。

残疾给付

养老金计划必须清楚地列明哪些条款适用于残疾参加者。如果计划提供残疾给付,则必须对"残疾"这个词作清晰的定义。若雇员不被其他形式的团体残疾福利计划覆盖,养老金计划可以向残疾参加者提供立即残疾终身年金(immediate disability pension)。

通货膨胀保护

- 退休前:如果养老金是基于参加者最后数年工作期的收入计算的,则该公式已隐性地提供了退休前的通货膨胀保护。如果给付是根据整个工作期的收入平均值计算的或者是每一工作年定额计算的,则参加者便得不到退休前的通货膨胀补偿;但计划可以定期对养老金给付作通货膨胀性调整。
- 退休后:养老金的通货膨胀调整可以全部或部分地补偿由通货膨胀所导致的购买力损失。一些计划提供与工资或价格指数挂钩的给付。例如,当消费者物价指数(CPI)上升1%时,养老金金额也相应地增加1%。另有一些计划对养老金给付只提供有针对性的生活费用调整(cost of living adjustments,简称COLA),而不是将给付的调整与物价指数挂钩。这种形式的生活费用调整比较受雇主欢迎,因为相关的成本是在雇主可控的范围内的。

在加拿大,雇员参与养老金计划的资格、受领权、养老金转移、死亡给付及信息发布等一系列事务,都受到相关的养老金标准立法的监管。每个省和联邦政府,都有各自的养老金标准立法;而这些法律,又几乎在每个方面都有不同程度的差异。因此,对于在不同管辖地区都有参加者的养老金计划,这些法律差异在很大的程度上提高了它们的管理难度。

1.9 养老金计划的操作

养老金计划的成功取决于许多因素,其中包括:
- 满足雇员需求的计划设计(plan design)。
- 优良的行政管理(administration)。
- 良好的管理架构(governance)。
- 计划的利益相关者(包括雇主、雇员、管理人、信托人等)之间的有效沟通(communication)。

一般来说,大多数雇员的财务知识都非常有限,他们很难了解养老储蓄和财务规划中的复杂概念。计划管理人必须与雇员进行有效的交流,才能保证雇员明白其养老福利。

养老金计划的设计决定了养老福利承诺的本质。当养老金计划设立后,管理者的注意力将转移到计划的操作层面上。还有,雇主必须定时审阅和更新计划的给付设计,以反映现实情况的变化,例如,员工资料的变化、立法的变化、金融市场的风险、新形式的养老金设计观念、工会集体谈判的影响等。

从过去的情况来看,养老金计划的管理责任通常是落在雇主身上。一般来说,计划的管理是通过雇主的董事会或受托人、养老金委员会、顾问委员会、特定个人、保险公司来执行的。而通过集体谈判而建立起来的养老金计划,则是由雇主和指定雇员代表联合管理的。

大多数养老金计划都是由雇主的很多不同部门共同协作管理的。人力资源部的员工,在外界养老金顾问的协助下,会定时分析以下项目的效率性和有效性:
- 计划的财务操作,如筹资、会计处理等。
- 计划参加者的资料保存与福利支出。
- 计划参加者与管理者之间的沟通。

在加拿大,如果养老金计划覆盖的雇员分散于不同的省份的话,计划便要接受多于一种养老金标准立法的监管。这些立法要求十分复杂而且细节繁多,因此,这类养老金计划要承担很高的法律顾问和管理成本。

1.10 养老的挑战

今天,在发达国家中,养老收入保障是一个被广泛探讨的课题。许多国家和地区,包括中国内地和香港地区,都面临人口老龄化的挑战。随着出生率的下降、寿命预期的延长,老年人在总人口中所占的比例越来越高,而与每个退休人士对应的在职者的人数则越来越少。一些国家和地区为其公民或居民提供一种由受雇人士缴税来支付的社会养老福利;这些国家和地区发现其养老福利开支逐年上升,而税收却在不断地缩减。这意味着,除非它们减少养老方面的开支或提高征税,否则,其经济体系将会在公共养老金开支的重压下坍塌。在英国、美国和加拿大,那里的政府已经采取了一系列措施来控制养老开支,包括延迟社会性养老金的支付年龄等。

另一个逐渐加大的挑战是全球金融危机——如2008年的美国次贷危机及2010年的欧洲债务危机——对职业养老金计划的影响。在一些发达国家如美国、英国和加拿大,许多雇员和退休人士仍然为确定给付计划所覆盖。这种计划的财务状况极大地受到养老金基金的投资表现和长期政府债券的收益率的影响。美国联邦储备局(U.S. Federal Reserve)实行的量化宽松政策,已导致政府债券的收益率曲线持续下降,而养老金计划的其他核心资产如股票等则出现很大程度的投资亏损。再加上更长的寿命预期,使得许多确定给付养老金计划正深陷筹资不足的困境——养老金计划的资产价值远远低于计划的精算负债(至少直至2011年年底还是如此)。由于筹资不足,计划赞助者备受立法要求向养老金基金大幅注资的财务压力。这些国家的政府引入了不同的降低筹资指标法案,让雇主的财政压力得到暂时的舒缓。

第 2 章
养老金计划的财务规划

如第 1 章所述,确定给付计划是一种由雇主设立,承诺对符合计划中事先给定条件的雇员支付一定的退休给付的方案。对于一个预先设定的养老金给付公式,计划每年支出的养老金给付数额取决于领取养老金的人数,而该人数又取决于已退休员工的生存率和每年参加者进入退休年龄并领取养老金的人数。

本章的目标是简要地说明与确定给付计划有关的一些财务问题,使读者对影响养老金计划最终成本的因素有初步的认识。特别地,我们会指出各种精算假设和成本方法在养老金计划成本估值中所起的作用。

2.1 养老金计划的成本

决定养老金计划的最终成本的唯一方法,就是等到最后一个退休成员死亡后,把从计划开始时便支付的所有给付和行政管理费用(包括计划开发费用、法律顾问费用等)加在一起,再减去总投资收入。换言之,养老金计划的最终成本可以表述为计划有效期内的所有给付加上行政管理费用及减去投资收入;计划的最终成本要到计划终止后才可以确定。

一般来说,养老金计划的赞助人有两项财务考虑,即筹资(funding)和会计(accounting)。

2.1.1 筹资

筹资是指筹集资金以支付计划承诺的给付所需的缴费估计。

一般来说,养老金计划的筹资涉及创建一个由第三方持有的基金,该第三方可以是一个信托公司、一群受托人或一家保险公司。该基金收取雇主的缴费(也包括捐纳型计划中的雇员缴费),把资金投放到资本市场来赚取收入,并依计划的条款按时支出给付。

随着时间的推移,雇主的(如适用的话,也包括雇员的)缴费加上养老金计划资产的投资收入,必须足以兑现计划承诺的给付,并偿付与计划相关的费用。精算师用合理的假设估计计划的最终成本,并由此而计算出在计划有效期内的预计缴费。

那么精算师是怎样对养老金计划的最终成本进行估计的呢?第一步是对最终成本中的各项组成部分进行估算,即计划的预期给付、管理费用及投资收益等。给付的估算取决于三个因素,即养老金计划中的给付条款、计划参加者的特征(如年龄、性别、工资、服务年期等)、用来预测未来给付的额度和期限的精算假设。每个计划都有其独有的给付条款和参加者特征,而精算假设一般是由对计划进行评估的精算师所选择的。

一旦对计划最终给付成本的估计被确定下来,下一步便是确定支付预期给付所需的定期缴费额度。精算师利用精算成本法(actuarial cost methods)将预计给付成本分配到不同的年限中,我们将在之后的章节中详细讨论。

如果养老金计划是受养老金标准立法管制的话,则每年的缴费必须限制在法律规定的范围之内。

2.1.2 会计

会计是指雇主如何决定每年在财务报表上记录养老金的费用开支;应计养老金费用(除去基金资产后的净值)被认列为负债而记录在雇主的财务报表上。

在美国,养老金计划的会计处理必须遵从由财务会计标准委员会(Financial Accounting Standards Board,简称FASB)建立的一般公认会计准则(Generally Accepted Accounting Principles,简称GAAP)。包括中国香港地区与加拿大在内的大部分国家和地区现在已经采用了不同于GAAP的国际财务报告准则(International Financial Reporting Standards,简称IFRS)。养老金会计规则要求在养老金给付被赚取时,与之相关的费用必须被认列到雇主的财务报表上。

筹资缴费和财务报表上所认列的费用有时被笼统地称为养老金计划的成本。但必须注意的是,筹资缴费是雇主的现金开销,而会计费用则影响雇主的财务报告收益。尽管两者都是用精算法则计算,但计算的规例大不相同。切记不要混淆这两个概念。

2.2 养老金成本的预算

养老金筹资涉及如何决定雇主缴费(如适用的话,也包括雇员缴费)的数额及缴纳时间。一般有三种可行的方式为计划筹资:

- 现收现付制(pay-as-you-go,简称PAYGO)筹资。无须设独立于雇主外的基金。

雇主或赞助人在养老金给付到期时偿付。

- 期末基金提存(terminal funding)筹资。一种在计划参加者退休或退保时,给出一笔整付来支付参加者的给付的安排。
- 提前筹资或先融资(advance funding 或 pre-funding)。是指一种在养老金给付被偿付前,向一个基金预先缴费并在其中累计投资收益的安排。

以下,我们对这三种筹资方式作简要的说明。

2.2.1 现收现付制筹资

根据现收现付制筹资法,雇主在每月给付到期时向每一个退休雇员支付养老金。雇主没有为未来给付预先作拨备,所以这种方式无须设立由信托或保险公司管理的退休基金。

当第一个合资格雇员退休后,雇主便开始支付养老金。每个新增的退休成员会增加雇主的给付开支,而每例死亡则会减少其开支。由于以下某些或全部的原因,一个开放型团体(open group)计划的给付支出很可能随时间的推移而显示上升的趋势:

- 在计划设立初期,领取养老金的人数较少。但随着时间的推移,人数会续渐地增加。
- 养老金计划可能在后来被修订,以提高雇员的退休福利。
- 如果养老金给付是基于雇员收入计算的,则雇员收入的增加会提高养老金给付金额。
- 养老金计划可能提供一种与通货膨胀指数挂钩或有针对性的调整的养老金给付。

明显地,现收现付制是最简单也是最直接的养老金筹资方法,但它存在两个重要难点:

1. 雇主养老金成本的预算

在权责发生制会计(accrual accounting)准则中,每年公司的营运开支应该在当年公司的财务报表上反映出来。雇主对养老金的缴费与雇员薪酬有密切的关系;同时,养老金给付也可能被认定为是一种对雇员的延期补偿(deferred compensation)。因此,雇主应该在雇员的受雇期内为其所承诺的养老金给付筹备到足够的资金,而非待雇员退休后才开始积累。

在养老金计划的初期,现收现付制对雇主征收的费用很少,而在后期则要大幅度地提高,以支付日益增加的养老金给付。这种费用模式,增加了雇主为养老金给付和其他商业活动作现金流预算的困难。

2. 给付的保障程度

现收现付制的另一个困难是养老金给付的兑现存在不确定性，因为它取决于雇主持续支付养老金的能力和意愿。

2.2.2 期末基金提存筹资

在期末基金提存筹资法下，当每个雇员退休时，雇主会提供一笔足以支付给付承诺的整付。与现收现付制相同，雇主无须为仍在工作中的雇员预先缴纳任何养老给付费用。

当雇员退休时，雇主可以从保险公司购买年金以结清养老给付债务，也可以将一笔整付转至一个信托基金，为雇员提供定期给付。在该筹资法下，由于雇员的退休模式通常是不规则的、难以预测的，因此雇主每年的给付成本可能会出现很大的波动。

尽管很多发达国家的养老金标准立法已不允许使用现收现付制及期末基金提存制等筹资方法，读者仍须对它们有一定的认识，以便能更好地理解为什么养老金法律要求使用下述的提前筹资制。

2.2.3 提前筹资

在提前筹资制下，雇主（以及捐纳型计划中的雇员）有系统地为雇员的未来养老给付预留资金，一般是帮仍在工作中的雇员定期向一个基金缴费。

提前筹资至少可以部分地解决存在于现收现付制和期末基金提存制中的困难：

• 会计准则要求无论养老金最终何时偿付，它的成本都应该在雇员的整个工作期内确认到雇主的财务报表上。如果雇主的缴费符合这个会计准则，则在某种程度上，养老金成本的预算问题将能够得到解决。

• 为最终养老金的偿付而设立的基金，可以缓冲金融紧张时期可能对雇员养老福利造成的冲击。无论雇主未来的财政状况如何，该基金都为雇主所承诺的雇员福利提供了某种程度的保障。

• 如果养老金计划不采取提前筹资的方法，则由于养老金成本的会计确认，雇主的财务报表上将会产生一笔很大的应计养老金费用（即负债）（accrued pension expense）。在某些情况下，这笔巨大的负债会损害雇主为其商业项目融资的能力。提前筹资制所累积的基金缴费可以全部地或部分地抵消这笔负债。

采用提前筹资制还有其他的原因，比如：

• 法律要求合资格的养老金计划必须采用提前筹资制。

- 在提前筹资制下，每年相对均匀的养老金缴费能使雇主的现金流在年际间比较平均地分布。它给雇主提供了一个系统性的现金流管理方法，并避免了随着养老金计划的日渐成熟，出现缴费需求过高而逐渐失控的情况。
- 符合税收资格的计划基金，无须缴交投资利得税；间接地，这将降低雇主的长期养老金成本。
- 雇主和计划参加者可以从他们各自的收入中，扣减对养老金计划的缴费，从而减轻他们的年度课税负担。
- 达到代际间公平（intergenerational equity）的目的。它减少或消除了不同代际的雇员、股东、纳税人及其他利益相关者之间的成本转移。

在提前筹资制下，精算师运用一系列假设和精算成本法来估计一个养老金计划的年成本（annual cost），每年的雇主缴费通常是基于这个年成本计算出来的。不同的精算成本法会产生不同的成本分布模式。但需要注意的是，精算成本法只影响年成本的分布，却不能决定计划的最终成本。不过，如果选择一种产生较高初始缴费的精算成本法，那么计划早期的资产累积会较大，从而产生较高的投资收入（假设正回报）；投资收入的增加会减少将来雇主缴费的需求。

在一个理性的筹资方法下，雇主（有时也包括雇员）应在雇员职业生涯中，有规律地向一个基金缴费，并在雇员退休时累积到与其负债相匹配的资金。但需要注意的是，精算成本法的选择，往往会受到雇主要求的缴费灵活程度的影响。

2.3 精算评估概览

对养老金计划的精算评估（actuarial valuation），是精算师用来检测计划在多大程度上达到筹资目标（funding target）的一种技巧，它显示了一个计划在某个时间点上的财务状况。精算评估中有两类精算方法：精算成本法（又称负债评估法，liability valuation method）和资产评估法（asset valuation method）。在进行精算评估时，精算师还必须在一系列影响计划筹资进度的因素上作出假设。

2.3.1 精算成本法

精算师依据计划的给付公式，计算未来养老金给付和其他给付的预期值。每一笔未来的预期给付都在合适的精算假设下，从支付日折现到评估日，精算师称之为未来给付的精算现值（present value of future benefits，简称PVFB）。PVFB代表了计划现有参加者的总体未来给付的精算现值,包括所有过去和未来服务预期赚取的给付。精算成本法将未来给付的精算现值分成两个部分:一部分分配于过去服务期间,另一部分则分配于未来服务期间。不同的精算成本法给出了未来给付精算现值的不同分配方式。进一步说:

• 一部分的未来给付精算现值被分配于评估日前的服务期间,这被称为精算负债或应计负债(actuarial liability 或 accrued liability)。① 它代表了计划在评估日时的筹资目标;也就是说,在理想状态下,计划应该持有的资产规模。

• 另一部分的未来给付精算现值则被分配于未来服务期间。这代表了从评估日到参加者退出计划期间的未来正常成本的精算现值(present value of future normal costs,简称 PVFNC)。在这一部分中,属于评估日后这一年的被称为年度正常成本(normal cost,简称 NC)。

图 2-1 显示了 PVFB、AL、NC 与 PVFNC 之间的关系。

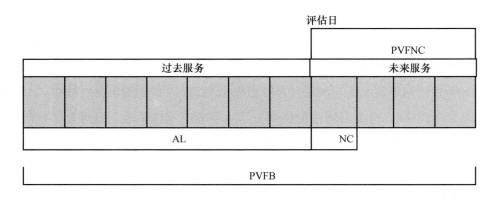

图 2-1 PVFB、AL、NC 与 PVFNC 之间的关系

2.3.2 资产评估法

为了衡量筹资进度,我们需要给计划的资产估值。这一估值可能是资产在评估日时的合理市场价格(fair market value),也可能是评估日前一段时期内(通常不超过 5 年)市场价格的移动平均值(moving average market value)。采用移动平均值的目的是降低短期市场波动对资金状况的影响;该平均值有时被称为资产的平滑值(smoothed value of assets)。

在资产的市场价格上升时,资产的平滑值通常低于资产的市场价格,因为已赚取的投资所得并不是马上被确认到资产值内,而是摊销到未来数年间。与之相反,当资产市

---

① 在以后的章节中,我们将统一用精算负债这一名词。

场价格走低时,资产的平滑值会高于市场价格,因为过去几年的投资损失不被完全确认,而是摊销到未来数年内。利用资产的平滑值可以令计划的筹资及其所推导出的缴费需求有一个比较平稳的进程。

2.3.3 精算假设

为什么精算师需要建立精算假设呢?养老金给付一般在很久的未来才支付,但是它们的支付时间和金额都是不能预先确定的。例如:

• 计划承诺向今天65岁的退休者(也许还有他们所赡养的人)支付终身年金。但他们能存活多久呢?他们所赡养的人在他们去世后又能存活多久呢?

• 今天仍在工作的30岁计划参加者将会赚取更多的养老金给付,直到他们结束工作时为止。他们将为雇主服务的年数是多少?他们的工资将会如何增长?他们何时起开始领受养老金?他们退休后又能存活多久?

精算师必须对计划参加者的未来经验,包括死亡、退休、退保或终止等作出适当的假设。这些假设称为精算假设(actuarial assumptions)。利用这些假设和养老金计划文件中的给付公式,精算评估对现有的计划参加者作出未来给付的预测。

精算假设主要有两大类:

• 经济假设(economic assumptions)。主要受外部经济因素的影响,如未来的通货膨胀率、计划资产未来的投资回报、未来的工资增长速度等。

• 人口统计假设(demographic assumptions)。包括死亡率、计划参加者的退休年龄、退保率、婚姻状况、对计划可选给付的选择等。

精算假设主要是反映这些未来经济和人口变化的不确定因素。在进行假设时,精算师需要适当地考虑计划的过去经验以及预期经验。

2.4 养老金计划的筹资

精算师建立一个资产负债表(valuation balance sheet)来比较计划资产的价值和精算负债,以便检测计划的筹资进度,如表2-1所示。计划的资金状况存在两种可能性:

• 如果资产值大于精算负债,显示计划的资金准备充足,超过的部分被称为基金盈余(funding excess 或 surplus)。

• 如果资产值小于精算负债,显示计划筹资不足,不足的部分被称为基金赤字(funding deficit)或未纳基金精算负债(unfunded actuarial liability)。

表 2-1　精算评估资产负债表

计划资产	精算负债
资产市值，或 资产的平滑值（减轻短期市值波动的影响）	不同的精算成本法决定了不同的负债值

一个养老金计划筹资是否充足，可以从两个角度来考量：

- 持续经营（going concern）的角度。计划被假定为一个永久存在的实体。如果现有的资产加上未来的预计缴费（这取决于采用的精算成本法）足以偿付所有过去服务期限和未来服务期限的预计给付，则计划被称为是充分筹资（fully funded）的。这是从长期视角衡量退休给付的保障程度。
- 计划清盘（wind up）或偿债能力（solvency）的角度。该角度假设计划马上被终止。如果现有的资产足以偿付到目前为止的应计给付，则计划被称为是充分筹资的。这是从短期视角衡量给付的保障程度。

一个计划很可能从上述的一个角度看是充分筹资的，而从另一个角度看则出现资产少于负债的情况。例如，一个提供基于最终工资的给付计划，如果计划即时清盘，它的资产或许可以满足计划所承诺的应计给付。但从持续经营的角度看，计划可能没有足够的资金（包括未来的设定缴费）来支付因未来工资大幅上升而产生的给付。

精算成本法的分类

不同的精算成本法会产生不同的精算负债和年度正常成本。它们的设计都是为了达到一致的理性筹资目标，即在雇员职业生涯中，计划资产的系统性积累必须与雇员在退休时的负债相匹配。精算成本法主要有两大类，即成本分配法（cost allocation method）和给付分配法（benefit allocation method）。

2.4.1　成本分配法

成本分配法是将未来给付的精算现值，按均衡货币或工资的均衡百分比形式分配于各服务年限。成本分配可以对每个计划参加者进行，即个体法（individual cost method），也可以对总体计划进行，即聚合法（aggregate cost method）。

成本分配法有一个重要的特点：如果精算评估的各种假设在未来都实现，则现有参加者的年成本在他们未来工作期间将会保持恒定。当然，精算假设未必与未来的实际情况相一致，故未来的实际成本仍可能会出现上升或下降的情况。

成本分配法包括进入年龄正常成本法（entry age normal cost method）、个体均衡保费成本法(individual level premium cost method)、聚合法(aggregate method)、冻结初始负债成本法(frozen initial liability cost method)、到达年龄正常成本法(attained age normal cost method)等。

2.4.2 给付分配法

在给付分配法下,可以只按过去的工资和服务期限来分配给付,也可以预计未来退休时的给付,然后按服务年期、收入或其他适用的指标来分配。当计划参加者是一个封闭型团体(closed group)时,未来年份的成本倾向于向上提升,有时上升的速度会很快。成本逐年上升的原因主要有两点:① 随着计划的日趋成熟,养老金给付的利率折现期逐渐缩短;② 当计划成员接近退休日期时,参加者退保或终止的可能性会逐渐降低。在一些开放型计划中,新成员会陆续地加入,替代已退休或退保的成员;只要计划成员的平均年龄保持基本固定,年成本就可以维持在一个相对稳定的范围内。

给付分配法包括传统单位信用成本法(traditional unit credit cost method)、规划单位信用成本法(projected unit credit cost method)。

一般来说,在相同的精算假设下,给付分配法会产生低于成本分配法的筹资水平。我们将在之后的章节中论证这一观点。

2.5 基本精算函数

在这一节中,我们将介绍以下三种基本精算函数:
- 组合生存函数
- 利率函数
- 年金函数

这些函数对理解之后章节中所阐述的养老金数理方法十分重要。

2.5.1 组合生存函数

一个在职雇员会面临不同的衰减因素,如死亡、残疾、退休等,组合生存函数(composite survival function)给出了这个雇员在给定时期内继续在职服务的概率。在单一衰减率模型(如死亡)中,存活一年的概率等于 $1-$ 衰减率;它的数学表达式是:$p_x'^{(d)} = 1 - q_x'^{(d)}$。在多衰减率(multiple decrement rates)模型中,存活一年的概率等于 1 与每个适用的衰减率之差的乘积。例如,在一个四重衰减率模型中,存活一年的概率 $p_x^{(T)}$ 为:

$$p_x^{(T)} = [1-q_x'^{(d)}][1-q_x'^{(w)}][1-q_x'^{(r)}][1-q_x'^{(i)}] = p_x'^{(d)} p_x'^{(w)} p_x'^{(r)} p_x'^{(i)}$$

其中，$q_x'^{(d)}$ 代表死亡率，$q_x'^{(w)}$ 代表退保率，$q_x'^{(r)}$ 代表退休率，而 $q_x'^{(i)}$ 代表残疾率。在多重衰减率模型中，存活概率的另一表达形式是：

$$p_x^{(T)} = 1 - [q_x^{(d)} + q_x^{(w)} + q_x^{(r)} + q_x^{(i)}]$$

其中，$q_x^{(d)}$、$q_x^{(w)}$、$q_x^{(r)}$ 和 $q_x^{(i)}$ 代表相互竞争的衰减概率。

下面的公式给出了死亡概率的标准近似值：

$$q_x^{(d)} \approx q_x'^{(d)} \left[1 - \frac{1}{2} q_x'^{(w)}\right] \left[1 - \frac{1}{2} q_x'^{(r)}\right] \left[1 - \frac{1}{2} q_x'^{(i)}\right]$$

我们用 $_n p_x^{(T)}$ 表示现在岁数为 x 的雇员 n 年持续存活的概率。它等于连续多个一年存活概率之乘积：

$$_n p_x^{(T)} = \prod_{t=0}^{n-1} p_{x+t}^{(T)}$$

这个概率可以直接从服务表(service table)中计算出来。服务表列出了原组雇员中存活到各个年龄的数目。雇员的起始数目一般取一个很大的值，如 1 000 000。假设雇员最早受雇年龄为 a，最后退休年龄为 y。用 $l_x^{(T)}$ 表示到 x 岁的存活雇员的数目，$d_x^{(T)}$ 表示一年里离开服务的雇员的总数，以下的迭代公式成立：

当 $x = a, a+1, \cdots, y-1$ 时，

$$d_x^{(T)} = d_x^{(d)} + d_x^{(w)} + d_x^{(r)} + d_x^{(i)} = l_x^{(T)} [q_x^{(d)} + q_x^{(w)} + q_x^{(r)} + q_x^{(i)}] = l_x^{(T)} \cdot q_x^{(T)}$$

$$l_{x+1}^{(T)} = l_x^{(T)} - d_x^{(T)}$$

直接从服务表可以求出 $_n p_x^{(T)}$：

$$_n p_x^{(T)} = \frac{l_{x+n}^{(T)}}{l_x^{(T)}}$$

在实际应用中，$q_x^{(k)}$ 被设为与 $q_x'^{(k)}$ 相等，其中，$k=1, \cdots, n$，因此 $q_x^{(T)} \equiv \sum_1^n q_x'^{(k)}$。由此而产生的不准确性通常在可容忍范围之内。

练习 1

用附录 1 中给出的衰减率，构造一个包含
$$l_x^{(T)}, d_x^{(d)}, d_x^{(w)}, d_x^{(r)}, d_x^{(T)}; \quad 20 \leqslant x \leqslant 65$$
的服务表。然后计算一个 20 岁加入计划的员工到 65 岁时仍继续在职的概率。

2.5.2 利率函数

我们利用利率函数(*interest function*)来计算一笔未来支付的折现值,该折现值在决定养老金成本的过程中起很大的作用。如果假定 i_t 为第 t 年的利率,n 年后到期支付 1 元的现值为:

$$\frac{1}{(1+i_1)(1+i_2)\cdots(1+i_n)}$$

如果 $i_1=i_2=\cdots=i_n=i$,则上式可写作 $\frac{1}{(1+i)^n}$。

令 $v=\frac{1}{(1+i)}$。在年利率等于 i 的情况下,v^n 代表了 n 年后到期支付 1 元的现值。

在计算养老金成本的过程中,我们经常会遇到利率折现值和生存概率的乘积,这两项都不大于 1。对年轻的雇员来说,它们的乘积比年老的雇员小;因此,相应的养老金成本也较小。

练习 2

1. 用利率 $i=5\%$,6% 和 7%,计算复利折现函数 v^t,其中,$t=0,1,\cdots,70$。
2. 对于 $x \geqslant 30$,基于年利率 6% 及练习 1 中构造的服务表,在年龄段 x 到 65 岁之间画出生存函数和利率函数。

2.5.3 年金函数

年金函数(annuity function)是用来计算退休参加者的给付年金的精算现值,下面是几个通用的年金函数的例子。

纯粹终身年金

当一个养老金计划的参加者退休时,他开始领受一系列退休给付。给付通常是每月一付的,但为了方便说明,我们假设每年一付。如果给付在退休者死亡时便终止,则称这种年金为纯粹终身年金(straight life annuity)。假定年金每年年初支付 1 元①,第一笔支付在 x 岁开始,该年金现值的数学表达式为:

---

① 每年给付 m 次的年金现值的标准近似于从每年一付的年金现值中减去 $(m-1)/2m$。因为养老金福利通常都是每月一付,所以近似于每月要支付 1/12 元的年金,应从每年一付年金中减去 11/24。

$$\ddot{a}_x = \sum_{t=0}^{\infty} {}_tp_x v^t$$

求和号的上极限被设为无穷大,因为在超出某个年龄 ω 后,${}_tp_x$ 值便变为 0。

确定年期终身年金

很多情况下养老金计划会提供一个 n 年期保证的终身年金给付,n 可以是 5、10、15。这类年金是一个 n 年期确定年金与延期 n 年的终身年金的组合,称为确定年期终身年金 (life annuity with term certain)。它的数学表达式为:

$$\ddot{a}_{\overline{x:n|}} = \ddot{a}_{\overline{n|}} + {}_np_x v^n \ddot{a}_{x+n}$$

联生遗属年金

另一种类型的年金被称为联生遗属年金(joint and survivor annuity)。"联生"的意思是给付基于多于一个人(通常为丈夫和妻子)的存活率,"遗属"的意思是给付会一直被给出直到最后一个受益人死亡为止。在一个 50% 的联生遗属年金下,当两个受益人都存活时,年金每年给出 1 元,而在第一个人死亡后,年给付便减至 0.5 元。这类年金的另一个版本是有条件联生遗属年金(contingent joint and survivor annuity)。在这种形式下,只有在退休者先死亡时,年给付才会被减为 0.5 元。这类年金在养老金计划中很常见,通常我们省去"有条件"三个字,而直接称之为联生遗属年金。存活者的给付可以是退休者给付的任何比例,其中 1/2、2/3 和 3/4 最为普遍。

设一名退休者的年龄为 x,其配偶的年龄为 y。当退休者先死亡时,年金缩减为原有的百分之 $100k$。该联生遗属年金的数学表达式为:

$$
{}^k\ddot{a}^{\,1}_{xy} = \sum_{t=0}^{\infty} v^t [{}_tp_x \cdot {}_tp_y + {}_tp_x(1-{}_tp_y) + k\,{}_tp_y(1-{}_tp_x)]
$$

$$
= \sum_{t=0}^{\infty} v^t [{}_tp_x + k\,{}_tp_y(1-{}_tp_x)]
$$

其中,在 x 角标上面的 1 代表如果 x 先死亡(很多情况下该角标上的 1 会被省去),则 y 领受的给付为 k 元。

限期年金

在决定养老金成本时,限期年金(temporary annuity)具有十分重要的作用。我们会利用一个基于雇佣关系、受多种衰减率影响(而非只是受死亡率影响)的限期年金。这种年金的数学表达式如下:

$$\ddot{a}_{\overline{x:n|}} = \sum_{t=0}^{n-1} {}_tp_x^{(T)} v^t$$

另一个重要的限期年金可以表示为 ${}^s\ddot{a}_{\overline{x:y-x|}}$,其中,左上角标 s 代表这种年金是与工资有

关联的。更正式的写法是：

$$^s\ddot{a}_{x:\overline{y-x}|} = \sum_{z=x}^{y-1}\left(\frac{s_z}{s_x}\right)_{z-x}p_x^{(T)}v^{z-x}$$

其中，s_z 代表与年龄 z 相关的工资比例。当一个雇员在 x 岁时的工资为一单位时，这一公式代表了 x 岁到 y 岁之间的未来工资的现值总和。

2.6 养老金成本函数

在这一节中，我们将定义与养老金给付相关的精算负债和附加负债，以及其他相关概念，如计划的年度正常成本和附加成本。表 2-2 列出了一些应用于养老金数理中的常用记法，而图 2-2 显示了一个在职参加者的年龄分布。

表 2-2 养老金数理常用记法

符号	表示
A_t	在时间 t 时在职计划参加者的集合
T	已终止或退保的参加者的集合
R	已退休的参加者的集合
w	用来计算养老金给付的开始年龄（如被雇用的日期）
u	参加者在计划开始时的到达年龄
x	参加者在计划评估日时的到达年龄
y	参加者的正常退休年龄
PVFB	未来给付的精算现值（或简称为未来给付现值）
F	养老金基金结余
NC	当年度正常成本
S_x	年龄为 x 时的实际工资
s_x	与年龄 x 相关的工资比例
AL	精算负债（或称应计负债）
SL	附加负债

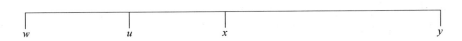

图 2-2 在职参加者年龄分布示意图

2.6.1 养老金计划负债的度量

精算师运用计划的给付条款和参加者的数据,计算每个参加者未来的养老金给付。这些计算考虑了参加者的过去服务年数和工资,以及参加者的预期死亡、退保、残疾或退休的概率。利用精算假设,将每笔未来的给付从预期支付日折现至评估日,精算师称这一折现值为未来给付的精算现值(PVFB)。它代表了预期从计划中支付给现有计划参加者的未来给付的现值。如果假设是正确的话,理论上雇主只需要拿出这个数额的资金存放于一个基金内并赚取投资回报,便可以有足够的资金支付计划所有的未来给付,其中包含了那些与未来服务有关的给付。

以下列出的给付(如果计划提供这些给付的话)都可能被包含于 PVFB 的计算中:

- 退休给付;
- 终止或退保给付;
- 残疾给付;
- 存活配偶给付或死亡给付。

PVFB 反映了参加者预期的未来服务年数,也可能包含预期的未来工资增长。

2.6.2 精算评估的相关概念

为表述方便,我们只定义退休时的养老金给付的现值。其他情况下(如退休前死亡)的给付现值,也可以用同一方式来定义。

1. 未来给付现值

对于一个 w 岁加入计划、现年为 x 岁、于 y 岁退休的雇员,其未来退休给付的现值由以下公式给出:

$$\text{PVFB}_x^j = B^j(y)_{y-x}p_x v^{y-x} \ddot{a}_y^{(12)}$$

其中,

$B^j(y)$ 是雇员 j 退休时的养老给付;

$_{y-x}p_x$ 是雇员从 x 岁存活至 y 岁的概率;

v^{y-x} 是从 x 岁到 y 岁的利率折现;

$\ddot{a}_y^{(12)}$ 是在 y 岁时,每年付 1 元的月初支付终身年金的现值。

当 j 退休后,这一公式转化为:

$$\text{PVFB}_z^j = B^j(y) \ddot{a}_z^{(12)}, z \geqslant y$$

一个计划的 PVFB 等于所有计划参加者各自的 PVFB 的总和。

每一个在职参加者的 PVFB 值,从进入计划的 w 岁起到退休年龄 y 岁为止按年递增。这是因为随着 x 逼近 y,$_{y-x}p_x$ 和 v^{y-x} 的数值会趋近于 1。然而当年龄超过 y 后,PVFB 值是按年递减的,这是因为 $\ddot{a}_x^{(12)}$ 是一个随年龄增加而递减的函数。在职参加者的 PVFB 在接近退休时达到最大值,而退休参加者的 PVFB 则在开始退休时取最大值。还有,利率的变化对年轻在职参加者的 PVFB 影响最大,但随着他们年龄的增长,这种影响会逐年减小。

2. 年度正常成本

一般来说,年度正常成本是 PVFB 被分摊到雇员受雇期间的每一年中的部分,具体的分摊形式由选用的精算成本法决定。从未来的角度看,一个参加者在 w 岁进入计划时的未来年度正常成本现值应等于他在这一年龄时的 PVFB;也就是说,$\text{PVFNC}_w = \text{PVFB}_w$。从过去的角度看,一个参加者累积到年龄 y 时的总年度正常成本等于在这一年龄时的 PVFB。

3. 精算负债

计划参加者在 x 岁时的精算负债等于该参加者的 PVFB 被分摊到 x 岁前的服务期间的部分(但不包括 x 岁时的年度正常成本),它可以用两种方法来定义。

过去法定义

从过去的角度,精算负债等于过去年度正常成本的累计值:

$$\text{AL}_x = \text{AVPNC}_x = \sum_{z=w}^{x-1} \text{NC}_z (1+i)^{x-z} \left(\frac{1}{_{x-z}p_z} \right)$$

等号右侧第三项大于 1,它代表从 z 岁到 x 岁(z 小于 x)仍继续存活于工作状态中的"利益"(benefit of survivorship)。该利益令分摊到 z 岁时的年度正常成本,即 NC_z,累计增加。

一个在退休前后都适用的精算负债定义为:

$$\text{AL}_x = \sum_{z=w}^{x-1} (\text{NC}_z - B_z)(1+i)^{x-z} \left(\frac{1}{_{x-z}p_z} \right)$$

在这一公式中,每年支付的养老金给付 B_z 在退休年龄 y 之前为零,在退休之后则等于 B_y。此外,NC_z 在退休前大于零,在退休后则等于零。

未来法定义

从未来的角度,一个 x 岁的在职参加者的精算负债等于他的未来给付的精算现值减去未来服务的年度正常成本的现值:

$$AL_x = PVFB_x - PVFNC_x$$

其中,

$$PVFNC_x = \sum_{z=x}^{y-1} ({}_{z-x}p_x v^{z-x}) NC_z$$

一个计划的精算负债是每个计划参加者精算负债的总和。

未来法定义和过去法定义的关联

在一个特定日期,当若干条件得到满足时,未来法定义的 AL 和过去法定义的 AL 将会是相同的。然而,在一般的情况下,有些条件可能不被满足,从而使这两种方法计算的精算负债有一个差值。例如,当给付由于计划被修订而增加时,便会产生额外的负债,PVFB 因此会以同样的额度增加。根据所用的精算成本法,PVFB 的增量有以下三种可能的处理方法:

- 被完全分配到过去的服务年限中。这将不会增加未来的 NC,但会增加未来法定义的 AL。
- 被完全分配到未来的服务年限中。这将会增加未来的 NC,但不会增加未来法定义的 AL,这是因为 PVFB 与 PVFNC 以相同的额度增加而互相抵消。
- 一部分分配到过去的服务年限中,而另一部分则分配到未来的服务年限中。这将会同时增加未来的 NC 以及未来法定义的 AL。

应该注意的是,过去法定义的 AL,也就是过去的年度正常成本到评估日的累计值,不会因给付增加而改变。随着对多种成本法的讨论,我们将进一步了解因给付提高而产生的额外负债的不同处理方法。

对于一个计划参加者,如果未来法定义的 AL 大于过去法定义的 AL 的话,我们称它们的差额为附加负债(supplemental liability,简称 SL):

$$SL_x = 未来法 AL_x - 过去法 AL_x$$
$$= (PVFB_x - PVFNC_x) - AVPNC_x$$

一个计划的附加负债是每个计划参加者的附加负债的总和。

当一个计划的附加负债不能完全被计划的资金盈余(即资产价值超出由过去法定义的 AL 的部分)抵消时,不足的部分可以用一笔整付偿付或在未来一段时间内摊销。我们称摊销附加负债的年支付为附加成本(supplemental cost)。

第 3 章
单位信用成本法

3.1 引言

确定给付养老金计划的筹资,一般是通过建立和维持一个基金,来支付计划承诺给予退休成员的养老给付。单位信用成本法(又被称为应计给付成本法,accrued benefit cost method)的一个主要特点是,在任意时刻,计划基金资产的理想值等于所有计划参加者的应计给付的精算现值。我们先定义单位信用成本法下的精算负债和年度正常成本:

- 在评估日,一个参加者的精算负债是他的应计给付的精算现值,而年度正常成本是在评估日其后一年内增加的应计给付的精算现值。
- 在任一评估日,一个计划的精算负债是所有计划参加者的应计给付的精算现值之和。

单位信用成本法有以下几个特点:

- 它属于给付分配法之类。
- 它是一种个体成本法,即计划的精算负债和年度正常成本分别是所有参加者的精算负债与年度正常成本的总和。
- 在规划单位信用成本法下,每个在职参加者退休时的预期给付被分配到参加者的整个工作期间。在一般应用中,如果给付是基于雇员的工资,则精算假设会包含预期工资增长率。
- 精算负债和年度正常成本两者都是由养老给付分配而产生的因变量。精算负债是被分配到评估日之前服务年限内的给付的现值,而年度正常成本是被分配到评估日其后一年内的给付的现值。
- 在参加者的早期服务年份中,这一成本法产生的年度正常成本会低于由其他成本法(我们将在以后的章节中讨论)产生的年度正常成本。因此,基金资产的积累会比较缓慢,长期投资收入也相对较少。与其他成本法相比,雇主需要缴纳较多的现金以应付将来给付支出的需求;换言之,雇主的实际成本一般会较高。

- 如果计划的给付是基于每个参加者的工资计算的话,则随着计划的日渐成熟,每个参加者和整个计划的年度正常成本的增长速度,将会比参加者的工资增长来得更快。①
- 在计划生效时,如果计划对参加者的过去服务提供养老金给付,则这些过去给付的负债可以被单独地计算出来和摊销。这为筹资提供了一些灵活性。

3.2 成本定义

除非另外说明,这一章及以后章节中的数学公式,将基于以下的假设情况导出:

- 计划只在正常退休年龄为 y 时提供养老金给付;计划不提供退休前死亡、退保或终止的给付。
- 养老金的支付形式是纯粹终身年金,不含退休后死亡给付。
- 计划是非捐纳型的,即雇员不需要分摊计划给付的费用。
- 所有参加者必须在年龄为 y 时退休。参加者退休时,计划将一笔金额付给一家保险公司或是一个退休人员基金,来结清该退休参加者的负债。
- 所有退休前的衰减都只在每年年末(end of year 或 EOY)发生。

在推导各章节的数学公式时,我们将采用本书表 2-2 列出的常用记法。为了解以后导出的数学公式,读者必须熟悉换算函数(commutation functions)和服务表。首先,我们回顾几个复合衰减模型下的换算函数和年金方程。

方格 1

基本换算函数

$$D_x = v^x l_x \quad N_x = \sum_{t=0}^{\omega-x-1} D_{x+t}$$

$$\ddot{a}_{x:\overline{y-x}|} = \sum_{t=0}^{y-x-1} v^t {}_t p_x = \sum_{t=0}^{y-x-1} \frac{v^{x+t} l_{x+t}}{v^x l_x} = \sum_{t=0}^{y-x-1} \frac{D_{x+t}}{D_x} = \frac{N_x - N_y}{D_x}$$

$${}^s D_x = s_x D_x \quad {}^s N_x = \sum_{t=0}^{\omega-x-1} {}^s D_{x+t};$$

$${}^s \ddot{a}_{x:\overline{y-x}|} = \sum_{t=0}^{y-x-1} \frac{s_{x+t}}{s_x} v^t {}_t p_x = \sum_{t=0}^{y-x-1} \frac{s_{x+t}}{s_x} \frac{v^{x+t} l_{x+t}}{v^x l_x} = \sum_{t=0}^{y-x-1} \frac{{}^s D_{x+t}}{{}^s D_x} = \frac{{}^s N_x - {}^s N_y}{{}^s D_x}$$

---

① 我们将在之后的章节中说明这一点。

如果 AB_x^j 表示参加者 j 在 x 岁时的应计给付,而 AL_x^j 表示该参加者的精算负债,则

$$AL_x^j = AB_x^j \cdot {}_{y-x}p_x \cdot v^{y-x} \cdot \ddot{a}_y^{(12)} = AB_x^j \left(\frac{D_y}{D_x}\right)\ddot{a}_y^{(12)}$$

令 A_t 为时间 t 时所有在职参加者的集合。在时刻 t,计划的精算负债是所有在职参加者的精算负债的总和,即:

$$AL_t = \sum_{A_t} AL_x^j = \sum_{A_t} AB_x^j \frac{D_y}{D_x} \ddot{a}_y^{(12)}$$

如果 ΔB_x^j 是参加者 j 在评估日开始的一年内的应计给付,则计划在时间 t 的年度正常成本为:

$$NC_t = \sum_{A_t} NC_x^j = \sum_{A_t} \Delta B_x^j \frac{D_y}{D_x} \ddot{a}_y^{(12)}$$

例 3-1 利用以下计划条款和精算假设,计算计划参加者的精算负债和年度正常成本。

养老金计划条款:

雇员应纳缴费	无
正常退休年龄	65 岁
退休给付	每服务一年为最后三年平均工资的2%
减额提早退休	最早退休年龄为55岁
	提早退休给付与正常退休给付精算等价
非减额提早退休	不提供
退休前终止或退保给付	无
退休前死亡给付	无
退休后死亡给付	无。计划只在退休者生存期间支付养老金

精算假设:

年利率	6%
工资年增长率	4%
退休前终止或退保率	与年龄相关
死亡率	依据标准死亡表(mortality table)
退休年龄	所有参加者都在65岁时退休
年金因子	$\ddot{a}_{65}^{(12)} = 10.649$

运用附录1中的换算函数表来进行计算。

评估日时唯一参加者的数据：	
性别	男
年龄	40 岁
服务年限	10 年
年工资	40 000 元

解

设 $s_x = 1.04^x$。预期最后三年的平均工资用 FAE3 表示，则：

$$\text{FAE3} = S_{40} \times \left(\frac{s_{64} + s_{63} + s_{62}}{s_{40}}\right) \div 3$$

$$= 40\,000 \times \left(\frac{1.04^{24} + 1.04^{23} + 1.04^{22}}{3}\right) = 98\,639$$

$B(65) = 65$ 岁时的预期养老金给付

$$= 2\% \times \text{FAE3} \times 35 = 2\% \times 98\,639 \times 35$$

评估日时的应计养老金给付和下一年的应计养老金给付分别为：

$$\text{AB}_{40} = B(65) \times 10/35 = 2\% \times 98\,639 \times 10 = 19\,727.8(\text{元})$$

$$\Delta B_{40} = B(65) \times 1/35 = 2\% \times 98\,639 = 1\,972.78(\text{元})$$

则：

$$\text{AL} = \text{AB}_{40}\left(\frac{D_{65}}{D_{40}}\right)\ddot{a}_{65}^{(12)} = 19\,727.8 \times 3\,092/18\,028 \times 10.649 = 36\,031(\text{元})$$

$$\text{NC} = \Delta B_{40}\left(\frac{D_{65}}{D_{40}}\right)\ddot{a}_{65}^{(12)} = 1\,972.78 \times 3\,092/18\,028 \times 10.649 = 3\,603(\text{元})$$

3.3 传统单位信用成本法与规划单位信用成本法

参加者的应计给付是根据养老金计划的给付条款而确定的。如果给付取决于参加者的未来工资，则我们可以用以下两种方法来确定应计给付：

1. 传统单位信用成本法

传统单位信用成本法（简称 TUC 法）是一种根据每个在职参加者的过去数据（如服务年数、工资等），确定其在评估日时的应计给付和下一年度的应计给付的方法。它通常被应用于职业平均工资（career average earnings，简称 CAE）计划、固定给付（flat benefit，简称 FB）计划等。

例如，某个计划的养老金给付是参加者整个工作期间的工资的 2%。x 岁参加者的应计给付和下一年度的应计给付将分别为：

截至当日的应计给付 $= \mathrm{AB}_x^j = 0.02 \times (S_w + S_{w+1} + \cdots + S_{x-1})$

下一年的应计给付 $= \Delta B_x^j = 0.02 \times S_x$

其中，S_z 为 z 岁时的实际年工资。

2. 规划单位信用成本法

规划单位信用成本法（简称 PUC 法）通常被用于最终工资或最终服务期间平均工资 (FAE) 计划。它通过预计未来的工资增长来确定应计给付。

假设计划给付为每工作一年最终年工资的 2%，则：

$$\text{在 } y \text{ 岁退休时的预计给付} = B^j(y) = 0.02 \times S_x \times \left(\frac{s_{y-1}}{s_x}\right) \times (y-w)$$

$$x \text{ 岁时的应计给付} = \mathrm{AB}_x^j = B^j(y) \times \frac{(x-w)}{(y-w)} = 0.02 \times S_x \times \left(\frac{s_{y-1}}{s_x}\right) \times (x-w)$$

$$x \text{ 岁后一年的应计给付} = \Delta B_x^j = \frac{B^j(y)}{(y-w)} = 0.02 \times S_x \times \left(\frac{s_{y-1}}{s_x}\right)$$

其中，s_x 为与年龄 x 相关的工资比例。

表 3-1 进一步显示了在 TUC 法和 PUC 法下，养老金给付的分配方式。我们用下面的记法：

- $\mathrm{TB}_x(y)$ 是对一个现在为 x 岁的参加者，预计在 y 岁退休时的养老金给付。
- $^a S_z$ 表示参加者 z 岁后一年的实际工资（左上角标 a 代表参数 S 是基于参加者的真实数据）。

表 3-1　TUC 法与 PUC 法下的给付分配方式

TUC 法	PUC 法
AB_x 是在计划条款下，现年 x 岁的参加者所累积的应计给付	AB_x 是 $\mathrm{TB}_x(y)$ 中分配给 x 岁前服务年期的部分
ΔB_x 是参加者在 x 岁后一年预计累积的给付	ΔB_x 是 $\mathrm{TB}_x(y)$ 中分配给 x 岁其后一年的部分
给付公式：整个工作期间工资的 2%	
$\mathrm{AB}_x = {}^a\mathrm{AB}_x = 0.02 \times \left(\sum_{z=w}^{x-1} {}^a S_z\right)$ $\Delta B_x = 0.02 \times S_x$	假设该方法按服务的比例分摊 $\mathrm{TB}_x(y)$： $\mathrm{TB}_x(y) = {}^a\mathrm{AB}_x + 0.02 \times \left(\sum_{z=x}^{y-1} S_x \cdot \frac{s_z}{s_x}\right)$ $\mathrm{AB}_x = \mathrm{TB}_x(y) \cdot \left(\frac{x-w}{y-w}\right)$ $\Delta B_x = \mathrm{TB}_x(y) \cdot \frac{1}{(y-w)}$

(续表)

给付公式：2‰×FAE3×服务年限	
一般来说，TUC 法不适用于最终工资或最终平均工资计划	$\mathrm{TB}_x(y) = 0.02 \left[S_x \left(\dfrac{s_{y-1} + s_{y-2} + s_{y-3}}{s_x} \right) \div 3 \right] \times (y-w)$ $\mathrm{AB}_x = \mathrm{TB}_x(y) \times \left(\dfrac{x-w}{y-w} \right)$ $= 0.02 \left[S_x \left(\dfrac{s_{y-1} + s_{y-2} + s_{y-3}}{s_x} \right) \div 3 \right] \times (x-w)$ $\Delta B_x = \mathrm{TB}_x(y) \times \left(\dfrac{1}{y-w} \right) = 0.02 \left[S_x \left(\dfrac{s_{y-1} + s_{y-2} + s_{y-3}}{s_x} \right) \div 3 \right]$

 方格 2

讨 论 题

1. 一个已退休或已退保的参加者的年度正常成本是多少？

2. 下面有关单位信用成本法的论述，哪些是正确的？

(1) 在这一方法中，必须假设每个参加者都持续参加计划直到退休或死亡为止。

(2) 如果一个参加者每年的应计给付是常值。当现实经历与精算假设相符合时，这个参加者的各年度正常成本也将维持常值。

(3) 一个计划对参加者在计划有效期前的服务提供一定数额的养老金给付。当这个计划新设立时，它的精算负债等于这个给付的精算现值。

3. 对于一个职业平均工资计划，PUC 法的精算负债总是比 TUC 法的精算负债大吗？PUC 法是一个比较保守的筹资方法吗？

4. 对于一个职业平均工资计划，当参加者年轻时，PUC 法的年度正常成本会比 TUC 法的年度正常成本高吗？在其他年龄段呢？

 方格 3

单位信用成本法下的正常成本模式

注意到 $\mathrm{NC}_x^j = \Delta B_x^j \dfrac{D_y}{D_x} \ddot{a}_y^{(12)}$。通过下面的例子，演示年度正常成本的增长速度比计划参加者的工资增长快。

1. 假设一个养老金计划的给付是参加者每年工资的 1%，工资的年增长率为 r。请展示：

$$\frac{\mathrm{d}}{\mathrm{d}x}(\log \mathrm{NC}_x^j) = \mu_x + \delta + \log(1+r)$$

其中，μ_x 为 x 岁时的死亡力度（force of mortality），δ 为利息力度（force of interest）。

2. 现在考虑参加者 j 的年度正常成本。请展示：

$$\frac{\mathrm{d}}{\mathrm{d}x}\left[\log\left(\frac{\mathrm{NC}_x^j}{S_x}\right)\right] = \mu_x + \delta$$

3. 由此总结，若除死亡外没有其他退休前衰减，且死亡率服从 Gompertz 定律（即 $\mu_x = \alpha \mathrm{e}^{bx}$），那么：

$$\frac{\mathrm{d}}{\mathrm{d}x}\left[\log\left(\frac{\mathrm{NC}_x^j}{S_x}\right)\right] = \alpha \mathrm{e}^{bx} + \delta$$

该方程式显示，年度正常成本与工资的比例以大于指数的幅度增长。

3.4 损益分析

在解释养老金计划的损益分析（gain and loss analysis）之前，我们先把人寿险与养老金作一类比如下。

方格 4

一般性的精算关系

人寿险

$$({}_tV + P)(1+i) = \mathrm{DBEN} \cdot q_x^{(d)} + \mathrm{WBEN} \cdot q_x^{(w)} + {}_{t+1}V \cdot p_x^{(T)}$$

这表示年初时（beginning of year，简称 BOY）每个幸存者的准备金与保费之和加上利息累积，提供了预期的死亡给付、退保给付以及年末时（EOY）的预期准备金。

养老金的类比公式

$$\sum_{A_t}(\mathrm{AL}_x^j + \mathrm{NC}_x^j)(1+i) = \sum_{A_t} q_x^{(d)} \mathrm{DBEN}^j + \sum_{A_t} q_x^{(w)} \mathrm{WBEN}^j + \sum_{A_t} p_x^{(T)} \mathrm{AL}_{x+1}^j$$

注：假设 DBEN^j 和 WBEN^j 在年末时支付。

这里 A_t 代表时间 t 时养老金计划中所有在职参加者的集合。如果评估日 t 时所用的精算假设在时间 $t+1$ 时都完全实现，则上式成立。即是说，在时间 t 时的精算负债与年度正常成本之和加上利息累积，提供了预期的死亡给付、退保给付以及时间 $t+1$ 时的预期精算负债。

$\sum_{A_t} q_x^{(d)} \mathrm{DBEN}^j$ 与 $\sum_{A_t} q_x^{(w)} \mathrm{WBEN}^j$ 分别为 t 到 $t+1$ 这一年里预期支付的死亡及退保给付。如果计划不提供死亡和退保给付，则这两项均为零。因而，

$$(\mathrm{AL}_t + \mathrm{NC}_t)(1+i) = \sum_{A_t}(\mathrm{AL}_x^j + \mathrm{NC}_x^j)(1+i) = \sum_{A_t} p_x^{(T)} \mathrm{AL}_{x+1}^j \quad (3.1)$$

3.4.1 精算损益

一个计划在时间 t 的未纳基金精算负债（UAL）是该时间点的计划精算负债与计划资产值的差额①：

$$\mathrm{UAL}_t = \mathrm{AL}_t - F_t$$

在一般情况下，养老金计划的实际经验与精算评估中所用的假设不会完全吻合。从财务的角度看，如果计划的实际经验比精算假设的预期好，精算收益（actuarial gain）将会出现；反之，如果计划的实际经验比预期逊色，则会产生精算损失（actuarial loss）。

方格 5

精算损益的定义

对任何个体成本法来说，时间 t 至时间 $t+1$ 内的精算收益或损失可以定义为该时段末的预期未纳基金精算负债与实际未纳基金精算负债的差值，即：

$$\text{收益（损失）} \equiv E(\mathrm{UAL}_{t+1}) - \mathrm{UAL}_{t+1}$$

预期未纳基金精算负债

在方格 4 中，等式(3.1)中的最后一项可以被分解为如下两个部分：

---

① 如果未纳基金精算负债是正值，则称计划筹资不充分；同时，一个负的未纳基金精算负债代表计划资产的价值大于精算负债，此时，称计划有筹资盈余。

$$\sum_{A_t} p_x^{(T)} \mathrm{AL}_{x+1}^j = \sum_{A_t(x<y-1)} p_x^{(T)} \mathrm{AL}_{x+1}^j + \sum_{A_t(x\geqslant y-1)} p_x^{(T)} \mathrm{AL}_{x+1}^j \qquad (3.2)$$

右侧第一项代表 A_t 中继续存活至时间 $t+1$ 但年龄小于 y 的参加者的预期精算负债 (expected actuarial liability)。右侧第二项则是 A_t 中在时间 t 至时间 $t+1$ 内达到退休年龄 y 的参加者的预期精算负债。

计划在时间 $t+1$ 的预期精算负债是 A_t 中继续存活至时间 $t+1$ 的参加者的预期精算负债之和,即:

$$E(\mathrm{AL}_{t+1}) \equiv \sum_{A_t(x<y-1)} p_x^{(T)} \mathrm{AL}_{x+1}^j$$

从等式(3.2),我们得出:

$$E(\mathrm{AL}_{t+1}) = \sum_{A_t} p_x^{(T)} \mathrm{AL}_{x+1}^j - \sum_{A_t(x\geqslant y-1)} p_x^{(T)} \mathrm{AL}_{x+1}^j \qquad (3.3)$$

时间 $t+1$ 的预期基金资产结余为:

$$E(F_{t+1}) = F_t(1+i) + C + I_C - \sum_{A_t(x\geqslant y-1)} p_x^{(T)} \mathrm{AL}_{x+1}^j \qquad (3.4)$$

其中,C 是雇主在时间 t 至时间 $t+1$ 内的缴费,I_C 是 C 到年末的预期利息,而最后一项则是预期付给保险公司或退休人员基金的金额,用来结清退休参加者的负债。

从等式(3.3)及(3.4),我们可以得出时间 $t+1$ 的预期未纳基金精算负债的公式展开如下:

$$E(\mathrm{UAL}_{t+1}) \equiv E(\mathrm{AL}_{t+1}) - E(F_{t+1})$$
$$= \sum_{A_t} p_x^{(T)} \mathrm{AL}_{x+1}^j - [F_t(1+i) + C + I_C] \qquad (3.5)$$

这一等式可被写成(参见等式(3.1)):

$$E(\mathrm{UAL}_{t+1}) = (\mathrm{AL}_t + \mathrm{NC}_t)(1+i) - [F_t(1+i) + C + I_C]$$
$$= (\mathrm{UAL}_t + \mathrm{NC}_t)(1+i) - C - I_C \qquad (3.6)$$

从现在开始,我们将用 AL_t^j、NC_t^j 来分别替代 AL_x^j 和 NC_x^j,以代表参加者 j 在时间 t 时的精算负债及正常成本。

等式(3.5)又可重写为:

$$E(\mathrm{UAL}_{t+1}) = \left[\sum_{A_t} \mathrm{AL}_{t+1}^j - \sum_{A_t} q_x^{(T)} \mathrm{AL}_{t+1}^j\right] - [F_t(1+i) + C + I_C] \qquad (3.7)$$

实际未纳基金精算负债

假设没有新的雇员加入计划,计划在时间 $t+1$ 时的实际精算负债(actual actuarial liability)可被写成:

$$\mathrm{AL}_{t+1} = \sum_{A_{t+1}} \mathrm{AL}_{t+1}^j = \sum_{A_t} \mathrm{AL}_{t+1}^j - \sum_T \mathrm{AL}_{t+1}^j - \sum_R \mathrm{AL}_{t+1}^j$$

其中,T 代表 A_t 中在时间 t 至时间 $t+1$ 内死亡或终止的参加者的集合,R 代表 A_t 中在这一年里退休的参加者的集合。

时间 $t+1$ 时的实际基金资产结余可被写为：
$$F_{t+1} = F_t + C - P + I$$

其中，I 是这一年里实际的投资回报，P 是实际付给保险公司或退休人员基金的金额，用来结清退休参加者的负债。

时间 $t+1$ 的实际未纳基金精算负债是该时刻的实际精算负债和实际资金结余的差值：

$$\begin{aligned}\text{UAL}_{t+1} &= \text{AL}_{t+1} - F_{t+1} \\ &= \sum_{A_t}\text{AL}^j_{t+1} - \sum_{T}\text{AL}^j_{t+1} - \sum_{R}\text{AL}^j_{t+1} - (F_t + C - P + I)\end{aligned} \quad (3.8)$$

从等式(3.7)及(3.8)，精算收益（或损失）可被分解为等式(3.9)右侧的三项：

$$\begin{aligned}\text{收益(损失)} &= E(\text{UAL}_{t+1}) - \text{UAL}_{t+1} \\ &= \Big(\sum_{T}\text{AL}^j_{t+1} - \sum_{A_t}q^{(T)}_x \text{AL}^j_{t+1}\Big) + \Big(\sum_{R}\text{AL}^j_{t+1} - P - I_P\Big) \\ &\quad + [I - (iF_t + I_C - I_P)]\end{aligned} \quad (3.9)$$

其中，iF_t、I_P 分别为 F_t 及 P 至年末产生的预期利息。注意到：
- 右侧第一个括号项代表由除退休外的其他衰减因素而产生的收益（损失）；
- 右侧第二个括号项代表由参加者退休而产生的收益（损失）；
- 右侧第三个括号项代表由投资回报而产生的收益（损失）。

一般来说，只要满足以下条件，等式(3.9)对于任何个体成本法都成立：
- 没有新的雇员在年中加入计划；
- 计划给付条款没有变化；
- 对于给付与工资相关的计划，参加者的实际工资按照时间 t 进行评估时所用的假设工资增长率发生了变化；
- 在年末的评估中，精算假设没有改变。

3.4.2 归因分析

归因分析（attribution analysis）是对精算损益按来源划分的分析方法。

非工资相关计划

非工资相关计划是退休给付不由参加者的工资决定的计划。对于这一类养老金计划，表3-2 总结了在单位信用成本法下的归因分析。

表 3-2　精算损益归因分析

精算损益来源 （正数为收益，负数为损失）	数学公式
除退休外的其他衰减因素	$\sum\limits_{T} \mathrm{AL}_{t+1}^{j} - \sum\limits_{A_t} q_x^{(T)} \mathrm{AL}_{t+1}^{j}$ $= \sum\limits_{T} \mathrm{AB}_{x+1}^{j} \left(\dfrac{D_y}{D_{x+1}}\right) \ddot{a}_y^{(12)} - \sum\limits_{A_t} q_x^{(T)} \mathrm{AB}_{x+1}^{j} \left(\dfrac{D_y}{D_{x+1}}\right) \ddot{a}_y^{(12)}$
退休	$\sum\limits_{R} \mathrm{AL}_{t+1}^{j} - P - I_P$
投资回报	$I - (iF + I_C - I_P)$
收益（损失）对未纳基金精算负债的影响	实际 UAL ＝ 预期 UAL － 收益 $\mathrm{UAL}_{t+1} = (\mathrm{UAL}_t + \mathrm{NC}_t)(1+i) - (C + I_C) - $ 收益

工资相关计划

对于与工资相关的计划，假设工资增长比例为 $\{s_z, z = w, w+1, \cdots, y-1\}$，则参加者 j 在时间 $t+1$ 时（在时间 t 时的年龄为 x）的预期工资为：

$$S_x^j \frac{s_{x+1}}{s_x}$$

其中，S_x^j 是参加者 j 在时间 t 的实际工资。如果在时间 $t+1$ 的实际工资与预期工资不同，也就是说：

$$S_{x+1}^j \neq S_x^j \frac{s_{x+1}}{s_x}$$

应计给付的变化将为：

$$\Delta \mathrm{AB}^j = \mathrm{AB}_{x+1}^j - \widetilde{\mathrm{AB}_{x+1}^j}$$

其中，AB_{x+1}^j 由 S_{x+1}^j 决定，而 $\widetilde{\mathrm{AB}_{x+1}^j}$ 由 $S_x^j \left(\dfrac{s_{x+1}}{s_x}\right)$ 决定。

因实际工资与预期工资不同而引起的精算负债的变化将为：

$$\Delta \mathrm{AL}_{t+1}^j = \Delta \mathrm{AB}^j \left(\frac{D_y}{D_{x+1}}\right) \ddot{a}_y^{(12)}$$

对所有时间 $t+1$ 的在职参加者求和，因工资增加与预期不同而引起的精算损益将为：

$$\Delta \mathrm{AL}_{t+1} = \sum_{A_{t+1}} \Delta \mathrm{AB}^j \left(\frac{D_y}{D_{x+1}}\right) \ddot{a}_y^{(12)}$$

其中，正的精算负债变化（也就是说，$\Delta \mathrm{AL}_{t+1} > 0$）代表损失，负的变化代表收益。

表 3-3 总结了工资相关养老金计划的损益来源归因及其相应的数学公式。$\widetilde{\mathrm{AL}_{t+1}^j}$ 项表示，假如 $\Delta \mathrm{AB}^j$ 为 0 的话，参加者 j 在时间 $t+1$ 的精算负债。

表 3-3 精算损益归因分析

精算损益来源	数学公式
除退休外的其他衰减因素	$\sum_{T} \widetilde{AL_{t+1}^{j}} - \sum_{A_{t}} q_{x}^{(T)} \widetilde{AL_{t+1}^{j}}$ $= \sum_{T} \widetilde{AB_{x+1}^{j}} \left(\dfrac{D_y}{D_{x+1}}\right) \ddot{a}_y^{(12)} - \sum_{A_t} q_x^{(T)} \widetilde{AB_{x+1}^{j}} \left(\dfrac{D_y}{D_{x+1}}\right) \ddot{a}_y^{(12)}$
退休	$\sum_{R} \widetilde{AL_{t+1}^{j}} - P - I_P$
投资回报	$I - (iF + I_C - I_P)$
工资变化	$-\left[\sum_{A_{t+1}} \Delta AB^j \left(\dfrac{D_y}{D_{x+1}}\right) \ddot{a}_y^{(12)}\right]$，其中 $\Delta AB^j = AB_{x+1}^j - \widetilde{AB_{x+1}^j}$
收益(损失)对未纳基金精算负债的影响	实际 UAL＝预期 UAL－收益 $UAL_{t+1} = (UAL_t + NC_t)(1+i) - (C + I_C) -$ 收益

对于每个在时间 $t+1$ 的在职参加者，年度正常成本 NC_{t+1}^j 将基于实际工资 S_{x+1}^j 而非预期工资 $S_x^j \left(\dfrac{s_{x+1}}{s_x}\right)$ 推算。

例 3-2

计划给付：

正常退休给付：每服务 1 年为最终工资的 1%

退休前退保或终止：无给付

评估日：2010 年 1 月 1 日

精算成本法：规划单位信用成本法

精算假设：

利率	每年 6%
工资增长率	每年 4%
退保或终止率	与年龄相关
死亡率	标准死亡表
退休年龄	65 岁
选用年金因子	$\ddot{a}_{65}^{(12)} = 10.649$

唯一参加者资料：

出生日期	1960 年 1 月 1 日
受雇日期	2000 年 1 月 1 日

2009 年的年度工资	40 000 元
2010 年 1 月 1 日的状态	仍在职

其他资料：

2009 年 1 月 1 日的资产值	12 000 元
2009 年的雇主缴费	2009 年 12 月 31 日时缴纳 2 500 元
2009 年经验收益或损失	没有与投资或工资有关的收益或损失

试运用附录 1 的换算函数表计算 2009 年的经验收益（或损失）。

解 参加者 2010 年 1 月 1 日时的年龄：50 岁

服务年数：10 年

2009 年 1 月 1 日（设为时刻 0）的评估结果：

$$AL_0 = 0.01 \times 40\,000 \times 1.04^{15} \times 9 \times \frac{D_{65}}{D_{49}} \ddot{a}_{65}^{(12)}$$

$$= 0.01 \times 40\,000 \times 1.04^{15} \times 9 \times \frac{3\,092}{8\,775} \times 10.649 = 24\,328 (元)$$

$$NC_0 = 0.01 \times 40\,000 \times 1.04^{15} \times \frac{3\,092}{8\,775} \times 10.649 = 2\,703 (元)$$

$$UAL_0 = AL_0 - F_0 = 24\,328 - 12\,000 = 12\,328 (元)$$

预期 $UAL_1 = (UAL_0 + NC_0)(1+i) - C$

$$= (12\,328 + 2\,703) \times 1.06 - 2\,500 = 13\,433 (元)$$

2010 年 1 月 1 日（设为时刻 1）的评估结果：

$$AL_1 = 0.01 \times 40\,000 \times 1.04^{15} \times 10 \times \frac{D_{65}}{D_{50}} \ddot{a}_{65}^{(12)}$$

$$= 0.01 \times 40\,000 \times 1.04^{15} \times 10 \times \frac{3\,092}{8\,187} \times 10.649 = 28\,972 (元)$$

另一计算 AL_1 的方法：

$$AL_1 = (AL_0 + NC_0) \frac{D_{49}}{D_{50}} = (24\,328 + 2\,703) \times \frac{8\,775}{8\,187} = 28\,972 (元)$$

（注意：这是根据 AL 的过去法定义计算的。）

$$F_1 = F_0(1+i) + C = 12\,000 \times 1.06 + 2\,500 = 15\,220 (元)$$

$$UAL_1 = AL_1 - F_1 = 28\,972 - 15\,220 = 13\,752 (元)$$

收益（损失）= 预期 $UAL_1 - UAL_1 = 13\,433 - 13\,752 = -319 (元)$

另一解法

注意到经验损益的唯一来源是退休前退保或终止的发生。预期退保率为：

$$q_{49}^{(T)} = \frac{d_{49}^{(T)}}{l_{49}^{(T)}} = \frac{l_{49}^{(T)} - l_{50}^{(T)}}{l_{49}^{(T)}} = 1 - \frac{D_{50}}{D_{49}} \times 1.06 = 0.01103$$

预期退保或终止而释放出的 AL 值 $= q_{49}^{(T)} \cdot \mathrm{AL}_1 = 0.01103 \times 28\,972 = 319.5(元)$

但实际释放出的 AL 值为 0，故：

$$\text{收益} = \text{实际释放出的 AL 值减去预期释放出的 AL 值}$$
$$= 0 - 319.5 = -319.5(元)(损失)$$

例 3-3

精算成本法	单位信用成本法
假设利率	每年 8%

选用的评估结果：

	2010 年 1 月 1 日	2011 年 1 月 1 日
年度正常成本	100 000 元	
精算负债	800 000 元	1 000 000 元
资产价值	400 000 元	600 000 元
2010 年的缴费	2010 年 7 月 1 日时缴交 100 000 元	
	2010 年 12 月 31 日时缴交 50 000 元	
2010 年支出的养老给付	2010 年 12 月 31 日支出 13 000 元	

在 2010 年的经历中，所有非投资来源的净损失为多少？

解：

关键点：非投资经历的收益或损失来自精算负债的收益或损失。

首先计算预期精算负债：

$$E(\mathrm{AL}_1) = (\mathrm{AL}_0 + \mathrm{NC}_0)(1+i) - B - I_B$$
$$= (800\,000 + 100\,000) \times 1.08 - 13\,000 = 959\,000(元)$$

注意：在计算时，要减去给付支付。这是因为在给付支付时，与之等值的精算负债会同时被释出。由于给付在年末支付，故不需要作利息调整（$I_B = 0$）。

然后计算所有因非投资来源的经历的净损失:

$$损失 = AL_1 - E(AL_1) = 1\,000\,000 - 959\,000 = 41\,000(元)$$

另一解法(用单利计算):

1. 用下式计算计划的总收益或总损失

$$总收益(总损失) = (UAL_0 + NC_0)(1+i) - (C+I_C) - UAL_1 = -14\,000(元)$$

2. 计算投资的收益或损失

$$投资收益(损失) = F_1 - E(F_1) = 27\,000(元)$$

3. 然后计算非投资收益或损失

$$非投资收益 = 总收益 - 投资收益$$
$$= -14\,000 - 27\,000 = -41\,000(元)(负数为损失)$$

3.4.3 给付或精算假设变化的影响

假设计划的养老金给付公式或精算假设在时间 t 时被更改,那么,时间 t 的评估结果会发生怎样的变化呢?养老金给付的变化将会改变应计给付或未来年份的应计给付(或两者都改变)。这反过来又将改变计划的精算负债或年度正常成本(或两者都受到影响)。精算假设(工资增长假设除外)的改变不会影响应计给付和未来年份的应计给付,但会改变这些给付的精算现值,进而改变精算负债和年度正常成本。

我们可以用以下的步骤来确定给付或精算假设变化所产生的影响:

① 计算变化前在时间 t 的精算负债和年度正常成本;
② 计算变化后在时间 t 的精算负债和年度正常成本;
③ 取②与①之差而得出评估结果受到的影响。

例 3-4

月给付:每工作一年为 50 元

评估日:2010 年 1 月 1 日

唯一计划参加者资料:

年龄:40 岁

服务年数:10 年

状态:仍在职

> **精算假设：**
>
> 利率：每年 6%
>
> 无退休前退保、终止或死亡
>
> 退休年龄：65 岁
>
> 选定年金因子：$\ddot{a}_{65}^{(12)} = 10.649$
>
> 2010 年 1 月 1 日，计划月给付被提高至每工作一年为 60 元。计算给付变化对 2010 年 1 月 1 日精算负债及年度正常成本的影响。

解：

首先计算给付变化前的精算负债和年度正常成本：

$$\text{AL} = 10 \times 50 \times 12 \times \frac{1}{1.06^{25}} \times 10.649 = 14\,887.21(元)$$

$$\text{NC} = 50 \times 12 \times \frac{1}{1.06^{25}} \times 10.649 = 1\,488.72(元)$$

然后计算变化后的精算负债和年度正常成本：

$$\text{AL}' = 10 \times 60 \times 12 \times \frac{1}{1.06^{25}} \times 10.649 = 17\,864.66(元)$$

$$\text{NC}' = 60 \times 12 \times \frac{1}{1.06^{25}} \times 10.649 = 1\,786.47(元)$$

给付变化对 2010 年 1 月 1 日评估结果的影响为：

$$\triangle \text{AL} = \text{AL}' - \text{AL} = 2\,977.45(元)$$

$$\triangle \text{NC} = \text{NC}' - \text{NC} = 297.74(元)$$

3.4.4 新计划参加者的影响

在单位信用成本法下，如果计划将新加入者过去的服务纳入养老金给付的计算中，新加入者会为计划带来正的精算负债而令计划的财务状况产生损失。计划的精算负债将会以新加入者的精算负债额度增加。同样，新加入者的年度正常成本会被加到计划中在职参加者的年度正常成本中。

第 4 章
个体进入年龄正常成本法

4.1 引言

在个体进入年龄正常成本法(individual entry age normal cost method,简称 EAN)下,每个参加者在进入养老金计划时(年龄记为 w),其未来所有正常成本的精算现值等于未来所有给付的精算现值。该正常成本被设定为一个固定金额或为工资的一个固定百分比。根据已定义的正常成本,精算负债有两种定义方法:

- 过去法。对于一个年龄为 x 的计划参加者,其精算负债等于除了当年以外的过去正常成本的累计值。
- 未来法。对于一个年龄为 x 的计划参加者,其精算负债等于未来给付的精算现值减去未来正常成本的精算现值。

个体进入年龄正常成本法有以下几个主要特点:

- 它属于成本分配法之一。
- 它是一种个体成本法,即计划的精算负债及正常成本分别等于所有参加者个人的精算负债及正常成本的总和。
- 进入年龄正常成本法先定义了正常成本,而精算负债则是由正常成本导出的因变量。
- 个体进入年龄正常成本法将每个参加者的未来给付现值平均分摊到该参加者的整个服务年限。只要满足以下条件,正常成本就能以固定的金额或是与工资成固定的比例而保持恒定:① 养老金计划的给付条款保持不变;② 精算假设保持不变;③ 计划的实际经验与精算假设相符,即无经验损益。
- 对于年轻而服务年限较短的计划参加者,个体进入年龄正常成本法所产生的正常成本会高于单位信用成本法所产生的正常成本。
- 相较于单位信用成本法,对仍未达退休年龄的参加者,依个体进入年龄正常成本法筹资将可以累积到更多的资金。换言之,个体进入年龄正常成本法是一个比较保守的筹资方法。

• 如果在计划开始时对参加者的过去服务有给付的承诺,则这些给付的负债可以被单独计算出来和分摊。这为筹资提供了一些灵活性。

在相同的精算假设下,传统单位信用成本法(TUC)、规划单位信用法(PUC)、个体进入年龄正常成本法(EAN)在不同的年龄段,会产生不同数额的正常成本及精算负债。对于一个职业平均工资计划,图 4-1 显示了这三种成本法下的成本模式。

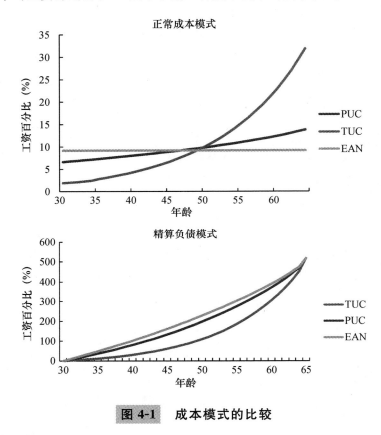

图 4-1 成本模式的比较

4.2 个体进入年龄正常成本法——无工资增长假设

4.2.1 成本定义

我们先定义,在没有工资增长假设的情况下,进入年龄正常成本法的年度正常成本和精算负债。

为了推导出在时间 t 时计划参加者 j 的年度正常成本,我们将该参加者在进入年龄

w 时的未来正常成本的现值等同于所有未来给付的精算现值,即:

$$\mathrm{NC}_t^j \ddot{a}_{w:\overline{y-w}|} = \mathrm{PVFBW}_t^j$$

$$\mathrm{NC}_t^j = \frac{\mathrm{PVFBW}_t^j}{\ddot{a}_{w:\overline{y-w}|}}$$

其中,NC_t^j 为参加者 j 在时间 t 时的正常成本,它在每年年初支付,并在参加者的整个服务期间保持一个固定金额。$\ddot{a}_{w:\overline{y-w}|}$ 为限期年金因子,有时可以解释为在年龄 w 时的未来服务年数的精算现值(present value of future years of service,简称 PVFY)。PVFBW_t^j 则是参加者 j 在进入年龄 w 时的未来给付精算现值。

设 $B_t^j(y)$ 为计划参加者 j 在时间 t 时计算的预期退休给付。在时间 t 时的正常成本可以用换算函数表示如下:

$$\mathrm{NC}_t^j = \frac{B_t^j(y) \dfrac{D_y}{D_w} \ddot{a}_y^{(12)}}{\dfrac{N_w - N_y}{D_w}} = \left(B_t^j(y) \ddot{a}_y^{(12)} \frac{D_y}{D_x}\right)\left(\frac{D_x}{N_w - N_y}\right) \tag{4.1}$$

请注意,$\ddot{a}_{w:\overline{y-w}|} = \dfrac{N_w - N_y}{D_w}$(参见 3.2 节)。

由已定义的正常成本,我们可以用过去法得出时间 t 时(参加者年龄为 x)的精算负债:

$$\mathrm{AL}_t^j(\text{过去法}) = \mathrm{NC}_t^j \ddot{s}_{w:\overline{x-w}|} = \mathrm{NC}_t^j \left(\frac{N_w - N_x}{D_x}\right)$$

$$= \left(B_t^j(y) \ddot{a}_y^{(12)} \frac{D_y}{N_w - N_y}\right)\left(\frac{N_w - N_x}{D_x}\right)$$

$$= \left(B_t^j(y) \ddot{a}_y^{(12)} \left(\frac{D_y}{D_x}\right)\right)\left(\frac{N_w - N_x}{N_w - N_y}\right) \tag{4.2}$$

请注意,$\ddot{s}_{x:\overline{n}|}$ 代表从年龄 x 开始 n 年期年初年金在到期日时的累计值,所对应的 $\ddot{a}_{x:\overline{n}|}$ 则代表在年龄为 x 时的精算现值。

根据未来法,参加者 j 在时间 t 时的精算负债等于该时刻(参加者年龄为 x)的未来给付现值减去未来正常成本的精算现值:

$$\mathrm{AL}_t^j(\text{未来法}) = \mathrm{PVFB}_t^j - \mathrm{NC}_t^j \ddot{a}_{x:\overline{y-x}|}$$

$$= B_t^j(y) \frac{D_y}{D_x} \ddot{a}_y^{(12)} - \mathrm{NC}_t^j \frac{N_x - N_y}{D_x} \tag{4.3}$$

方格 1

过去法 AL 与未来法 AL

试具体证明 AL 如何在两个定义方法（即过去法和未来法）下等价。

在时间 t 时，计划的正常成本和精算负债分别等于所有在职参加者（集合 A_t）的正常成本和精算负债的总和。

$$NC_t = \sum_{A_t} NC_t^j$$

$$AL_t = \sum_{A_t} AL_t^j$$

例 4-1

计划给付：

正常退休给付：每月 500 元

正常退休年龄：65 岁

评估日期　　　　　　　　　　　　2010 年 1 月 1 日

精算成本法　　　　　　　　　　　进入年龄正常成本法

精算假设：

年利率：6%

退休年龄：65 岁

选定年金因子：$\ddot{a}_{65}^{(12)} = 9$

唯一计划参加者资料：

出生日期：1960 年 1 月 1 日

受雇日期：2000 年 1 月 1 日

供使用的换算函数：

年龄 x	D_x	N_x
40	763	10 732
47	481	6 308
50	393	4 957

年龄 x	D_x	N_x
51	367	4 564
65	128	1 215

请运用过去法及未来法计算在评估日时的正常成本和精算负债。

解：

进入年龄　　　　　　　　　　$w=40$

到达年龄　　　　　　　　　　$x=50$

进入年龄时的正常成本 $= B_t^j(y)\left(\dfrac{D_y}{N_w - N_y}\right)\ddot{a}_y^{(12)}$

$$= 500 \times 12 \times 9 \times \left[\dfrac{128}{(10\ 732 - 1\ 215)}\right] = 726.28(元)$$

运用过去法计算的精算负债 $= \mathrm{NC}_t^j\left(\dfrac{N_w - N_x}{D_x}\right)$

$$= 726.28 \times \left(\dfrac{10\ 732 - 4\ 957}{393}\right) = 10\ 672(元)$$

运用未来法计算的精算负债 $= B_t^j(y)\dfrac{D_y}{D_x}\ddot{a}_y^{(12)} - \mathrm{NC}_t^j\dfrac{N_x - N_y}{D_x}$

$$= (500 \times 12 \times 9) \times \dfrac{128}{393} - 726.28 \times \left(\dfrac{4\ 957 - 1\ 215}{393}\right)$$

$$= 10\ 672(元)$$

方格2

个体进入年龄正常成本法与规划单位信用成本法的比较

请用数学方法证明，个体进入年龄正常成本法与规划单位信用成本法相比，前者在任何年龄都会产生较高的精算负债，但正常成本的高低却不能确定（假设没有工资增长）。

证明：

(1) 进入年龄正常成本法与规划单位信用成本法的精算负债计算方程式分别如下：

$$\mathrm{AL}^{\mathrm{EAN}} = \left(B(y)\frac{D_y}{D_x}\ddot{a}_y^{(12)}\right)\left(\frac{N_w - N_x}{N_w - N_y}\right)$$

$$\mathrm{AL}^{\mathrm{UC}} = \left(B(y)\frac{D_y}{D_x}\ddot{a}_y^{(12)}\right)\left(\frac{x - w}{y - w}\right)$$

由上述方程式可见：

$\mathrm{AL}^{\mathrm{EAN}} > \mathrm{AL}^{\mathrm{UC}}$ 当且仅当 $\left(\frac{N_w - N_x}{N_w - N_y}\right) > \left(\frac{x - w}{y - w}\right)$ 当且仅当 $\left(\frac{N_w - N_x}{x - w}\right) > \left(\frac{N_w - N_y}{y - w}\right)$

由于 $N_w - N_x = \sum_{z=w}^{x-1} D_z$，而 D_z 是 z 的递减函数，所以最后的不等式的左边总比右边大。

（2）进入年龄正常成本法与规划单位信用成本法的正常成本计算方程式分别为：

$$\mathrm{NC}^{\mathrm{EAN}} = \left(B(y)\frac{D_y}{D_x}\ddot{a}_y^{(12)}\right)\left(\frac{D_x}{N_w - N_y}\right)$$

$$\mathrm{NC}^{\mathrm{UC}} = \left(B(y)\frac{D_y}{D_x}\ddot{a}_y^{(12)}\right)\left(\frac{1}{y - w}\right)$$

由上述方程式可见：

$\mathrm{NC}^{\mathrm{EAN}} <> \mathrm{NC}^{\mathrm{UC}}$ 当且仅当 $\left(\frac{D_x}{N_w - N_y}\right) <> \left(\frac{1}{y - w}\right)$ 当且仅当 $D_x <> \left(\frac{N_w - N_y}{y - w}\right)$

不等式符号的方向取决于 D_x 以及 D_z 在年龄 w 和 y 之间的平均值，即 $\left(\frac{N_w - N_y}{y - w}\right)$ 之大小关系。参加者初进入计划时，$D_x > \left(\frac{N_w - N_y}{y - w}\right)$，故 $\mathrm{NC}^{\mathrm{EAN}}$（进入年龄法下的正常成本）比 $\mathrm{NC}^{\mathrm{UC}}$（单位信用法下的正常成本）大。但是随着年龄的增长，D_x 在某一年龄 $\bar{x}$ 后将会比 $\left(\frac{N_w - N_y}{y - w}\right)$ 小。因此，在某一年龄 $\bar{x}$ 后，$\mathrm{NC}^{\mathrm{EAN}}$ 比 $\mathrm{NC}^{\mathrm{UC}}$ 小。

注意：在该临界年龄时，$D_{\bar{x}} = \left(\frac{N_w - N_y}{y - w}\right)$。

4.2.2 损益分析

在时间 $t+1$ 时所预期的退休给付 $B_{t+1}^j(y)$，可能与在时间 t 时所预期的退休给付 $B_t^j(y)$ 不同。[①] 用 ΔB^j 指代 $B_{t+1}^j(y) - B_t^j(y)$。则在时间 $t+1$ 时，ΔB^j 将会产生正常成本

---

① 这取决于养老金计划的给付条款。

增量 ΔNC^j（负数为减量）如下：

$$\Delta NC^j = \frac{\Delta PVFBW^j}{\ddot{a}_{w:\overline{y-w}|}} = \frac{\Delta B^j \dfrac{D_y}{D_w} \ddot{a}_y^{(12)}}{\dfrac{N_w - N_y}{D_w}}$$

$$= \left(\Delta B^j \ddot{a}_y^{(12)} \frac{D_y}{D_{x+1}}\right)\left(\frac{D_{x+1}}{N_w - N_y}\right)$$

在时间 $t+1$ 时，ΔNC^j 将会产生精算负债的增量如下：

$$\Delta AL^j = \Delta NC^j \left(\frac{N_w - N_{x+1}}{D_{x+1}}\right)$$

$$= \left(\Delta B^j \ddot{a}_y^{(12)} \frac{D_y}{D_{x+1}}\right)\left(\frac{D_{x+1}}{N_w - N_y}\right)\left(\frac{N_w - N_{x+1}}{D_{x+1}}\right)$$

$$= \left(\Delta B^j \ddot{a}_y^{(12)} \left(\frac{D_y}{D_{x+1}}\right)\right)\left(\frac{N_w - N_{x+1}}{N_w - N_y}\right)$$

请注意下面的关系式（参见 3.4 节）：

$$\sum_{A_t}(AL_t^j + NC_t^j)(1+i) = \sum_{A_t} p_x^{(T)} \widetilde{AL_{t+1}^j}$$

其中，当给付增量为零时，$\widetilde{AL_{t+1}^j}$ 为在时间 $t+1$ 时的精算负债，即：

$$\widetilde{AL_{t+1}^j} = \left[(B_t^j(y) \ddot{a}_y^{(12)})\left(\frac{D_y}{D_{x+1}}\right)\right]\left(\frac{N_w - N_{x+1}}{N_w - N_y}\right)$$

预期未纳基金精算负债

在时间 $t+1$ 时，计划在职参加者的精算负债预期值为：

$$E(AL_{t+1}) = \sum_{A_t}(AL_t^j + NC_t^j)(1+i) - \sum_{A_t(x \geqslant y-1)} p_x^{(T)} \widetilde{AL_{t+1}^j}$$

$$= \sum_{A_t} \widetilde{AL_{t+1}^j} - \sum_{A_t} q_x^{(T)} \widetilde{AL_{t+1}^j} - \sum_{A_t(x \geqslant y-1)} p_x^{(T)} \widetilde{AL_{t+1}^j}$$

时间 $t+1$ 时的预期资金结余则为：

$$E(F_{t+1}) = F_t(1+i) + C + I_C - \sum_{A_t(x \geqslant y-1)} p_x^{(T)} \widetilde{AL_{t+1}^j}$$

其中，$\sum_{A_t(x \geqslant y-1)} p_x^{(T)} \widetilde{AL_{t+1}^j}$ 是一笔预期付给保险公司或退休人员基金的资金，用来结清已退休参加者的负债。

由上面的公式，可以得出时间 $t+1$ 时的预期未纳基金精算负债：

$$E(UAL_{t+1}) = E(AL_{t+1}) - E(F_{t+1})$$

$$= \sum_{A_t} \widetilde{AL_{t+1}^j} - \sum_{A_t} q_x^{(T)} \widetilde{AL_{t+1}^j} - [F_t(1+i) + C + I_C]$$

实际未纳基金精算负债

在时间 $t+1$ 时，精算负债和基金资金结余的实际值分别可表示为：

$$AL_{t+1} = \sum_{A_{t+1}} AL_{t+1}^j = \sum_{A_{t+1}} (\widetilde{AL_{t+1}^j} + \Delta AL^j)$$

$$= \sum_{A_t} \widetilde{AL_{t+1}^j} - \sum_{T} \widetilde{AL_{t+1}^j} - \sum_{R} \widetilde{AL_{t+1}^j} + \sum_{A_{t+1}} \Delta AL^j$$

$$F_{t+1} = F_t + C - P + I$$

其中,I 为时间 t 至时间 $t+1$ 的实际投资回报,P 为一笔实际付给保险公司或退休人员基金的数额,用来结清已退休参加者的负债。那么,时间 $t+1$ 时的实际未纳基金精算负债为:

$$UAL_{t+1} = AL_{t+1} - F_{t+1}$$

$$= \sum_{A_t} \widetilde{AL_{t+1}^j} - \sum_{T} \widetilde{AL_{t+1}^j} - \sum_{R} \widetilde{AL_{t+1}^j} + \sum_{A_{t+1}} \Delta AL^j - (F_t + C - P + I)$$

取 $E(UAL_{t+1})$ 与 UAL_{t+1} 之差可得精算收益(或损失)。它可以被分解为等式(4.4)右侧四项:

$$\text{收益(损失)} = E(UAL_{t+1}) - UAL_{t+1}$$

$$= \left(\sum_{T} \widetilde{AL_{t+1}^j} - \sum_{A_t} q_x^{(T)} \widetilde{AL_{t+1}^j}\right) + \left(\sum_{R} \widetilde{AL_{t+1}^j} - P - I_P\right)$$

$$+ [I - (iF_t + I_C - I_P)] + \left[-\sum_{A_{t+1}} \Delta AL^j\right] \tag{4.4}$$

其中,

- 第一个括号项代表由退休以外的衰减因素而产生的收益。
- 第二个括号项代表由退休因素而产生的收益。
- 第三个括号项代表由投资回报而产生的收益。
- 第四个括号项代表由预计给付的变化而产生的收益。

4.2.3 归因分析

表 4-1 总结了在进入年龄成本法下的损益来源归因及其相关的数学公式。

表 4-1 精算损益归因分析

精算损益来源	数学公式
除退休外的其他衰减因素	$\sum_{T} (\widetilde{AL_{t+1}^j}) - \sum_{A_t} q_x^{(T)} (\widetilde{AL_{t+1}^j})$ 其中,$(\widetilde{AL_{t+1}^j}) = B_t^j(y) \ddot{a}_y^{(12)} \left(\dfrac{D_y}{D_{x+1}}\right) \left(\dfrac{N_w - N_{x+1}}{N_w - N_y}\right)$
退休	$\sum_{R} (\widetilde{AL_{t+1}^j}) - (P + I_P)$
投资回报	$I - (iF + I_C - I_P)$
预计给付的变化	$-\sum_{A_{t+1}} \Delta AL^j = -\sum_{A_{t+1}} \Delta B^j \ddot{a}_y^{(12)} \left(\dfrac{D_y}{D_{x+1}}\right) \left(\dfrac{N_w - N_{x+1}}{N_w - N_y}\right)$
收益(损失)对未纳基金精算负债的影响	$UAL_{t+1} = (UAL_t + NC_t)(1+i) - (C + I_C) - \text{收益}$

4.3 个体进入年龄正常成本法——有工资增长假设

4.3.1 成本定义

计划参加者 j 的正常成本被设定为工资的固定比例,用 U^j 来表示。它可以由以下方程式导出:

$$U^j \cdot \text{PVFSW}^j = U^j S_w^j \, {}^s\ddot{a}_{w:\overline{y-w}|} = \text{PVFBW}^j$$

这里,PVFSW^j 为未来工资的精算现值,PVFBW^j 为未来给付的精算现值。这两个精算现值都是在计划参加者的进入年龄 w 确定的。展开上式可得:

$$U^j S_w^j \left[\frac{{}^s N_w - {}^s N_y}{{}^s D_w} \right] = U^j \left[S_x^j \frac{s_w}{s_x} \right] \left[\frac{{}^s N_w - {}^s N_y}{{}^s D_w} \right] = B_t^j(y) \frac{D_y}{D_w} \ddot{a}_y^{(12)}$$

注意,$\left[\frac{{}^s N_w - {}^s N_y}{{}^s D_w} \right] = {}^s\ddot{a}_{w:\overline{y-w}|}$(参见 3.2 节方格 1)。

为解出 U^j,我们不使用计划参加者在年龄 w 时的实际工资。在上述方程式中,工资 S_w^j 是由该参加者在时间 t 时的工资 S_x^j 依据在评估中使用的工资增长假设推导出来的,即 $S_w^j = S_x^j \frac{s_w}{s_x}$。

参加者 j 在时间 t 时的正常成本等于工资比例 U^j 乘以该参加者在时间 t 时的实际工资:

$$\text{NC}_t^j = U^j S_x^j = \left(B_t^j(y) \ddot{a}_y^{(12)} \frac{D_y}{D_x} \right) \left[\frac{{}^s D_x}{{}^s N_w - {}^s N_y} \right] \tag{4.5}$$

由正常成本的定义,我们可以用过去法或未来法得出在时间 t 时(参加者的年龄为 x)的精算负债:

过去法定义:

$$\begin{aligned}
\text{AL}_t^j = \text{AVPNC}_t^j &= \text{NC}_t^j \left[\frac{{}^s N_w - {}^s N_x}{{}^s D_x} \right] \\
&= \left(B_t^j(y) \ddot{a}_y^{(12)} \frac{D_y}{D_x} \right) \left[\frac{{}^s D_x}{{}^s N_w - {}^s N_y} \right] \cdot \left[\frac{{}^s N_w - {}^s N_x}{{}^s D_x} \right] \\
&= \left(B_t^j(y) \ddot{a}_y^{(12)} \frac{D_y}{D_x} \right) \left[\frac{{}^s N_w - {}^s N_x}{{}^s N_w - {}^s N_y} \right] \tag{4.6}
\end{aligned}$$

等式(4.6)的左侧,即 $\text{AL}_t^j = \text{AVPNC}_t^j = \text{NC}_t^j \left[\frac{{}^s N_w - {}^s N_x}{{}^s D_x} \right]$,可以由 AVPNC_t^j(过去年度正常成本的累计值)的定义得出:

Fundamentals of Pension Funds and Pension Mathematics
养老金基金与数理基础

$$AL_t^j = AVPNC_t^j = NC_w \frac{D_w}{D_x} + NC_{w+1} \frac{D_{w+1}}{D_x} + \cdots + NC_{x-1} \frac{D_{x-1}}{D_x}$$

$$= U^j S_x \frac{s_w}{s_x} \frac{D_w}{D_x} + U^j S_x \frac{s_{w+1}}{s_x} \frac{D_{w+1}}{D_x} + \cdots + U^j S_x \frac{s_{x-1}}{s_x} \frac{D_{x-1}}{D_x}$$

$$= U^j S_x \left(\frac{^sD_w + {^sD_{w+1}} + \cdots + {^sD_{x-1}}}{^sD_x} \right)$$

$$= NC_t^j \left[\frac{^sN_w - {^sN_x}}{^sD_x} \right]$$

未来法定义:

$$AL_t^j = PVFB_t^j - PVFNC_t^j$$

$$= B_t^j(y) \frac{D_y}{D_x} \ddot{a}_y^{(12)} - NC_t^j \left[\frac{^sN_x - {^sN_y}}{^sD_x} \right] \tag{4.7}$$

例 4-2

养老金计划条款:	
计划参加者应纳缴费	无
正常退休年龄	65 岁
养老给付	最后三年的平均工资的 2% 乘以工作年限
减额提早退休	最早退休年龄:55 岁
	提早退休给付与正常退休给付精算等价
非减额提早退休	无
退休前退保或终止给付	无
退休前死亡给付	无
退休后死亡给付	无。计划只在参加者生存期间支付养老金
精算假设:	
利率	每年 6%
工资增长率	每年 4%
退休前终止或退保率	与年龄相关
死亡率	标准死亡表
退休年龄	65 岁
选定的年金因子	$\ddot{a}_{65}^{(12)} = 10.649$

> **评估日时唯一参加者资料：**
>
> 性别　　　　　　　　　　　男性
>
> 年龄　　　　　　　　　　　40 岁
>
> 服务年限　　　　　　　　　10 年
>
> 年工资　　　　　　　　　　40 000 元
>
> 运用附录 1 中的换算函数表来计算参加者的正常成本和精算负债。

解：

当前年龄：$x=40$

受雇时年龄：$w=30$

当前工资：$S_{40}=40\,000$

预计到 65 岁时的服务年限 $=10+(65-40)=35$（年）

设定工资增长模式为：$s_x=1.04^x$。预期最后三年的平均年工资为：

$$\text{FAE3}=S_{40}\times\left(\frac{s_{64}+s_{63}+s_{62}}{s_{40}}\right)\div 3$$

$$=40\,000\times\left(\frac{1.04^{24}+1.04^{23}+1.04^{22}}{3}\right)=98\,639(\text{元})$$

$$B(65)=65\text{ 岁时的预期养老给付}$$

$$=2\%\times\text{FAE3}\times 35=2\%\times 98\,639\times 35=69\,047(\text{元})$$

$$\text{PVFB}_t=B(65)\frac{D_{65}}{D_{40}}\ddot{a}_{65}^{(12)}=69\,047\times\frac{3\,092}{18\,028}\times 10.649=126\,109.6(\text{元})$$

$$\text{NC}_t=\text{PVFB}_t\left(\frac{^sD_{40}}{^sN_{30}-^sN_{65}}\right)=126\,109.6\times\left(\frac{39\,501}{1\,261\,959-18\,061}\right)=4\,005(\text{元})$$

$$\text{AL}_t=\text{PVFB}_t\left(\frac{^sN_{30}-^sN_{40}}{^sN_{30}-^sN_{65}}\right)=126\,109.6\times\left(\frac{1\,261\,959-680\,707}{1\,261\,959-18\,061}\right)=58\,929(\text{元})$$

> 试问用未来法定义计算精算负债，你可以得到上面的结果吗？
>
> 未来法定义：$\text{AL}_t=B(65)\dfrac{D_{65}}{D_{40}}\ddot{a}_{65}^{(12)}-\text{NC}_t\left[\dfrac{^sN_{40}-^sN_{65}}{^sD_{40}}\right]$

4.3.2 损益分析

在时间 $t+1$ 时，由工资增长而造成的预期给付的变化为：$\Delta B^j=B_{t+1}^j(y)-B_t^j(y)$。考虑到工资增长带来的影响，在时间 $t+1$ 时的正常成本和精算负债应根据当时计算的预

期给付 $B_{t+1}^j(y)$ 而重新确定,即：

$$\mathrm{NC}_{t+1}^j = U_{t+1}^j S_{x+1}^j = \left(B_{t+1}^j(y) \frac{D_y}{D_{x+1}} \ddot{a}_y^{(12)}\right) \left[\frac{{}^sD_{x+1}}{{}^sN_w - {}^sN_y}\right]$$

$$\mathrm{AL}_{t+1}^j = \left(B_{t+1}^j(y) \frac{D_y}{D_{x+1}} \ddot{a}_y^{(12)}\right) \left[\frac{{}^sN_w - {}^sN_{x+1}}{{}^sN_w - {}^sN_y}\right]$$

如果参加者 j 的工资增长遵循精算评估在时间 t 时所用的工资增长假设,则我们用 $\widetilde{\mathrm{AL}_{t+1}^j}$ 表示该参加者在时间 $t+1$ 时的精算负债。换句话说,当 $\Delta B^j = B_{t+1}^j(y) - B_t^j(y)$ 为零时,$\widetilde{\mathrm{AL}_{t+1}^j}$ 是参加者 j 在时间 $t+1$ 时的精算负债:

$$\widetilde{\mathrm{AL}_{t+1}^j} = \left(B_t^j(y) \ddot{a}_y^{(12)} \frac{D_y}{D_{x+1}}\right) \left[\frac{{}^sN_w - {}^sN_{x+1}}{{}^sN_w - {}^sN_y}\right]$$

因此,在时间 $t+1$ 时,由工资增长所带来的精算负债增长为:

$$\Delta \mathrm{AL}^j = \mathrm{AL}_{t+1}^j - \widetilde{\mathrm{AL}_{t+1}^j}$$

4.3.3 归因分析

表 4-2 总结了在进入年龄成本法下的损益来源归因及其相关的数学公式。

表 4-2　精算损益归因分析

精算损益来源	数学公式
除退休外的其他衰减因素	$\sum_T (\widetilde{\mathrm{AL}_{t+1}^j}) - \sum_{A_t} q_x^{(T)} (\widetilde{\mathrm{AL}_{t+1}^j})$ 其中,$\widetilde{\mathrm{AL}_{t+1}^j} = \left(B_t^j(y) \ddot{a}_y^{(12)} \frac{D_y}{D_{x+1}}\right) \left[\frac{{}^sN_w - {}^sN_{x+1}}{{}^sN_w - {}^sN_y}\right]$
退休	$\sum_R (\widetilde{\mathrm{AL}_{t+1}^j}) - (P + I_P)$
投资回报	$I - (iF + I_C - I_P)$
预计给付的变化	$-\sum_{A_{t+1}} \Delta \mathrm{AL}^j$
收益(损失)对未纳基金精算负债的影响	$\mathrm{UAL}_{t+1} = (\mathrm{UAL}_t + \mathrm{NC}_t)(1+i) - (C + I_C) - $ 收益

例 4-3

计划生效日期	2010 年 1 月 1 日
正常退休给付	最终工资的 40%

精算假设：

利率：	每年 7%
工资增长率：	每年 6%
退休前的死亡率或退保终止率：	无
退休年龄：	65 岁
选定年金因子：	$12\ddot{a}_{65}^{(12)}=115$

唯一计划参加者的数据：

出生日期	1960 年 1 月 1 日
受雇日期	2005 年 1 月 1 日
2009 年工资	24 000 元
2010 年雇主缴费	7 000 元（缴纳日期为 2010 年 12 月 31 日）
2011 年 1 月 1 日未纳基金精算负债	23 000 元
选定年金因子	${}^{s}\ddot{a}_{45:\overline{20}|}=18.320 \quad {}^{s}\ddot{a}_{45:\overline{5}|}=4.907$
	${}^{s}\ddot{a}_{50:\overline{15}|}=14.057$

计算 2010 年的经验收益或损失。

解：

在 2010 年 1 月 1 日（设为时刻 0）：$x=50$，$w=45$

$$S_{49}=24\,000$$

$$\text{PVFB}_0 = B(65)\frac{D_{65}}{D_{50}}\ddot{a}_{65}^{(12)} = 0.4\times 24\,000 \times 1.06^{15}\times 1.07^{-15}\times \frac{115}{12}=79\,913(\text{元})$$

注意：

$$ {}^{s}\ddot{a}_{45:\overline{5}|}=\frac{{}^{s}N_{45}-{}^{s}N_{50}}{{}^{s}D_{45}},\quad {}^{s}\ddot{a}_{45:\overline{20}|}=\frac{{}^{s}N_{45}-{}^{s}N_{65}}{{}^{s}D_{45}}$$

${}^{s}\ddot{a}_{45:\overline{5}|}=\ddot{a}_{\overline{5}|}$ 和 ${}^{s}\ddot{a}_{45:\overline{20}|}=\ddot{a}_{\overline{20}|}$ 都是基于净利率 $\left(\frac{1+i}{1+j}-1\right)=\frac{1.07}{1.06}-1=0.943\%$ 计算的。

先计算正常成本：

$$\text{NC}_0 = \text{PVFB}_0\left(\frac{{}^{s}D_{50}}{{}^{s}N_{45}-{}^{s}N_{65}}\right)=\text{PVFB}_0\frac{{}^{s}D_{50}}{{}^{s}D_{45}}\left(\frac{1}{{}^{s}\ddot{a}_{45:\overline{20}|}}\right)$$

$$=79\,913\times\frac{1.06^5}{1.07^5}\times\frac{1}{18.32}=4\,162(\text{元})$$

然后计算精算负债：

$$AL_0 = PVFB_0 \left(\frac{{}^sN_{45} - {}^sN_{50}}{{}^sN_{45} - {}^sN_{65}} \right) = PVFB_0 \left(\frac{{}^s\ddot{a}_{45:\overline{5}|}}{{}^s\ddot{a}_{45:\overline{20}|}} \right) = 79\,913 \times \frac{4.907}{18.32} = 21\,405(元)$$

$$收益(损失) = (UAL_0 + NC_0)(1+i) - C - I_C - UAL_1$$
$$= (21\,405 + 4\,162) \times 1.07 - 7\,000 - 23\,000 = -2\,643(元)$$

故 2010 年的经验损失为 2 643 元。

第 5 章
个体均衡保费成本法

5.1 引言

在个体均衡保费成本法(individual level premium cost method,简称 ILP)下,每个计划参加者的未来年度正常成本都是均衡的(可以是固定货币或是工资的固定百分比),这个成本特征,与个体进入年龄正常成本法基本相似。不同之处有以下两点:

- 用来确定参加者的正常成本的"进入年龄"为计划生效日时的年龄或是参加者参与计划时的年龄,并以较后者为准。
- 在参与计划日期之后,由于工资变化(或是由于养老金给付公式的改变)而引起未来退休给付的改变,相应的成本改变将在参加者剩余工作年限内摊销,从而调整参加者的未来正常成本。

个体均衡保费成本法有以下几个主要特点:

- 它属于成本分配法的范畴。
- 它是一种个体成本法。
- 在养老金计划生效日,计算正常成本的方法与个体进入年龄正常成本法基本相同。所不同的是,进入年龄是基于参加者在计划生效日或参加计划时的年龄,而不是参加者受雇时的年龄。
- 在养老金计划生效时,即使计划对参加者的过去服务有给付的承诺,这些给付也不会产生负债,因为对应的成本被分配到未来的正常成本中。换言之,在计划生效当日,精算负债与基金资产值都等于零:

$$AL_0 = F_0 = 0$$

- 在未来的评估日,每个在职参加者的精算负债等于其过去的正常成本的累计值(即由过去法定义得出)。
- 在未来的评估日,若参加者的工资增长或退休给付与之前评估用的假设或预期不同,将不会产生精算损益。这些因素产生的退休给付变化不会影响参加者的精算负债,但未来的正常成本则需要作适当的调整。

• 由于参加者死亡或退保、投资收益变化、精算假设更改等而产生的精算损益,将会影响计划的未纳基金精算负债。

5.2 成本定义

表 5-1 分别描述了,在无工资增长假设和有工资增长假设的情况下,个体均衡保费成本法的年度正常成本和精算负债如何被定义。

表 5-1　个体均衡保费成本法的成本定义

无工资增长假设	有工资增长假设
计划生效日(设为时间 0)　参加者 j 的到达年龄为 x	
$AL_0^j = 0$ $NC_0^j \cdot \ddot{a}_{x,\overline{y-x}\rceil} = PVFB_0^j$ $NC_0^j \dfrac{N_x - N_y}{D_x} = B_0^j(y) \dfrac{D_y}{D_x} \ddot{a}_y^{(12)}$ $NC_0^j = \left(B_0^j(y) \ddot{a}_y^{(12)} \dfrac{D_y}{D_x}\right)\left(\dfrac{D_x}{D_x - N_y}\right)$ $\left(\dfrac{D_x - N_y}{D_x}\right)$ 代表未来工作年限的精算现值,记为 $PVFY_0^j$。	$AL_0^j = 0$ $U_0^j S_x^j \cdot {}^s\ddot{a}_{x,\overline{y-x}\rceil} = B_0^j(y) \ddot{a}_y^{(12)} \dfrac{D_y}{D_x}$ $NC_0^j = U_0^j S_x^j = \left(B_0^j(y) \ddot{a}_y^{(12)} \dfrac{D_y}{D_x}\right) \cdot \left(\dfrac{{}^sD_x}{{}^sN_x - {}^sN_y}\right)$ 未来工资的精算现值为: $PVFS_0^j = S_x^j \cdot {}^s\ddot{a}_{x,\overline{y-x}\rceil} = S_x^j \cdot \dfrac{{}^sN_x - {}^sN_y}{{}^sD_x}$
计划生效日翌年(时间为 1)　假设参加者 j 仍在计划中(到达年龄为 $x+1$)	
预期的退休给付 $B_1^j(y)$ 可能与 $B_0^j(y)$ 不同。记 $B_1^j(y) - B_0^j(y)$ 为 ΔB_1^j。该预期给付变量产生未来正常成本的变量如下: $\Delta NC_1^j = \left(\Delta B_1^j \ddot{a}_y^{(12)} \dfrac{D_y}{D_{x+1}}\right)\left(\dfrac{D_{x+1}}{N_{x+1} - N_y}\right)$ $NC_1^j = NC_0^j + \Delta NC_1^j$ 参加者的精算负债可以由以下方程式得出: $AL_1^j \equiv NC_0^j \dfrac{D_x}{D_{x+1}}$ 也可以依据未来法计算出来: $AL_1^j = PVFB_1^j - NC_1^j \left(\dfrac{N_{x+1} - N_y}{D_{x+1}}\right)$	由于工资增长与预期不同,或者是由于退休给付条款的改变,预期的退休给付 $B_1^j(y)$ 可能与 $B_0^j(y)$ 不同。该预期给付变量,$\Delta B_1^j = B_1^j(y) - B_0^j(y)$,产生未来正常成本的变量如下: $\Delta NC_1^j = \left(\Delta B_1^j \ddot{a}_y^{(12)} \dfrac{D_y}{D_{x+1}}\right)\left(\dfrac{{}^sD_{x+1}}{{}^sN_{x+1} - {}^sN_y}\right)$ $NC_1^j = NC_0^j \dfrac{s_{x+1}}{s_x} + \Delta NC_1^j$ 参加者的精算负债可以由以下方程式得出: $AL_1^j \equiv NC_0^j \left(\dfrac{D_x}{D_{x+1}}\right)$ 也可以用未来法计算出来(参看以下引理): $AL_1^j = PVFB_1^j - NC_1^j \left(\dfrac{{}^sN_{x+1} - {}^sN_y}{{}^sD_{x+1}}\right)$

(续表)

无工资增长假设	有工资增长假设
计划生效日 t 年后(时间为 t) 假设参加者 j 仍在计划中(到达年龄为 $x+t$)	
$\Delta B_t^j = B_t^j(y) - B_{t-1}^j(y)$ 表示预期给付变量。该变量产生的未来给付现值的变量为: $$\Delta \text{PVFB}^j = \Delta B_t^j \frac{D_y}{D_{x+t}} \ddot{a}_y^{(12)}$$ 该变量被摊销到参加者的剩余工作年限中,以调整未来的正常成本: $$\Delta \text{NC}_t^j = \left(\Delta B_t^j \ddot{a}_y^{(12)} \frac{D_y}{D_{x+t}}\right)\left(\frac{D_{x+t}}{N_{x+t} - N_y}\right)$$ 因此, $$\text{NC}_t^j = \text{NC}_{t-1}^j + \Delta \text{NC}_t^j$$ $$\text{AL}_t^j = \sum_{k=0}^{t-1} \text{NC}_k^j \frac{D_{x+k}}{D_{x+t}} = (\text{AL}_{t-1}^j + \text{NC}_{t-1}^j) \frac{D_{x+t-1}}{D_{x+t}}$$	$\Delta B_t^j = B_t^j(y) - B_{t-1}^j(y)$ 表示预期给付变量。该变量产生的未来给付现值的变量为: $$\Delta \text{PVFB}^j = \Delta B_t^j \frac{D_y}{D_{x+t}} \ddot{a}_y^{(12)}$$ 该变量被摊销到参加者的剩余工作年限中,以调整未来的正常成本: $$\Delta \text{NC}_t^j = \left(\Delta B_t^j \ddot{a}_y^{(12)} \frac{D_y}{D_{x+t}}\right)\left(\frac{{}^s D_{x+t}}{{}^s N_{x+t} - {}^s N_y}\right)$$ 因此, $$\text{NC}_t^j = \text{NC}_{t-1}^j \frac{s_{x+t}}{s_{x+t-1}} + \Delta \text{NC}_t^j$$ $$\text{AL}_t^j = \sum_{k=0}^{t-1} \text{NC}_k^j \frac{D_{x+k}}{D_{x+t}} = (\text{AL}_{t-1}^j + \text{NC}_{t-1}^j) \frac{D_{x+t-1}}{D_{x+t}}$$

方格 1

在个体均衡保费成本法下,精算负债的未来法定义与过去法定义等价。

在任何时刻 t,精算负债的未来法定义与过去法定义的表达式如下(假设有工资增长):

$$\text{未来法定义}: \text{AL}_t^j = \text{PVFB}_t^j - \text{NC}_t^j \left(\frac{{}^s N_{x+t} - {}^s N_y}{{}^s D_{x+t}}\right)$$

$$\text{过去法定义}: \text{AL}_t^j = (\text{AL}_{t-1}^j + \text{NC}_{t-1}^j) \frac{D_{x+t-1}}{D_{x+t}}$$

在时刻 0:

$$\text{NC}_0^j \left(\frac{{}^s N_x - {}^s N_y}{{}^s D_x}\right) = \text{PVFB}_0^j = B_0^j(y) \ddot{a}_y^{(12)} \frac{D_y}{D_x}; \quad \text{AL}_0^j = 0$$

在时刻 1:

$$\text{NC}_1^j = \text{NC}_0^j \frac{s_{x+1}}{s_x} + \Delta B_1^j \ddot{a}_y^{(12)} \frac{D_y}{D_{x+1}} \frac{{}^s D_{x+1}}{{}^s N_{x+1} - {}^s N_y}$$

由未来法定义的精算负债开始演算:

$$\begin{aligned}
AL_1^j &= PVFB_1^j - NC_1^j \left(\frac{{}^sN_{x+1} - {}^sN_y}{{}^sD_{x+1}}\right) \\
&= (B_0^j(y) + \Delta B_1^j)\frac{D_y}{D_{x+1}}\ddot{a}_y^{(12)} - \left(NC_0^j\frac{s_{x+1}}{s_x} + \Delta B_1^j \ddot{a}_y^{(12)}\frac{D_y}{D_{x+1}}\frac{{}^sD_{x+1}}{{}^sN_{x+1} - {}^sN_y}\right)\left(\frac{{}^sN_{x+1} - {}^sN_y}{{}^sD_{x+1}}\right) \\
&= B_0^j(y)\frac{D_y}{D_{x+1}}\ddot{a}_y^{(12)} - NC_0^j\frac{s_{x+1}}{s_x}\left(\frac{{}^sN_{x+1} - {}^sN_y}{{}^sD_{x+1}}\right) \\
&= B_0^j(y)\frac{D_y}{D_x}\ddot{a}_y^{(12)}\frac{D_x}{D_{x+1}} - NC_0^j\frac{s_{x+1}}{s_x}\left(\frac{{}^sN_x - {}^sN_y}{{}^sD_{x+1}} - \frac{{}^sD_x}{{}^sD_{x+1}}\right) \\
&= \left(B_0^j(y)\frac{D_y}{D_x}\ddot{a}_y^{(12)} - NC_0^j\frac{{}^sN_x - {}^sN_y}{{}^sD_x}\right)\frac{D_x}{D_{x+1}} + NC_0^j\left(\frac{D_x}{D_{x+1}}\right) \\
&= NC_0^j\left(\frac{D_x}{D_{x+1}}\right)
\end{aligned}$$

上面方程式的右侧,即为过去法定义的精算负债。

通过归纳法,在任何时刻 t,我们都可以得出未来法定义的精算负债与过去法定义的精算负债等价。

未来法定义: $AL_t^j = PVFB_t^j - NC_t^j\left(\frac{{}^sN_{x+t} - {}^sN_y}{{}^sD_{x+t}}\right)$

过去法定义: $AL_t^j = (AL_{t-1}^j + NC_{t-1}^j)\frac{D_{x+t-1}}{D_{x+t}}$

图 5-1 显示了在个体均衡保费成本法(有工资增长假设)下的成本定义。由该图可见,对于计划参加者 j,时间 t 时的精算负债及年度正常成本分别为:

$$AL_t^j = (AL_{t-1}^j + NC_{t-1}^j)\frac{D_{x+t-1}}{D_{x+t}}$$

$$NC_t^j = NC_{t-1}^j\left(\frac{s_{x+t}}{s_{x+t-1}}\right) + \Delta NC_t^j$$

	因预计退休给付的变化而产生的 PVFB 变量(记为 $\Delta PVFB^j$),将会在计划参加者的剩余服务年限内摊销,以调整未来正常成本。$\Delta NC_t^j = \left(\Delta B_t^j \ddot{a}_y^{(12)}\frac{D_y}{D_{x+t}}\right)\left(\frac{{}^sD_{x+t}}{{}^sN_{x+t} - {}^sN_y}\right)$	$\Delta PVFB^j$
在时间 t 时的精算负债为:$AL_t^j = (AL_{t-1}^j + NC_{t-1}^j)\frac{D_{x+t-1}}{D_{x+t}}$	若 $\Delta B_t^j = 0$,则所有未来正常成本的精算现值等于:$\widehat{PVFNC_t^j} = NC_{t-1}^j\left(\frac{s_{x+t}}{s_{x+t-1}}\right)\left(\frac{{}^sN_{x+t} - {}^sN_y}{{}^sD_{x+t}}\right)$	$\widehat{PVFB^j}$
年龄 x(养老金计划生效日)	年龄 $x+t$(评估时刻 t)	年龄 y

图 5-1 成本定义的图形显示

第 5 章 个体均衡保费成本法

计算正常成本的替代方程式

对于计划参加者 j，以下等式在任何时刻 t 都成立：

$$\text{PVFB}_t^j = \text{AL}_t^j + \text{PVFNC}_t^j = \text{AL}_t^j + \text{NC}_t^j \left(\frac{{}^s N_{x+t} - {}^s N_y}{{}^s D_{x+t}} \right)$$

因此，t 时刻的正常成本可以由以下替代方程计算得出：

$$\text{NC}_t^j = \left(\frac{\text{PVFB}_t^j - \text{AL}_t^j}{\text{PVFS}_t^j} \right) S_{x+t}^j$$

其中，$x+t$ 是参加者在时间 t 时的到达年龄，而 $\text{PVFS}_t^j = S_{x+t}^j \cdot \dfrac{{}^s N_{x+t} - {}^s N_y}{{}^s D_{x+t}}$。

在评估日 t 时，计划精算负债和正常成本分别为所有在职参加者（即集合 A_t）的精算负债和正常成本的总和：

$$\text{AL}_t = \sum_{A_t} \text{AL}_t^j$$

$$\text{NC}_t = \sum_{A_t} \text{NC}_t^j$$

例 5-1

> 退休给付：每服务一年，可得每月 50 元的退休给付
>
> 计划生效日：2010 年 1 月 1 日
>
> **唯一的计划参加者在 2010 年 1 月 1 日时的资料：**
>
> 年龄：40 岁
>
> 服务年数：10 年
>
> 精算成本法：个体均衡保费成本法
>
> **精算假设：**
>
> 利率：每年 6%
>
> 退休前的死亡或退保：无
>
> 退休年龄：65 岁
>
> 请写出参加者在 2010 年 1 月 1 日时的正常成本表达式，以及 2011 年 1 月 1 日时的精算负债表达式。如果 $\ddot{a}_{65}^{(12)} = 10$，则上面的数值是多少？

解：

受雇时年龄：$w = 30$

在计划生效日时（时间设为 0）的到达年龄：$x = 40$

在 65 岁退休时的预计总服务年数：$T=10+(65-40)=35$

65 岁时的总预计年退休给付：$B(65)=50\times 12\times 35$

先计算 40 岁时的未来退休给付的精算现值：

$$\text{PVFB}_0 = B(65)\cdot v^{25}\cdot {}_{25}p_{40}\cdot \ddot{a}_{65}^{(12)} = (50\times 12\times 35)\times 1.06^{-25}\times 1\times \ddot{a}_{65}^{(12)}$$

然后计算 40 岁至 65 岁间的恒定正常成本的精算现值：

$$\text{PVFNC}_0 = \text{NC}\cdot \ddot{a}_{40:\overline{25}|} = \text{NC}\cdot \ddot{a}_{\overline{25}|}$$

其中，$\ddot{a}_{\overline{25}|}=13.55036$。

将 PVFNC_0 与 PVFB_0 联立可得在时间 0 时的正常成本：

$$\text{NC}_0 = \frac{(50\times 12\times 35)\times 1.06^{-25}\times 1\times \ddot{a}_{65}^{(12)}}{13.55036}$$

在时间 1 的精算负债可写为：

$$\text{AL}_1 = \text{NC}_0\left(\frac{D_{40}}{D_{41}}\right) = \text{NC}_0\times 1.06$$

如果 $\ddot{a}_{65}^{(12)}=10$，则可以得出如下结果：

$$\text{NC}_0 = 3\,611(\text{元}),\quad \text{AL}_1 = 3\,828(\text{元})$$

例 5-2

养老金计划生效日：2010 年 1 月 1 日

退休给付公式：每服务一年，可得的退休给付为最终工资的 1%

唯一的计划参加者在计划生效日时的资料：

年龄：40 岁

服务年数：10 年

年工资：40 000 元

精算成本法：个体均衡保费成本法

精算假设：

利率：每年 6%

工资增长率：每年 4%

退休前死亡或退保：无

退休年龄：65 岁

在 2011 年 1 月 1 日，该参加者的年工资增加至 45 000 元。

> 请写出参加者在 2010 年 1 月 1 日时的年度正常成本表达式,以及 2011 年 1 月 1 日时的精算负债表达式。如果 $\ddot{a}_{65}^{(12)}=10$,则上面的数值是多少?

解:

受雇时年龄:$w=30$

在计划生效日(时间设为 0)的到达年龄:$x=40$

在 65 岁退休时的总服务年数:$T=10+(65-40)=35$

65 岁时的总预计年退休给付:$B(65)=1\% \times 40\,000 \times 1.04^{24} \times 35$

首先计算 40 岁时的未来退休给付的精算现值:

$$\text{PVFB}_0 = B(65) \cdot v^{25} \cdot {}_{25}p_{40} \cdot \ddot{a}_{65}^{(12)}$$
$$= (1\% \times 40\,000 \times 1.04^{24} \times 35) \times 1.06^{-25} \times 1 \times \ddot{a}_{65}^{(12)}$$

然后计算 40 岁至 65 岁间与工资成固定比例(U)的正常成本的精算现值:

$$\text{PVFNC}_0 = U \times S_{40} \times {}^s\ddot{a}_{40:\overline{25}|} = \text{NC}_0 \times {}^s\ddot{a}_{\overline{25}|}$$

将 PVFNC$_0$ 与 PVFB$_0$ 联立可得出正常成本如下:

$$\text{NC}_0 = \frac{(1\% \times 40\,000 \times 1.04^{24} \times 35) \times 1.06^{-25} \times 1 \times \ddot{a}_{65}^{(12)}}{{}^s\ddot{a}_{\overline{25}|}}$$

其中,${}^s\ddot{a}_{\overline{25}|} = \ddot{a}_{\overline{25}|} = 20.07978$ 基于净利率 $\frac{1.06}{1.04}-1 = 1.923\%$ 计算得出。

因为 AL$_0=0$,故 2011 年 1 月 1 日的精算负债为:

$$\text{AL}_1 = (\text{AL}_0 + \text{NC}_0)\left(\frac{D_{40}}{D_{41}}\right) = \text{NC}_0 \times 1.06$$

2011 年 1 月 1 日的正常成本计算如下:

65 岁时的总预计年退休给付:

$$B'(65) = 1\% \times 45\,000 \times 1.04^{23} \times 35$$

先计算由工资增长而带来的未来给付现值的增量:

$$\Delta \text{PVFB}_1 = \Delta B \times v^{24} \times {}_{24}p_{41} \times \ddot{a}_{65}^{(12)}$$
$$= [1\% \times (45\,000 \times 1.04^{23} - 40\,000 \times 1.04^{24}) \times 35] \times 1.06^{-24} \times \ddot{a}_{65}^{(12)}$$

然后计算正常成本的增量:

$$\Delta \text{NC}_1 = \left(\frac{\Delta \text{PVFB}_1}{\text{PVFS}_1}\right) \times 45\,000$$

故在 2011 年 1 月 1 日的正常成本:

$$NC_1 = NC_0 \left(\frac{s_{41}}{s_{40}}\right) + \Delta NC_1 = NC_0 \times 1.04 + \Delta NC_1$$

其中,$PVFS_1 = 45\,000 \times {}^s\ddot{a}_{\overline{24}|}$,而 ${}^s\ddot{a}_{\overline{24}|} = \ddot{a}_{\overline{24}|} = 19.4467$ 基于净利率 $\frac{1.06}{1.04} - 1 = 1.923\%$ 计算得出。

如果 $\ddot{a}_{65}^{(12)} = 10$,则可以得出如下结果:

$$NC_0 = 4\,164 \text{ 元}, \quad AL_1 = 4\,413 \text{ 元}, \quad NC_1 = 4\,703 \text{ 元}$$

例 5-3

正常退休给付	每服务一年,可得的退休给付为每月 60 元
计划生效日	2000 年 1 月 1 日
精算成本法	个体均衡保费成本法

精算假设:

退休年龄	65 岁
除了死亡以外的退休前退保或终止	无
选定年金因子	$\ddot{a}_{65}^{(12)} = 10$

2010 年 1 月 1 日时,参加者数据以及换算函数如下(假设所有参加者的受雇年龄均为 25 岁):

年龄 x	参加者数目	D_x	$N_x - N_{65}$
25	8	16	320
35	0	8	120
45	2	4	40
55	0	2	10
65	0	1	0

2010 年 1 月 1 日时,养老金计划的基金资产值为 50 000 元。

计算在 2010 年 1 月 1 日时,计划的正常成本和未纳基金精算负债。

解:

设计划生效日 2000 年 1 月 1 日为时间 0。

对于在 2010 年 1 月 1 日(时间为 10)年龄为 25 岁的参加者,他们的个人年度正常成本为:

$$\text{NC}_{10}^j = \left(B(y)\frac{D_{65}}{D_{25}}\ddot{a}_{65}^{(12)}\right)\left(\frac{D_{25}}{N_{25}-N_{65}}\right)$$

$$= 60 \times 12 \times 40 \times 10 \times 1/320 = 900(元)$$

对于现在年龄为 45 岁的参加者，他们在计划生效时的年龄为 35 岁。他们的个人正常成本为：

$$\text{NC}_{10}^j = \left(B(y)\frac{D_{65}}{D_{35}}\ddot{a}_{65}^{(12)}\right)\left(\frac{D_{35}}{N_{35}-N_{65}}\right)$$

$$= 60 \times 12 \times 40 \times 10 \times 1/120 = 2\,400(元)$$

在 2010 年 1 月 1 日时，计划的正常成本为：

$$\text{NC}_{10} = 8 \times 900 + 2 \times 2\,400 = 12\,000(元)$$

对于现年 25 岁的参加者，他们的精算负债为 0：$\text{AL}_{10}^j = 0$。

对于现年 45 岁的参加者，他们的精算负债则为：

$$\text{AL}_{10}^j = \text{NC}_0^j \times \frac{N_{35}-N_{45}}{D_{45}} = 2\,400 \times \frac{120-40}{4} = 48\,000(元)$$

因此，计划的精算负债 $= 2 \times 48\,000 = 96\,000(元)$。由此可得出计划的未纳基金精算负债为：

$$\text{UAL}_{10} = \text{AL}_{10} - F_{10} = 96\,000 - 50\,000 = 46\,000(元)$$

5.3 损益分析

表 5-2 总结了在个体均衡保费成本法下的精算损益归因及其相关的数学公式。

表 5-2　精算损益归因分析

收益来源	数学公式
除退休外的其他衰减因素	$\sum_T \text{AL}_{t+1}^j - \sum_{A_t} q_x^{(T)} \text{AL}_{t+1}^j$
退休	$\sum_R \text{AL}_{t+1}^j - P - I_P$
投资回报	$I - (iF + I_C - I_P)$
预计退休给付的变化	因工资增长或计划修改而产生的预计退休给付变化，不会影响精算负债。因工资增长或计划修改而产生的 PVFB 增量（或减量）将会在参加者未来的服务年限内摊销，作为对于未来正常成本的调整（参见图 5-1 的说明）。
收益（损失）对未纳基金精算负债的影响	UAL＝预期 UAL－收益 $\text{UAL}_{t+1} = (\text{UAL}_t + \text{NC}_t)(1+i) - (C+I_C) - 收益$

例 5-4

计划生效日	2009 年 1 月 1 日
正常退休给付	最终年工资的 40%
精算成本法	个体均衡保费成本法
精算假设：	
年利率	6%
工资增长率	无
退休前的死亡或退保	无
退休年龄	65 岁
唯一参加者资料：	
出生日期	1959 年 1 月 1 日
2009 年工资	100 000 元
2010 年工资	120 000 元

2009 年的雇主缴费：正常成本在年初支付。2010 年 1 月 1 日的资产精算值：15 000 元

2010 年的雇主缴费：正常成本另加与 2009 年度损失（如有的话）相关的 10 年期摊销额，并在年初支付

选定年金因子：$\ddot{a}_{65}^{(12)} = 9.333$

2010 年雇主须缴纳的费用是多少？

解：

第一步：计算 2009 年 1 月 1 日（设为时间 0）的正常成本。

到达年龄：$x = 50$

$$NC_0 = 0.4 \times 100\,000 \times \ddot{a}_{65}^{(12)} \div \ddot{s}_{\overline{15}|}$$
$$= 40\,000 \times 9.333 \times \frac{1.06^{-15}}{\ddot{a}_{\overline{15}|}} = \frac{40\,000 \times 9.333}{24.6725} = 15\,131(元)$$

第二步：计算 2010 年 1 月 1 日（时间为 1）因退休给付增加而产生的正常成本变化值。

$$\Delta NC_1 = \Delta B \times \ddot{a}_{65}^{(12)} \div \ddot{s}_{\overline{14}|} = \frac{0.4 \times (120\,000 - 100\,000) \times 9.333}{22.2760} = 3\,352(元)$$

第三步:计算精算损失(注意:唯一的精算损益来自投资经验)。

$$\text{预期资产值} = \text{NC}_0 \times 1.06 = 15\,131 \times 1.06 = 16\,039(元)$$

$$\text{精算收益} = \text{实际资产值} - \text{预期资产值} = 15\,000 - 16\,039 = -1\,039(元)(负数为损失)$$

$$\text{分10年的摊销供款}(\text{SC}) = \frac{1\,039}{\ddot{a}_{\overline{10}|}} = \frac{1\,039}{7.802} = 133(元)$$

因此,

$$2010\text{年度缴费} = \text{NC}_0 + \Delta\text{NC}_1 + \text{SC} = 15\,131 + 3\,352 + 133 = 18\,616(元)$$

例 5-5

正常退休给付	每服务一年,可得每月 41.67 元的给付
提早退休资格	满 55 岁
提早退休给付	应计退休给付,按精算等价调整
精算成本法	个体均衡保费成本法
精算假设:	
利率	每年 7%
死亡率	依据特定死亡表
退休前除死亡原因外的衰减	无
正常退休年龄	65 岁
参加者资料:	
出生日期	1956 年 1 月 1 日
雇用日期	1991 年 1 月 1 日
参与计划日期	2001 年 1 月 1 日

2010 年 12 月 31 日,参加者选择提早退休并从 2011 年 1 月 1 日起开始领受退休给付。

选定的年金因子和存活率:

$$\ddot{a}_{65}^{(12)} = 8.51$$

$$\ddot{a}_{45:\overline{20}|} = 10.79,\ \ddot{a}_{45:\overline{10}|} = 7.37,\ \ddot{a}_{35:\overline{30}|} = 12.82,\ \ddot{a}_{35:\overline{20}|} = 11.12$$

$$_{10}p_{55} = 0.8562$$

计算由于参加者提早退休而产生的收益或损失。

解：

基本概念：与退休有关的经验收益等于①－②，其中，①是假设参加者没有提早退休的预期精算负债，而②是因提早退休而产生的实际精算负债。因为该养老金计划的退休给付与工资不挂钩，并且没有任何修正计划，所以每年的正常成本金额都是固定的。

第一步，计算由于参加者提早退休而产生的精算负债：

受雇时年龄：$w=35$

参与计划时年龄：$u=45$

退休时到达年龄：$x=55$

2011年1月1日的每月应计退休给付 $=41.67\times20=833.40$（元）。

如果提早退休给付（ERB）与正常退休给付（NRB）是精算等价（actuarially equivalent）的话，则提早退休给付的精算现值将等于正常退休给付的精算现值。也就是说，

$$\text{ERB}\times\ddot{a}_{55}^{(12)}=\text{NRB}\cdot\frac{D_{65}}{D_{55}}\cdot\ddot{a}_{65}^{(12)}$$

$$=12\times833.40\times\left(\ddot{a}_{65}^{(12)}\times\frac{D_{65}}{D_{55}}\right)$$

由于参加者提前退休，其实际精算负债为：

$$\text{实际 AL}=\text{ERB}\cdot\ddot{a}_{55}^{(12)}$$

$$=12\times833.40\times\left(\ddot{a}_{65}^{(12)}\times\frac{D_{65}}{D_{55}}\right)$$

$$=12\times833.4\times8.51\times v^{10}{}_{10}p_{55}=37\,043\,(\text{元})$$

第二步，在个体均衡保费成本法下，如果参加者没有退休，则其精算负债计算如下：

正常退休年龄支付的月退休给付 $=41.67\times30=1\,250.10$（元）

$$\text{NC}_0=\frac{12\times1\,250.10\times\ddot{a}_{65}^{(12)}\times\frac{D_{65}}{D_{45}}}{\ddot{a}_{45:\overline{20}|}}$$

$$\text{预期 AL}=\text{NC}_0\,\ddot{s}_{45:\overline{10}|}=\text{NC}_0\left(\ddot{a}_{45:\overline{10}|}\frac{D_{45}}{D_{55}}\right)$$

$$=\left(\frac{12\times1\,250.10\times\ddot{a}_{65}^{(12)}\times\frac{D_{65}}{D_{45}}}{\ddot{a}_{45:\overline{20}|}}\right)\left(\ddot{a}_{45:\overline{10}|}\frac{D_{45}}{D_{55}}\right)$$

$$=\frac{12\times1\,250.10\times\ddot{a}_{65}^{(12)}\times v^{10}\times{}_{10}p_{55}\times\ddot{a}_{45:\overline{10}|}}{\ddot{a}_{45:\overline{20}|}}$$

$$=37\,952\,(\text{元})$$

第三步，计算因参加者提早退休而产生的精算收益：

$$\text{精算收益} = \text{预期 AL} - \text{实际 AL} = 37\,952 - 37\,043 = 909(\text{元})$$

例 5-6

计划生效日	2000 年 1 月 1 日
正常退休给付	最终年工资的 50%
精算成本法	个体均衡保费成本法
精算假设：	
年利率	2001 年以前：8%；2000 年以后：6%
工资增长率	无
退休前死亡或退保衰减	无
退休年龄	65 岁
唯一参加者资料：	
出生日期	1965 年 1 月 1 日
参与计划日期	2000 年 1 月 1 日
2000 年工资	24 000 元
2001 年工资	28 800 元
年金因子 $\ddot{a}_{65}^{(12)}$	2001 年前：8.1958
	2000 年后：9.3452

在 2001 年 1 月 1 日时，因精算假设的变化而产生的精算负债增量或减量是多少？

提示：在个体均衡保费成本法下，精算负债是过去的正常成本的累计值。如果精算假设变化（例如利率变化），则过去的正常成本需要重新计算。

解：

第一步：用原精算假设计算 2000 年 1 月 1 日的正常成本和 2001 年 1 月 1 日的精算负债。

到达年龄：$x = 35$。正常成本由以下方程式导出：

$$\text{NC}_0 \, \ddot{a}_{\overline{65-35}|} = 0.5 \times 24\,000 \times 1.08^{-30} \times \ddot{a}_{65}^{(12)}$$

故：

$$原\ NC_0 = \frac{0.5 \times 24\,000 \times 1.08^{-30} \times 8.1958}{12.1584} = 804(元)$$

$$原\ AL_1 = NC_0 \frac{D_{35}}{D_{36}} = 804 \times 1.08 = 868(元)$$

第二步:用新的精算假设重新计算 2000 年 1 月 1 日的正常成本和 2001 年 1 月 1 日的精算负债。

$$新\ NC_0 = \frac{0.5 \times 24\,000 \times 1.06^{-30} \times 9.3452}{14.5907} = 1\,338(元)$$

$$新\ AL_1 = 1\,338 \times 1.06 = 1\,418(元)$$

第三步:计算精算负债的增量=新 AL_1 −原 AL_1 =1 418−868=550(元)

注意:2001 年工资(28 800 元)不用于计算精算负债的增量,但会用于计算 2001 年 1 月 1 日的正常成本增量。

第 6 章
聚合成本法

6.1 引言

在第 3 章至第 5 章中学习过的传统单位信用成本法、规划单位信用成本法、进入年龄正常成本法和个体均衡保费成本法都属于个体成本法的范畴。在这一章，我们将引入聚合成本法(aggregate cost methods)。这类成本法有一个共通的性质，那就是每个在职参加者的正常成本和精算负债都是基于所有参加者(包括在职的、非在职的)的数据推导出来的，而不是单独基于该参加者的数据。

一般来说，利用聚合成本法来筹资，往往不能为每个参加者提供与其退休时应计给付相匹配的资金。因此，聚合成本法一般不适用于小型的养老金计划。我们将在稍后的 6.5 节中说明这一点。

冻结初始负债成本法(frozen initial liability cost method，简称 FIL 法)和到达年龄正常成本法(attained age normal cost method，简称 AAN 法)都是聚合成本法的一种。当计划生效时或者当聚合成本法首次被采用时，我们需要首先决定计划的未纳基金精算负债(如果存在的话)如何被摊销。然而，我们不必为未来的经验损益作独立摊销，而是将那些损益反映到未来正常成本的调整中。

冻结初始负债成本法和到达年龄正常成本法有以下几个主要特点：

- 它们同属于成本分配法。
- 它们都是一种聚合成本法，即每个参加者的正常成本和精算负债是由所有参加者的数据来决定的。
- 在计划生效或者该成本法首次被采用的时候，必须先建立一个初始精算负债，亦即是计划的初始未纳基金精算负债：$UAL_0 = AL_0$，这是雇主在未来年份需要偿付的初始"债务"。
- 冻结初始负债成本法所建立的初始精算负债 AL_0 是基于个体进入年龄正常成本法得出的，而到达年龄正常成本法所建立的 AL_0 则是基于(传统或规划)单位信用成本法得出的。

- 未来的精算损益不会影响计划的未纳基金精算负债,因为这些损益是通过调整未来的正常成本来摊销的。因此,下面的迭代公式在任何时刻 t 都成立:

$$\text{UAL}_{t+1} = (\text{UAL}_t + \text{NC}_t)(1+i) - C - I_C$$

- 计划每年所需的缴费金额是正常成本和初始未纳基金精算负债的摊销额的总和。

6.2 FIL 法和 AAN 法——无工资增长假设

6.2.1 成本定义

在冻结初始负债成本法下,我们先定义正常成本。在时刻为 0 时,我们用未来法计算初始精算负债:

$$\text{AL}_0 = \sum_{A_0} \text{PVFB}_0^j - \sum_{A_0} \text{NC}_0^j \ddot{a}_{x:\overline{y-x}|}$$

其中,参加者 j 的正常成本 NC_0^j 是由进入年龄正常成本法计算得出的。由于 0 时刻的计划资金为 0,故

$$\text{UAL}_0 = \text{AL}_0 - F_0 = \text{AL}_0$$

冻结初始负债 AL_0 将在未来一定时期通过附加成本(SC)来摊销。假设这段时期的长度为 15 年,且摊销额度是均衡的并在年初支付,则 $\text{SC} = \text{UAL}_0 / \ddot{a}_{\overline{15}|}$。

在冻结初始负债成本法下,初始负债由附加成本摊销。而在未来评估日,如果未来给付的精算现值超过冻结初始负债未摊销的部分与计划资金的总和,则超出的部分将由未来正常成本来摊销。设评估时刻为 t,则对于任何在职参加者,其正常成本可以定义为 $U_t = \dfrac{\text{NC}_t}{n_t}$,其中,$n_t$ 为在职参加者的数目,而 NC_t 是计划的总正常成本:

$$U_t \sum_{A_t} \frac{N_x - N_y}{D_x} = \sum_{A_t} \text{PVFB}_t^j - (\text{UAL}_t + F_t)$$

$$\text{NC}_t = U_t \cdot n_t = \left(\frac{\text{PVFB}_t - \text{UAL}_t - F_t}{\text{PVFY}_t} \right) \cdot n_t$$

这里的商数,$\dfrac{\text{PVFY}_t}{n_t} = \dfrac{1}{n_t} \left(\sum_{A_t} \dfrac{N_x - N_y}{D_x} \right)$,代表在职参加者未来服务年限现值的平均值。

到达年龄正常成本法与冻结初始负债成本法的正常成本定义基本相同,即:

$$U_t \sum_{A_t} \frac{N_x - N_y}{D_x} = \sum_{A_t} \text{PVFB}_t^i - \text{UAL}_t - F_t$$

唯一不同的是,它的冻结初始负债是由传统或规划单位信用成本法(而不是进入年龄正常成本法)计算得出的。与 FIL 法相比,由于初始未纳基金精算负债 UAL_0 的规模较小(回想传统单位信用成本法、规划单位信用成本法、到达年龄正常成本法的成本模式),所以 AAN 法的正常成本 $\text{NC}_t = n_t U_t$ 会较高。此外,相应的附加成本则会较低。

在未来的评估日,如果计划的退休给付条款或者精算假设发生变化,由此而产生的精算负债变量(依进入年龄正常成本法或单位信用成本法计算),会增加或减少当时的未纳基金精算负债的未付余额及其相应的摊销额度。

例 6-1

计划条款:	
计划生效日期	2010 年 1 月 1 日
退休给付	每服务一年,可得最终年工资的 2%
正常支付方式	于存活期的每个月初支付
正常退休年龄	60 岁
退保给付	无

精算假设:	
利率	每年 6%
工资增长率	0%
退保终止率	直至 34 岁:每年 5%;35 岁或以后:0%
退休前死亡率	无
退休年龄	60 岁
筹资政策	初始未纳基金精算负债在未来的 10 年内摊销

选定年金因子:$\ddot{a}_{60}^{(12)} = 12.2$

请同时验证以下的年金因子:

$$\ddot{a}_{28:\overline{32}|} = 11.4542; \quad \ddot{a}_{35:\overline{25}|} = 13.5504$$

$$\ddot{a}_{30:\overline{30}|} = 11.8995; \quad \ddot{a}_{50:\overline{10}|} = 7.8017$$

> **2010 年 1 月 1 日计划参加者资料：**
>
> | 雇员 | 年龄 | 服务年数 | 2010 年工资 |
> |---|---|---|---|
> | A | 30 | 2 | 30 000 元 |
> | B | 50 | 15 | 50 000 元 |
>
> 计算在以下成本法下 2010 年所需缴费：
>
> 1. FIL 法
> 2. AAN 法

解：

1. 冻结初期负债成本法

雇员 A

雇用时年龄：$w = 30 - 2 = 28$（岁）

最终工资 $= 30\,000$ 元

预期退休给付 $= 2\% \times 30\,000 \times 32 = 19\,200$（元）

$$\text{PVFB}w_0 = 19\,200 \times 1.06^{-32} \times (1-0.05)^7 \times 12.2 = 25\,348(元)$$

$$\text{PVFNC}w_0 = \text{NC}_0 \times \ddot{a}_{28:\overline{32}|} = 11.4542(\text{NC}_0)$$

$$\text{NC}_0 = \frac{25\,348}{11.4542} = 2\,213(元)$$

$$\text{PVFB}_0 = 19\,200 \times 1.06^{-30} \times (1-0.05)^5 \times 12.2 = 31\,558(元)$$

$$\text{PVFNC}_0 = \text{NC}_0 \times \ddot{a}_{30:\overline{30}|} = 2\,213 \times 11.8995 = 26\,333(元)$$

计划生效时的精算负债 $\text{AL}_0 = \text{PVFB}_0 - \text{PVFNC}_0 = 31\,558 - 26\,333 = 5\,225$（元）

雇员 B

雇用时年龄：$w = 50 - 15 = 35$（岁）

最终工资 $= 50\,000$ 元

预期退休给付 $= 2\% \times 50\,000 \times 25 = 25\,000$（元）

$$\text{PVFB}w_0 = 25\,000 \times 1.06^{-25} \times 1 \times 12.2 = 71\,065(元)$$

$$\text{PVFNC}w_0 = \text{NC}_0 \times \ddot{a}_{35:\overline{25}|} = \text{NC}_0 \times 13.5504$$

$$\text{NC}_0 = \frac{71\,065}{13.5504} = 5\,244.50(元)$$

$$\text{PVFB}_0 = 25\,000 \times 1.06^{-10} \times 1 \times 12.2 = 170\,310(元)$$

$$PVFNC_0 = NC_0 \times \ddot{a}_{\overline{50,10}|} = 5\,244.50 \times 7.8017 = 40\,916(元)$$

计划生效时的精算负债 $AL_0 = PVFB_0 - PVFNC_0 = 170\,310 - 40\,916 = 129\,394(元)$

总体计划

$$PVFB_0 = \sum PVFB_0^j = 31\,558 + 170\,310 = 201\,868(元)$$

$$UAL_0 = \sum AL_0^j - F_0 = 5\,225 + 129\,394 - 0 = 134\,619(元)$$

正常成本:

$$NC_0 = 2 \times \left(\frac{PVFB_0 - UAL_0 - F_0}{\ddot{a}_{\overline{30,30}|} + \ddot{a}_{\overline{50,10}|}}\right)$$

$$= 2 \times \frac{201\,868 - 134\,619 - 0}{11.8995 + 7.8017} = 6\,827(元)$$

未纳基金精算负债摊销额(即附加成本):

$$SC_0 = \frac{UAL_0}{\ddot{a}_{\overline{10}|}} = \frac{134\,619}{7.8017} = 17\,255(元)$$

2010 年所需缴费 = 正常成本 + 附加成本 = $6\,827 + 17\,255 = 24\,082(元)$

2. 到达年龄正常成本法

雇员 A

最终工资 = 30 000 元

应计给付 = $2\% \times 30\,000 \times 2 = 1\,200(元)$

计划生效时的精算负债 $AL_0 = 1\,200 \times 1.06^{-30} \times (1-0.05)^5 \times 12.2 = 1\,972(元)$

雇员 B

最终工资 = 50 000 元

应计给付 = $2\% \times 50\,000 \times 15 = 15\,000(元)$

计划生效时的精算负债 $AL_0 = 15\,000 \times 1.06^{-10} \times 1 \times 12.2 = 102\,186(元)$

总体计划

$$PVFB_0 = \sum PVFB_0^j = 31\,558 + 170\,310 = 201\,868(元)$$

$$UAL_0 = \sum AL_0^j - F_0 = 1\,972 + 102\,186 - 0 = 104\,158(元)$$

正常成本:

$$NC_0 = 2 \times \left(\frac{PVFB_0 - UAL_0 - F_0}{\ddot{a}_{\overline{30,30}|} + \ddot{a}_{\overline{50,10}|}}\right) = 2 \times \frac{201\,868 - 104\,158 - 0}{11.8995 + 7.8017} = 9\,919(元)$$

未纳基金精算负债摊销额(即附加成本):

$$\text{SC}_0 = \frac{\text{UAL}}{\ddot{a}_{\overline{10}|}} = \frac{104\,159}{7.8017} = 13\,351(元)$$

2010 年所需缴费 = 正常成本 + 附加成本 = 9 919 + 13 351 = 23 270(元)

例 6-2

计划条款：

退休给付　　　　　　　　　　每服务一年，可得每月 10 元

正常退休年龄　　　　　　　　65 岁

精算成本法：　　　　　　　冻结初始负债成本法

精算假设：

利率　　　　　　　　　　　　每年 7%

退休前死亡或退保终止　　　　无

退休年龄　　　　　　　　　　65 岁

2010 年 1 月 1 日计划参加者资料：

唯一的计划参加者现年 50 岁。计划在 2010 年 1 月 1 日被修订，正常退休年龄由 65 岁改成 62 岁。因此，在精算评估中用的假设退休年龄也被改成 62 岁，而未纳基金精算负债亦相应地被调整。

2010 年 1 月 1 日选定的评估结果：

	假设退休年龄	
	65 岁	62 岁
未来给付的精算现值	15 000 元	18 400 元
未纳基金精算负债	6 150 元	
资产的市场价值	5 000 元	5 000 元
进入年龄正常成本法下的精算负债	13 100 元	16 350 元

计算在 2010 年 1 月 1 日退休年龄修改之后的正常成本。

解：

当正常退休年龄改为 62 岁时（设为时间 t），依进入年龄正常成本法计算的精算负债会发生如下的变化：

$$\Delta \text{AL}_t = 16\,350 - 13\,100 = 3\,250(元)$$

因此，未纳基金精算负债被修订为：

$$\text{UAL}'_t = \text{UAL}_t + \Delta \text{AL}_t = 6\,150 + 3\,250 = 9\,400(元)$$

修订后的计划正常成本为：

$$\text{NC}'_t = \frac{\text{PVFB}_t - \text{UAL}'_t - F_t}{\ddot{a}_{\overline{12}|}} = \frac{18\,400 - 9\,400 - 5\,000}{8.499} = 470.64(元)$$

6.2.2 损益分析

由计划实际经验与精算假设不同而产生的精算损益，将会调整计划的未来正常成本。表 6-1 总结了在 FIL 法或 AAN 法（无工资增长假设）下的精算损益归因及其相关的数学公式。这里，对于参加者 j，在假设 $\Delta B^j = B^j_{t+1}(y) - B^j_t(y)$ 为零的情况下，我们用 $\widetilde{\text{PVFB}}^j_{t+1} = B^j_t(y) \frac{D_y}{D_{x+1}} \ddot{a}_y^{(12)}$ 表示时间 $t+1$ 时的未来给付现值。

表 6-1 精算损益归因分析

收益来源	数学公式
除退休外的其他衰减因素	$\sum_T \left[\widetilde{\text{PVFB}}^j_{t+1} - U_t \left(\frac{N_{x+1} - N_y}{D_{x+1}} \right) \right] - \sum_{A_t} q_x^{(T)} \left[\widetilde{\text{PVFB}}^j_{t+1} - U_t \left(\frac{N_{x+1} - N_y}{D_{x+1}} \right) \right]$
退休	$\sum_R (\widetilde{\text{PVFB}}^j_{t+1}) - P - I_P$
投资回报	$I - (iF_t + I_C - I_P)$
预计给付的改变	$-\sum_{A_t \cap A_{t+1}} \Delta B^j \ddot{a}_y^{(12)} \left(\frac{D_y}{D_{x+1}} \right)$
新计划参加者（集合 N）	$-\sum_N \left[\text{PVFB}^j_{t+1} - U_t \left(\frac{N_{x+1} - N_y}{D_{x+1}} \right) \right]$
收益（损失）对未来正常成本的影响	总精算收益（损失）对未来正常成本的调整：$$U_{t+1} = U_t - \left[\frac{1}{\left(\sum_{A_{t+1}} \frac{N_{x+1} - N_y}{D_{x+1}} \right)} \right] \times 收益$$ $$\text{NC}_{t+1} = U_{t+1} n_{t+1}$$ 其中，n_{t+1} 为时间 $t+1$ 时在职参加者的数目

时间 t 与时间 $t+1$ 的未纳基金精算负债由以下方程式联结：

$$\text{UAL}_{t+1} = (\text{UAL}_t + \text{NC}_t)(1+i) - C - I_C \tag{6.1}$$

FIL 法和 AAN 法具有以下性质：

- 如果当年（即由时间 t 到时间 $t+1$）的实际投资收益与假设利率不同，时间 $t+1$ 时的未纳基金精算负债 UAL_{t+1} 将不会受到影响;同样,如果当年的实际死亡率或退保终止率与精算假设不同,UAL_{t+1} 也不会受到影响。任何当年的经验收益或损失只会影响未来年度的正常成本。换言之,经验损益被隐含地分摊到在职参加者的未来服务年限内。

- 如果有投资方面的精算收益,即 $I-(iF_t+I_C-I_P)>0$,则时间 $t+1$ 时的计划基金将会以相同的额度增加。由于未纳基金精算负债 UAL_{t+1} 不受投资收益影响,时间 $t+1$ 时的精算负债,$AL_{t+1}=F_{t+1}+UAL_{t+1}$,也必定以相同的额度增加,因此,

$$AL_{t+1} = (AL_t + NC_t)(1+i) - P - I_P + [I-(iF_t+I_C-I_P)]$$

这个关系式同样可以通过之前的等式(6.1)用代数方法推导得出。

- 如果年度缴费超过正常成本,则该差额会减少未纳基金精算负债的年末结余。但未来的年度正常成本将不会受到该差额的影响。

- 在 FIL 法下,因退休给付或者精算假设变化而产生的精算负债变量(依进入年龄成本法计算),即 $\Delta AL = AL^{EAN}$(变化后)$- AL^{EAN}$(变化前),会改变冻结初始负债未摊销部分的余额。如果该变量大于 0,它可以在之后的特定时间段内摊销。这种处理方法同样适用于 AAN 法,只不过之前的 ΔAL 是基于单位信用成本法计算而已,即 $\Delta AL = AL^{UC}$(变化后)$- AL^{UC}$(变化前)。

6.3 FIL 法和 AAN 法——有工资增长假设

6.3.1 成本定义

在 FIL 法下,0 时刻的未纳基金精算负债依 EAN 法计算得出:

$$AL_0 = \sum_{A_0} PVFB_0^j - \sum_{A_0} NC_0^j \cdot {}^s\ddot{a}_{x:\overline{y-x}|}$$

$$UAL_0 = AL_0 - F_0 = AL_0$$

其中,参加者 j 的正常成本(NC_0^j)是依进入年龄正常成本法计算的正常成本,且与工资成均衡比例。F_0 则等于 0(因为在计划生效时没有累积的资金)。

在 t 时刻(如果 UAL_t 仍大于零的话),与工资成均衡比例的正常成本则由以下公式导出:

$$U_t \left[\sum_{A_t} S_t^j \left(\frac{{}^sN_x - {}^sN_y}{{}^sD_x} \right) \right] = \sum_{A_t} PVFB_t^j - UAL_t - F_t$$

$$NC_t = U_t \sum_{A_t} S_t^j = \left[\frac{PVFB_t - UAL_t - F_t}{\sum_{A_t} S_t^j \left(\frac{{}^sN_x - {}^sN_y}{{}^sD_x} \right)} \right] \sum_{A_t} S_t^j$$

$$= \left(\frac{\text{PVFB}_t - \text{UAL}_t - F_t}{\text{PVFS}_t}\right)\sum_{A_t} S_t^j$$

至于在 AAN 法下,初始未纳基金精算负债(UAL$_0$)则依规划单位信用成本法计算得出。

6.3.2 损益分析

表 6-2 总结了在 FIL 法或 AAN 法(有工资增长假设)下的精算损益归因及其相关的数学公式。对于参加者 j,在假设 $\Delta B^j = B_{t+1}^j(y) - B_t^j(y)$ 及 $\Delta S^j = S_{t+1}^j - S_t^j \frac{s_{x+1}}{s_x}$ 均为零的情况下,我们用 $\widetilde{\text{PVFB}}_{t+1}^j$ 和 $\widetilde{\text{PVFS}}_{t+1}^j$ 分别表示时间 $t+1$ 时的未来给付现值及未来工资的精算现值。它们的数学方程式如下:

$$\text{PVFB}_{t+1}^j = B_{t+1}^j(y)\frac{D_y}{D_{x+1}}\ddot{a}_y^{(12)}; \quad \widetilde{\text{PVFB}}_{t+1}^j = B_t^j(y)\frac{D_y}{D_{x+1}}\ddot{a}_y^{(12)}$$

$$\text{PVFS}_{t+1}^j = S_{t+1}^j\left(\frac{{}^sN_{x+1} - {}^sN_y}{{}^sD_{x+1}}\right); \quad \widetilde{\text{PVFS}}_{t+1}^j = \left(S_t^j\frac{s_{x+1}}{s_x}\right)\left(\frac{{}^sN_{x+1} - {}^sN_y}{{}^sD_{x+1}}\right)$$

表 6-2 精算损益归因分析

收益来源	数学公式
除退休外的其他衰减因素	$\sum_T [\widetilde{\text{PVFB}}_{t+1}^j - U_t(\widetilde{\text{PVFS}}_{t+1}^j)] - \sum_{A_t} q_x^{(T)}[\widetilde{\text{PVFB}}_{t+1}^j - U_t(\widetilde{\text{PVFS}}_{t+1}^j)]$
退休	$\sum_R (\widetilde{\text{PVFB}}_{t+1}^j) - P - I_P$
投资回报	$I - (iF_t + I_C - I_P)$
预计给付或工资的改变	$\sum_{A_t \cap A_{t+1}} [\widetilde{\text{PVFB}}_{t+1}^j - U_t(\widetilde{\text{PVFS}}_{t+1}^j)] - \sum_{A_t \cap A_{t+1}} [\text{PVFB}_{t+1}^j - U_t \text{PVFS}_{t+1}^j]$
新计划参加者	$-\sum_N (\text{PVFB}_{t+1}^j - U_t \text{PVFS}_{t+1}^j)$
收益(损失)对未来正常成本的影响	$U_{t+1} = U_t - \left(\frac{1}{\sum_{A_{t+1}} \text{PVFS}_{t+1}^j}\right) \times$ 收益 $\text{NC}_{t+1} = U_{t+1} \times \sum_{A_{t+1}} S_{t+1}^j$

经验损益不会影响养老金计划的未纳基金精算负债,但会对未来正常成本作调整。时间 t 与时间 $t+1$ 的未纳基金精算负债由以下方程式联结:

$$\text{UAL}_{t+1} = (\text{UAL}_t + \text{NC}_t)(1+i) - C - I_C$$

例 6-3

最新评估日期	2010 年 1 月 1 日
正常退休给付	与工资成固定比例
精算成本法	冻结初始负债成本法

精算假设：

工资增长率	每年 4%
利率	每年 6%
退休前死亡和退保终止	无

2009 年 1 月 1 日评估结果：

未来退休给付的精算现值	3 000 000 元
未纳基金精算负债	750 000 元
资产的精算值	1 250 000 元
年度总工资	600 000 元
未来工资的精算现值	15 000 000 元

2009 年向基金的缴费为 125 000 元，并在 2009 年 12 月 31 日支付。2009 年计划资产的投资收益为 105 000 元。所有其他在 2009 年 1 月 1 日评估时用的精算假设都在当年完全实现。

试计算 2010 年 1 月 1 日的计划正常成本。

解：

为了计算 2010 年 1 月 1 日的未纳基金精算负债，首先要计算出 2009 年 1 月 1 日的正常成本。

第一步：计算 2009 年 1 月 1 日（设为时间 t）的正常成本。

$$\text{PVFNC}_t = \text{PVFB}_t - \text{UAL}_t - F_t = 3\,000\,000 - 750\,000 - 1\,250\,000 = 1\,000\,000(\text{元})$$

$$U_t = \frac{\text{PVFNC}_t}{\text{PVFS}_t} = \frac{1\,000\,000}{15\,000\,000} = 6.6667\%$$

$$\text{NC}_t = U_t \sum_{A_t} S_t^j = 0.066667 \times 600\,000 = 40\,000(\text{元})$$

第二步：计算 2010 年 1 月 1 日的未纳基金精算负债。

$$\text{UAL}_{t+1} = (\text{UAL}_t + \text{NC}_t)(1+i) - C - I_C$$
$$= (750\,000 + 40\,000) \times 1.06 - 125\,000 = 712\,400(\text{元})$$

第三步：更新基金资产的价值。
$$F_{t+1} = F_t + C + I = 1\,250\,000 + 125\,000 + 105\,000 = 1\,480\,000(元)$$

第四步：更新未来给付的精算现值。
$$\text{PVFB}_{t+1} = \text{PVFB}_t \times (1+i) = 3\,000\,000 \times 1.06 = 3\,180\,000(元)$$

第五步：更新未来工资的精算现值。
$$\begin{aligned}\text{PVFS}_{t+1} &= (\text{PVFS}_t - S_t) \times (1+i) \\ &= (15\,000\,000 - 600\,000) \times 1.06 = 15\,264\,000(元)\end{aligned}$$

第六步：计算 2010 年的工资。
$$S_{t+1} = S_t \times (1+j) = 600\,000 \times 1.04 = 624\,000(元)$$

第七步：计算 2010 年 1 月 1 日的正常成本。
$$\begin{aligned}\text{NC}_{t+1} &= \left(\frac{\text{PVFB}_{t+1} - \text{UAL}_{t+1} - F_{t+1}}{\text{PVFS}_{t+1}}\right) S_{t+1} \\ &= \left(\frac{3\,180\,000 - 712\,400 - 1\,480\,000}{15\,264\,000}\right) \times 624\,000 = 40\,374(元)\end{aligned}$$

例 6-4

沿用例 6-3 中的信息，但计划参加者在 2009 年 1 月 1 日至 2010 年 1 月 1 日之间无实际工资增长。计算 2010 年 1 月 1 日的正常成本。

解：

由例 6-3 所得的结果：
$$\widetilde{\text{PVFB}}_{t+1} = 3\,180\,000 \text{ 元}$$
$$\widetilde{\text{PVFS}}_{t+1} = 15\,264\,000 \text{ 元}$$

因为假设的工资增长没有实现，因此预计给付会以 $(1/1.04)$ 的比例减少，而未来给付的精算现值亦以相同的比例减少，即：
$$\text{PVFB}_{t+1} = \frac{\widetilde{\text{PVFB}}_{t+1}}{1.04} = \frac{3\,180\,000}{1.04} = 3\,057\,692(元)$$

类似地，未来工资的精算现值亦以 $\left(\frac{1}{1.04}\right)$ 的比例减少：
$$\text{PVFS}_{t+1} = \frac{\widetilde{\text{PVFS}}_{t+1}}{1.04} = \frac{15\,264\,000}{1.04} = 14\,676\,923(元)$$

因此，2010 年 1 月 1 日的正常成本为：
$$\begin{aligned}\text{NC}_{t+1} &= \left(\frac{\text{PVFB}_{t+1} - \text{UAL}_{t+1} - F_{t+1}}{\text{PVFS}_{t+1}}\right) S_{t+1} \\ &= \left(\frac{3\,057\,692 - 712\,400 - 1\,480\,000}{14\,676\,923}\right) \times 600\,000 = 35\,374(元)\end{aligned}$$

损益归因：

$$投资经验收益 = 105\,000 - 1\,250\,000 \times 0.06 = 30\,000(元)$$

工资经验收益：

$$(\widetilde{\text{PVFB}}_{t+1} - U_t \widetilde{\text{PVFS}}_{t+1}) - (\text{PVFB}_{t+1} - U_t \text{PVFS}_{t+1})$$
$$= (3\,180\,000 - 0.066667 \times 15\,264\,000) - (3\,057\,692 - 0.066667 \times 14\,676\,923)$$
$$= 83\,169(元)$$

$$总收益 = 30\,000 + 83\,169 = 113\,169(元)$$

$$\Delta U = \frac{总收益}{\text{PVFS}_{t+1}} = \frac{113\,169}{14\,676\,923} = 0.007711$$

$$U_{t+1} = U_t - \Delta U = 0.066667 - 0.007711 = 0.05896$$

$$\text{NC}_{t+1} = U_{t+1} \times S_{t+1} = 0.05896 \times 600\,000 = 35\,374(元)$$

注意：最后的结果与前半部分计算出的数值相同。

6.4 聚合法

6.4.1 成本定义

在任何时刻，聚合法下的精算负债都等于该时刻的基金资产价值，即在任何时刻 t：

$$\text{AL}_t = F_t$$

换句话说，计划的未纳基金精算负债在任何时刻都等于 0。

在没有工资增长假设的情况下，每个在职参加者的正常成本比率(U_t)被定义为①未来给付现值，减去②基金的资产值，除以③未来服务年限的精算现值：

$$U_t = \frac{\text{PVFB}_t - F_t}{\sum_{A_t}\left(\frac{N_x - N_y}{D_x}\right)} = \frac{\text{PVFB}_t - F_t}{\text{PVFY}_t}$$

计划的正常成本 NC_t 等于 U_t 乘以 n_t，其中 n_t 为在职参加者(A_t)的数目。

在有工资增长假设的情况下，正常成本(与工资成固定比例)也按照类似的方法计算得出：

$$U_t = \frac{\text{PVFB}_t - F_t}{\text{PVFS}_t}; \quad \text{PVFS}_t = \sum_{A_t} S_t^j \left(\frac{{}^sN_x - {}^sN_y}{{}^sD_x}\right)$$

$$\text{NC}_t = U_t \sum_{A_t} S_t^j$$

例 6-5

沿用例 6-1 中的养老金计划，计算在聚合法下 2010 年所需缴费。

解：

由例 6-1 所得的结果，计划的未来给付现值为：
$$\text{PVFB} = 31\,558 + 170\,310 = 201\,868(元)$$

在计划生效时：AL＝F＝0。因此，
$$\text{NC} = 2 \times \left(\frac{\text{PVFB} - F}{\ddot{a}_{30:\overline{30}|} + \ddot{a}_{50:\overline{10}|}} \right) = 2 \times \frac{201\,868 - 0}{11.8995 + 7.8017} = 20\,493(元)$$

因为 UAL＝0，所以没有附加成本。

2010 年所需缴费＝NC＝20 493 元。

6.4.2 损益分析

表 6-3 总结了在聚合法（有工资增长假设）下的精算损益归因及其相关的数学公式。任何精算损益只改变计划的未来正常成本。

表 6-3　精算损益归因分析

收益来源	数学公式
除退休外的其他衰减因素	$\sum_{T}(\widetilde{\text{PVFB}}_{t+1}^{j} - U_t \widetilde{\text{PVFS}}_{t+1}^{j}) - \left[\sum_{A_t} q_x^{(T)}(\widetilde{\text{PVFB}}_{t+1}^{j} - U_t \widetilde{\text{PVFS}}_{t+1}^{j})\right]$
退休	$\sum_{R}(\widetilde{\text{PVFB}}_{t+1}^{j}) - (P + I_P)$
投资回报	$I - (iF_t + I_C - I_P)$
预计给付或工资的改变	$-\left[\sum_{A_t \cap A_{t+1}} (\Delta\text{PVFB}_{t+1}^{j} - U_t \Delta\text{PVFS}_{t+1}^{j})\right]$，其中： $\Delta\text{PVFB}_{t+1}^{j} = \Delta B^j \times \ddot{a}_y^{(12)} \times \frac{D_y}{D_{x+1}}$ $\Delta\text{PVFS}_{t+1}^{j} = \text{PVFS}_{t+1}^{j} - (\widetilde{\text{PVFS}}_{t+1}^{j})$
新计划参加者	$-\left[\sum_{N}(\text{PVFB}_{t+1}^{j} - U_t \text{PVFS}_{t+1}^{j})\right]$
超过或低于正常成本的缴费	$C + I_C - \text{NC}_t(1+i)$ （注意：与 FIL 法或 AAN 法不同，聚合法下的过剩或不足的缴费会影响计划的未来正常成本）
收益（损失）对未来正常成本的影响	在任何时刻 t，$\text{UAL}_t = 0$ $U_{t+1} = U_t - \left(\frac{1}{\text{PVFS}_{t+1}}\right) \times 收益$ $\text{NC}_{t+1} = U_{t+1} \times \sum_{A_{t+1}} S_{t+1}^{j}$

例 6-6

计划条款：

退休给付	最终年工资的 50%
正常退休年龄	65 岁
计划生效日	2010 年 1 月 1 日

精算成本法： 聚合法

精算假设：

利率	每年 5%
工资增长率	每年 5%，每年年初生效
退休前衰减率	无
退休年龄	65 岁
选定年金因子	$12\ddot{a}_{65}^{(12)} = 100$

计划参加者资料：

2010 年 1 月 1 日，唯一的计划参加者年龄为 54 岁，年工资为 30 000 元。

2011 年 1 月 1 日，他仍是唯一的参加者。

2010 年的实际经验：

- 投资收益率：10%
- 工资增长率：10%

雇主于 2010 年 1 月 1 日支付的缴费等于正常成本。

根据 2011 年 1 月 1 日的精算评估，正常成本应该是多少？

解：

设 2010 年 1 月 1 日为 0 时刻。2011 年 1 月 1 日的基金资产等于 2010 年缴交的正常成本加上当年的投资收益。我们用以下公式计算 0 时刻的正常成本：

$$\text{NC}_0 = \left(\frac{\text{PVFB}_0 - F_0}{\text{PVFS}_0} \right) S_{54}$$

其中，S_{54} 是参加者在 0 时刻的年工资。因为假设的工资增长率和利率相同，所以我们可以用 0% 的净利率来计算 PVFS_0：

$$\text{PVFS}_0 = S_{54} \times \ddot{a}_{\overline{11}|}(@0\%) = 30\,000 \times 11 = 330\,000(\text{元})$$

未来给付现值则为：
$$\text{PVFB}_0 = 0.50 \times (30\,000 \times 1.05^{10}) \times \ddot{a}_{65}^{(12)} \times (1.05)^{-11} = 119\,047.62(\text{元})$$

因此，时刻 0 的正常成本为：
$$\text{NC}_0 = \frac{\text{PVFB}_0}{\text{PVFS}_0} \cdot S_{54} = \frac{119\,047.62}{11} = 10\,822.51(\text{元})$$

因为 2010 年的实际投资收益和工资增长率均为 10%，所以：
$$F_1 = 10\,822.51 \times 1.10 = 11\,904.76(\text{元})$$
$$\text{PVFB}_1 = 0.50 \times (30\,000 \times 1.10 \times 1.05^9) \times \ddot{a}_{65}^{(12)} \times (1.05)^{-10} = 130\,952.38(\text{元})$$

因此，2011 年 1 月 1 日的正常成本为：
$$\text{NC}_1 = \frac{\text{PVFB}_1}{\text{PVFS}_1} \cdot S_{55} = \frac{130\,952.38 - 11\,904.76}{\ddot{a}_{\overline{10}|}(@0\%)} = 11\,905(\text{元})$$

6.5 个体聚合成本法

我们考虑这样一个养老金计划，它为所有雇员在 65 岁退休时提供每年 1 000 元的养老金。在计划的生效日，只有两个在职参加者，他们的年龄分别为 30 岁和 64 岁。令 $\ddot{a}_{65}^{(12)}=10$，并假设：

x	$(N_x - N_{65})/D_x$	D_{65}/D_x
30	19	0.1
64	1	0.9

(1) 在聚合法下，计划的正常成本是多少？（答案：1 000 元）
(2) 在个体均衡保费成本法下，计划的正常成本是多少（答案：9 053 元）
(3) 对于这样的养老金计划，聚合法是一个适合使用的成本法吗？

如果养老金计划的筹资是基于聚合法，那么当 64 岁的参加者在 65 岁退休时，计划基金只积累了 1 000 元左右的资产。该资产值远低于为这个退休参加者购买年金所需的成本，即 1 000×10=10 000（元）。因此，聚合法不适用于参加者的年龄和工资差异很大的小型计划。尤其是，当最早退休的参加者的应计给付远较其他参加者高的时候，聚合法更不适用。

为了克服小型计划使用聚合法的缺陷，同时保留其简洁的设计[①]，我们引入个体聚合成本法(individual aggregate cost method)或简称 I/A 成本法。使用该方法时，我们先将

---
① 在聚合法下，未来的精算损益不会影响计划的未纳资金精算负债，而是被分配到未来的正常成本中。

计划的资产根据每个参加者的过去正常成本的累计值来分配（正常成本可以依进入年龄正常成本法计算）。这些资产分配额会从每个参加者未来给付的精算现值中扣除，余额将会在每个参加者的未来服务期限中分摊（分摊额度可以是均衡货币，也可以是参加者工资的均衡百分比）。

因此，每个参加者的年度正常成本（设为均衡货币）为：

$$NC^j = \frac{PVFB^j - F^j}{PVFY^j} = \frac{B^j(y)\frac{D_y}{D_x}\ddot{a}_y^{(12)} - F^j}{\left(\frac{N_x - N_y}{D_x}\right)}$$

其中，F^j 为分摊到参加者 j 的计划资产份额。计划的正常成本为所有在职参加者的正常成本的总和：

$$NC = \sum_{A_t} NC^j$$

个体聚合成本法兼具个体法和聚合法的特点：

- 计划的资产被分配给每个计划参加者（包括在职的和非在职的）。每个在职参加者的正常成本会根据他的资产份额，用聚合法的计算方式得出。
- 计划的正常成本为所有在职参加者的正常成本的总和。

当计划使用的成本法改变为 I/A 成本法，而过去正常成本的累计值又不容易得出时，我们可以用其他合理的方法对计划资产进行分配。例如，我们可以依据：

- 应计给付的精算现值，或
- 进入年龄正常成本法下的精算负债，或
- 用其他合理成本法计算的精算负债（如规划单位信用成本法下的精算负债）。

一般来说，对于已经领取养老金或延迟领取养老金的非在职参加者，他们在计划中的基金份额应该等于他们的退休给付的精算现值。余下的计划基金会被分配给每个在职参加者，以决定他们在个体聚合法下的正常成本。

在 I/A 成本法下，计划的精算负债在任何时刻都与计划基金的资产值相等。因此，计划的未纳基金精算负债在任何时刻都等于 0。即在任何时刻 t，$UAL_t = AL_t - F_t = 0$。

例 6-7

正常退休给付	每服务一年，可得每月 20 元
精算成本法：	
2006 年前	使用聚合法
2005 年后	使用个体聚合法，计划资产根据进入年龄正常成本法下的精算负债的比例进行分配

精算假设：

利率	每年 7%
退休前死亡或其他衰减	无
退休年龄	65 岁
选定年金因子	$\ddot{a}_{65}^{(12)}=10$
2006 年 1 月 1 日的资产价值	20 000 元

在职参加者的数据：

	李先生	王先生
出生日期	1966 年 1 月 1 日	1951 年 1 月 1 日
雇用日期	2001 年 1 月 1 日	1991 年 1 月 1 日

在 2006 年 1 月 1 日时，王先生的正常成本是多少？

解：

第一步：计算进入年龄正常成本法下每一位参加者的精算负债。

李先生：$x=40$，过去服务年限=5，$w=35$

王先生：$x=55$，过去服务年限=15，$w=40$

李先生的精算负债 $=20\times12\times30\times\ddot{a}_{65}^{(12)}\times\dfrac{\ddot{s}_{\overline{5}|}}{\ddot{s}_{\overline{30}|}}=4\,383$（元）

王先生的精算负债 $=20\times12\times25\times\ddot{a}_{65}^{(12)}\times\dfrac{\ddot{s}_{\overline{15}|}}{\ddot{s}_{\overline{25}|}}=23\,838$（元）

总精算负债 $=4\,383+23\,838=28\,221$（元）

第二步：计算王先生的资产份额。

$$F^j = F\times\left(\frac{\text{王先生的精算负债}}{\text{总精算负债}}\right)=20\,000\times\frac{23\,838}{28\,221}=16\,894\,(\text{元})$$

第三步：计算王先生的未来给付的精算现值。

$$\text{PVFB}^j = 20\times12\times25\times\ddot{a}_{65}^{(12)}\times v^{10}=30\,501\,(\text{元})$$

第四步：计算王先生的正常成本。

$$\text{NC}^j = \frac{\text{PVFB}^j - F^j}{\ddot{a}_{\overline{10}|}} = \frac{30\,501-16\,894}{7.515\,2}=1\,811\,(\text{元})$$

6.6　聚合进入年龄正常成本法

在评估日 t 时,聚合进入年龄正常成本法(aggregate entry age normal cost method)下的正常成本比率 U_t(有工资增长假设)由以下公式得出:

$$U_t \sum_{A_t} \left(S_t^j \frac{s_w}{s_x} \right) \left(\frac{{}^sN_w - {}^sN_y}{{}^sD_w} \right) = \sum_{A_t} \text{PVFBW}_t^j$$

$$U_t = \frac{\sum_{A_t} \text{PVFBW}_t^j}{\sum_{A_t} \text{PVFSW}_t^j}$$

最后公式中的分子代表了所有在职参加者的未来给付的精算现值,分母代表了所有在职参加者从受雇日算起的所有未来工资的精算现值。需要注意的是,每个参加者的精算现值都是该参加者受雇日时的现值。一旦 U_t 被确定下来,我们就能得出计划的正常成本和精算负债如下:

$$\text{NC}_t = U_t \sum_{A_t} S_t^j$$

$$\text{AL}_t = \sum_{A_t} \text{PVFB}_t^j - U_t \sum_{A_t} \text{PVFS}_t^j$$

如果聚合进入年龄正常成本法下的正常成本是依均衡货币计算,则:

$$\frac{\text{NC}_t}{n} \left(\sum_{A_t} \frac{N_w - N_y}{D_w} \right) = \sum_{A_t} \text{PVFBW}_t^j$$

$$\text{AL}_t = \sum_{A_t} \text{PVFB}_t^j - \frac{\text{NC}_t}{n} \sum_{A_t} \text{PVFY}_t^j$$

对于个体和聚合进入年龄成本法,计划的正常成本与计划基金的大小和非在职参加者的退休给付无关。在职参加者的精算负债由他们各自的正常成本推导得出,已退休的或延迟领取养老金的离职参加者的 PVFB 则属于计划的附加债务。

例 6-8

计划生效日期	2010 年 1 月 1 日
正常退休给付	每个服务年可得每月 10 元
正常退休年龄	65 岁
退休前退保或死亡给付	无

第 6 章 聚合成本法

> **精算假设：**
> - 退休前的衰减率　　　　　　　　　　无
> - 退休年龄　　　　　　　　　　　　　65 岁
>
> 2010 年 1 月 1 日在职参加者的资料（没有非在职的参加者）和换算函数：
>
> | 年龄 | 参加者数目 | 过去服务年数 | D_x | N_x | $N_x^{(12)}$ |
> |---|---|---|---|---|---|
> | 30 | 0 | | 1 336 | 18 946 | 18 334 |
> | 40 | 2 | 10 | 670 | 8 953 | 8 646 |
> | 50 | 0 | | 329 | 3 974 | 3 823 |
> | 60 | 2 | 10 | 153 | 1 571 | 1 501 |
> | 65 | 0 | | 100 | 919 | 873 |
>
> 这里，对任何年龄 x，换算函数 $N_x^{(12)} \equiv \ddot{a}_x^{(12)} D_x$。
>
> 在 2010 年 1 月 1 日时，试问个体进入年龄正常成本法下的正常成本与聚合进入年龄正常成本法下的正常成本的差额是多少？

解：

依据个体进入年龄正常成本法

对于到达年龄为 40 岁的参加者，$w = 40 - 10 = 30$（岁）。

$$B(y) = 10 \times 12 \times 35 = 4\,200 \text{（元）}$$

$$\text{NC}_0^j \left(\frac{N_{30} - N_{65}}{D_{30}} \right) = B(y) \left(\frac{D_{65}}{D_{30}} \right) \left(\frac{N_{65}^{(12)}}{D_{65}} \right)$$

$$\text{NC}_0^j \left(\frac{18\,946 - 919}{1\,336} \right) = 4\,200 \times \frac{873}{1\,336}$$

可以得出：

$$\text{NC}_0^j = 203.39 \text{ 元}$$

对于到达年龄为 60 岁的参加者，$w = 50$ 岁。

$$B(y) = 10 \times 12 \times 15 = 1\,800 \text{（元）}$$

$$\text{NC}_0^j \left(\frac{3\,974 - 919}{329} \right) = 1\,800 \times \frac{873}{329}$$

可以得出：$\text{NC}_0^j = 514.37$ 元。

那么，正常成本的总和为：

$$\text{NC}_0^{\text{IND}} = 2 \times 203.39 + 2 \times 514.37 = 1\,436 \text{（元）}$$

依据聚合进入年龄正常成本法

$$\text{NC}_0^{\text{AGG}} \frac{1}{4} \left(\sum \frac{N_w - N_y}{D_w} \right) = \sum B^j(y) \left(\frac{D_y}{D_w} \right) \left(\frac{N_y^{(12)}}{D_y} \right)$$

$$\text{NC}_0^{\text{AGG}} \times \frac{1}{4} \times \left(2 \times \frac{18\,946 - 919}{1\,336} + 2 \times \frac{3\,974 - 919}{329} \right) = 8\,400 \times \frac{873}{1\,336} + 3\,600 \times \frac{873}{329}$$

解得:

$$\text{NC}_0^{\text{AGG}} = 1\,320 \ 元$$

最后得出两种方法的正常成本的差额:

$$\text{NC}_0^{\text{IND}} - \text{NC}_0^{\text{AGG}} = 1\,436 - 1\,320 = 116(元)$$

第 7 章
成本方法综述回顾

7.1 正常成本的重要性

依据第 3 章到第 6 章所学习的成本法，每一个在职参加者都有唯一确定的正常成本；无论对于个体成本法还是聚合成本法，这一点都成立。针对每种成本法，表 7-1 总结了对应的正常成本和精算负债（适用于使用工资增长假设的养老金计划）的定义。

表 7-1　精算成本法的成本定义总结

成本法	参加者 j 或计划的正常成本	参加者 j 或计划的精算负债
单位信用成本法	$\mathrm{NC}_t^j = \Delta B^j \dfrac{D_y}{D_x} \ddot{a}_y^{(12)}$	$\mathrm{AL}_t^j = \mathrm{AB}_t^j \dfrac{D_y}{D_x} \ddot{a}_y^{(12)}$
进入年龄正常成本法	$U^j \left(S_t^j \dfrac{s_w}{s_x} \right) \left(\dfrac{^sN_w - {}^sN_y}{^sD_w} \right) = B^j(y) \dfrac{D_y}{D_w} \ddot{a}_y^{(12)}$ $\mathrm{NC}_t^j = U^j S_t^j$	$\mathrm{AL}_t^j = \mathrm{PVFB}_t^j - \mathrm{NC}_t^j \left(\dfrac{^sN_x - {}^sN_y}{^sD_x} \right)$
个体均衡保费成本法	$\mathrm{NC}_0^j \left(\dfrac{^sN_x - {}^sN_y}{^sD_x} \right) = B^j(y) \dfrac{D_y}{D_x} \ddot{a}_y^{(12)}$ $\Delta \mathrm{NC}_1^j \left(\dfrac{^sN_{x+1} - {}^sN_y}{^sD_{x+1}} \right) = \Delta B^j(y) \dfrac{D_y}{D_{x+1}} \ddot{a}_y^{(12)}$ $\mathrm{NC}_1^j = \mathrm{NC}_0^j \left(\dfrac{s_{x+1}}{s_x} \right) + \Delta \mathrm{NC}_1^j$ ... $\Delta \mathrm{NC}_t^j \left(\dfrac{^sN_{x+t} - {}^sN_y}{^sD_{x+t}} \right) = \Delta B^j(y) \dfrac{D_y}{D_{x+t}} \ddot{a}_y^{(12)}$ $\mathrm{NC}_t^j = \mathrm{NC}_{t-1}^j \left(\dfrac{s_{x+t}}{s_{x+t-1}} \right) + \Delta \mathrm{NC}_t^j$ 或由以下等式替代： $\mathrm{NC}_t^j = \left(\dfrac{\mathrm{PVFB}_t^j - \mathrm{AL}_t^j}{\mathrm{PVFS}_t^j} \right) S_t^j$	$\mathrm{AL}_0^j = 0$ $\mathrm{AL}_1^j = \mathrm{NC}_0^j \dfrac{D_x}{D_{x+1}}$ ... $\mathrm{AL}_t^j = (\mathrm{AL}_{t-1}^j + \mathrm{NC}_{t-1}^j) \dfrac{D_{x+t-1}}{D_{x+t}}$

(续表)

成本法	参加者 j 或计划的正常成本	参加者 j 或计划的精算负债
聚合进入年龄正常成本法	$U_t \sum_{A_t} \text{PVFSW}_t^j = \sum_{A_t} \text{PVFBW}_t^j$ $\text{NC}_t^j = U_t S_t^j$ $\text{NC}_t = U_t \sum_{A_t} S_t^j$	$\text{AL}_t = \sum_{A_t} \text{PVFB}_t^j - U_t \sum_{A_t} \text{PVFS}_t^j$
聚合法	$U_t = \dfrac{\sum_{A_t} \text{PVFB}_t^j - F_t}{\sum_{A_t} \text{PVFS}_t^j}$ $\text{NC}_t^j = U_t S_t^j$ $\text{NC}_t = U_t \sum_{A_t} S_t^j$	$\text{AL}_t = F_t$ $\text{UAL}_t = 0$
冻结初始负债成本法或到达年龄正常成本法	$U_t = \dfrac{\sum_{A_t} \text{PVFB}_t^j - \text{UAL}_t - F_t}{\sum_{A_t} \text{PVFS}_t^j}$ $\text{NC}_t^j = U_t S_t^j$ $\text{NC}_t = U_t \sum_{A_t} S_t^j$	$\text{UAL}_0 = \text{AL}_0^{\text{EAN}}$ 或 $\text{UAL}_0 = \text{AL}_0^{\text{UC}}$ $\text{UAL}_t = (\text{UAL}_{t-1} + \text{NC}_{t-1})(1+i) - C - I_C$ $\text{AL}_t = \text{UAL}_t + F_t$ 一旦 UAL 完全被偿付，冻结初始负债成本法（或到达年龄正常成本法）就转化为聚合法

正常成本是成本法的中心特点，它表达了这样一个逻辑概念："每个参加者的养老金成本应在其工作年限内予以确认"，并揭示了每个参加者的预期养老金成本应如何在每个时间段内摊销。

依据个体成本法，当参加者最初加入养老金计划时，就未来服务而言，其未来给付的现值恰恰等于未来正常成本的现值。在个体成本法下，每个参加者的正常成本唯一取决于该参加者的数据，这个特点抓住了个体成本法和聚合成本法的一个重要区别。依据聚合成本法计算的正常成本，并不唯一取决于个别参加者的数据，这是因为每个参加者的正常成本也由其他参加者的数据决定。在聚合成本法下，参加者正常成本的总和能为计划的预期退休给付筹备足够的资金；然而，由于每个参加者的正常成本被设定为工资的固定百分比（或固定货币），则对某些参加者来说，用于筹备退休给付的正常成本会绰绰有余，但对其他参加者来说则不足。需要注意的是，即使在个体成本法下，每个参加者的正常成本也并不单独取决于该参加者的数据，而是同时受到其他与个体数据无特定关系的因素，如利率、死亡率等的影响。

对于任意一种个体成本法（如单位信用成本法、个体进入年龄正常成本法、个体均衡保费成本法等），集合 A_t 中个别参加者的精算负债可以明确地被确定；然而，在聚合成本法下，个别参加者的精算负债则不能被明确地确定。

7.2 经验收益和损失

当用于评估养老金计划的精算假设没有完全实现时,经验收益或损失将会产生。用于分析收益和损失来源的方法被称为"损益分析"(gain and loss analysis)。精算师利用损益分析,对评估结果的合理性作独立检验。同时,在实现养老金筹资的目标上,损益分析为精算师和计划赞助人揭示了哪些假设因素需要作调整。

下列关系式对于任何个体成本法均成立:

(1) 时刻 0 的精算负债和时刻 1 的精算负债通过方程式(7.1)联结:

$$\sum_{A_0}(AL_0^j + NC_0^j)(1+i) = \sum_{A_0} q_x^{(d)} DBEN^j + \sum_{A_0} q_x^{(w)} WBEN^j + \sum_{A_0} p_x^{(T)} \widetilde{AL}_1^j \quad (7.1)$$

其中,$\widetilde{AL}_1^j$ 表示,当参加者 j 在时刻 1 的预计给付与时刻 0 所确定的数值相同时,该参加者在时刻 1 的精算负债。$DBEN^j$ 和 $WBEN^j$ 分别为时刻 1 的预期死亡和退保给付;在时刻 0 的评估中,它们已经被反映于 AL_0^j 和 NC_0^j 的计算中。

(2) 死亡收益由式(7.2)给出:

$$^{mort}G_1 = \sum_D (\widetilde{AL}_1^j - DBEN^j) - \sum_{A_0} q_x^{(d)} (\widetilde{AL}_1^j - DBEN^j) \quad (7.2)$$

右边的第一项代表由于部分参加者在时刻 0 至时刻 1 期间死亡(即集合 D)而释放出的实际精算负债(经过调整死亡给付后的价值),第二项为参加者于同期内由于预期死亡而释放出的精算负债。$DBEN^j$ 表示在该期限内预期付给参加者 j 的死亡给付经利息调整到时刻 1 后的价值。

如果没有实际死亡的参加者,则式(7.2)可写为:

$$^{mort}G_1 = -\sum_{A_0} q_x^{(d)} (\widetilde{AL}_1 - DBEN^j) \quad (7.3)$$

(3) 退保收益由式(7.4)给出:

$$^{with}G_1 = \sum_W (\widetilde{AL}_1^j - WBEN^j) - \sum_{A_0} q_x^{(w)} (\widetilde{AL}_1^j - WBEN^j) \quad (7.4)$$

集合 W 表示从工作状态终止的退保参加者。$WBEN^j$ 则表示参加者 j 的应计退保或终止给付在时刻 1 时的价值(含利息调整)。

在无退保假设的情况下,即 $q_x^{(w)}=0$,退保收益可写为:$^{with}G_1 = \sum_W (\widetilde{AL}_1^j - WBEN^j)$。这个项目有时被称为"总实际净值"(total actual net)。

如果服务表中有退保假设,我们就可以计算出基于预期退保而释放出的精算负债,又称为总预期净值(total expected net):$\sum q_x^{(w)} (\widetilde{AL}_1^j - WBEN^j)$。由于退保而产生的经

验收益等于总实际净值减去总预期净值,即:

$$^{\text{with}}G_1 = \sum_W (\widetilde{AL}_1^j - \text{WBEN}^j) - \sum_{A_0} q_x^{(w)} (\widetilde{AL}_1^j - \text{WBEN}^j)$$

由于退保的发生可以贯穿整个年限,因此在计算 WBEN^j 时,须将直至年末的应计利息包括在内。若预期退保在年末发生,则应计利息为零。

我们将在第 9 章进一步阐明以下这一点:依据传统单位信用成本法(TUC),对于有受领权的参加者(该群体由终止雇佣起,有权享受等值于正常退休给付的延期养老金),下列性质成立:

- 正常成本和精算负债不会受到退保率 $q_x^{(w)}$ 的假定值影响。
- 退保不会引起精算收益或损失。
- 若所使用的成本法较传统单位信用成本法更为保守,如规划单位信用成本法、进入年龄正常成本法等,将很可能产生退保收益。

(4) 退休收益由下式给出:

$$^{\text{ret}}G_1 = \sum_R (\widetilde{AL}_1^j - \text{PBEN}^j) - \sum_{A_0} q_x^{(r)} (\widetilde{AL}_1^j - \widetilde{AL}_1^j) = \sum_R (\widetilde{AL}_1^j - \text{PBEN}^j)$$

集合 R 代表由就业状态退休的参加者。PBEN^j 是计划为已退休参加者 j 所支付的年金保费,其价值不一定和 $\widetilde{AL}_1^j$ 相等。当参加者于正常退休年龄退休时,计划可以从保险公司购买一份年金以结清其退休给付。如果用于定价年金的利率高于精算假设利率,则保险公司收取的保费(PBEN^j)可能会低于释放的精算负债 $\widetilde{AL}_1^j$,两者的差额代表经验收益。

在满足一定条件的情况下,许多计划允许参加者在正常退休年龄之前退休。如果参加者提前退休,则由于给付期限延长,计划通常会相应地减少退休给付金额。考虑下例,假设评估中假设的退休年龄为 65 岁,那么参加者在 60 岁时的预期精算负债可用未来法表示如下:

$$^{\text{Exp}}\text{AL} = \text{PVFB} - \text{PVFNC} = B_{65} \frac{N_{65}^{(12)}}{D_{60}} - \text{PVFNC}$$

(如果采用 TUC 法,未来法表达式被替换为过去法表达式:$^{\text{Exp}}\text{AL} = B_{60} \frac{N_{65}^{(12)}}{D_{60}}$,其中,$B_{60}$ 是参加者在 60 岁时的应计退休给付。)

如果参加者在 60 岁时退休,并且领受全额的应计给付,则他的实际精算负债将为:

$$^{\text{Act}}\text{AL} = B_{60} \frac{N_{60}^{(12)}}{D_{60}}$$

由提早退休而产生的经验损失将等于 $^{\text{Act}}\text{AL} - {}^{\text{Exp}}\text{AL}$。为避免精算损失,该计划可将精算等价系数 E 应用于应计给付 B_{60} 上,使得:

$$(E \cdot B_{60})\left(\frac{N_{60}^{(12)}}{D_{60}}\right) = {}^{\text{Exp}}\text{AL}$$

方格 1

一般精算经验法则

每提早一年退休,给付的精算等价减额大约为 6%。应当注意的是:如果假设利率超出或低于 5%—7% 的范围,则这个经验法则将不能成立。

(5) 一年中的投资收益是年内实际投资收入超过预期投资收入的部分。如果除了支付退休者的年金保费外,计划没有其他任何给付支出,那么投资收益可表示为:

$$^{\text{Act}}F_1 - {}^{\text{Exp}}F_1 = I - (iF_0 + I_C - I_P)$$

其中,I 是实际投资收入,i 是假设利率,I_C、I_P 分别为雇主缴费及年金保费至年末的预期利息。

(6) 工资收益是基于实际工资的精算负债超过基于预期工资的精算负债的部分。例如,计划的正常退休给付为最后数年工作期的平均工资的 50%,根据未来法的表达式,参加者在时刻 1(到达年龄为 $x+1$)的预期精算负债为:

$$^{\text{Exp}}\text{AL} = 0.5 \text{FAS} \left(\frac{D_y}{D_{x+1}} \ddot{a}_y^{(12)} \right) - \text{PVFNC}$$

这里最终平均工资(FAS)依据先前评估中所使用的工资增长率假设(设为 k)厘定。如果实际工资在该年内以 $k' \neq k$ 的增长率增长,则时刻 1 的实际精算负债将为:

$$^{\text{Act}}\text{AL} = 0.5 \text{FAS}' \left(\frac{D_y}{D_{x+1}} \ddot{a}_y^{(12)} \right) - \text{PVFNC}'$$

其中,FAS′ 和 PVFNC′ 依据时刻 1 的实际工资厘定。由工资变动而产生的收益将为:

$$^{\text{Sal}}G = {}^{\text{Exp}}\text{AL} - {}^{\text{Act}}\text{AL}$$

收益(损失)的处理

对于每一种个体成本法,我们都可以某种方式定义"收益",并使如下等式成立:

$$\text{UAL}_{t+1} = (\text{UAL}_t + \text{NC}_t)(1+i) - (C + I_C) - \text{收益}$$

"收益"项是由于死亡、退保、投资收益等随机因素而产生的随机变量。如果随时间的推移,精算假设被证明为正确的话,该随机变量的均值应该逼近于零。

一般来说,处理精算收益或损失的方法有以下两种:

- 即时收益(immediate gain)法。精算收益或损失会即时令计划的未纳基金精算负债发生变化。因精算损失导致的未纳基金精算负债的增加,通常以附加成本的形式来摊销。
- 分散收益(spread gain)法。精算收益或损失不会影响计划的未纳基金精算负债,而是在未来一段时间内,以调整未来正常成本的形式来进行摊销。依据这种方法,上面等式中的"收益"项被设定为零。

表 7-2 总结了在各种成本法下,精算收益或损失的处理方法。

表 7-2　精算损益或损失的处理方法

精算成本法	精算损益或损失的处理
单位信用成本法	即时收益法
进入年龄正常成本法	即时收益法
个体均衡保费成本法	非工资收益(损失):即时收益法 工资收益(损失):分散收益法
聚合法	分散收益法 在任何时刻 t,$\mathrm{UAL}_t = 0$。
冻结初始负债成本法或到达年龄正常成本法	分散收益法 收益项常等于 0,即在任何时刻 t, $\mathrm{UAL}_{t+1} = (\mathrm{UAL}_t + \mathrm{NC}_t)(1+i) - (C + I_C)$, 一旦 UAL 完全被偿付,冻结初始负债成本法就转化为聚合法

例 7-1

考虑涵盖以下三个雇员的养老金计划:

姓名	年龄 x	精算负债(AL)	$q_x^{(d)}$
李先生	25	10	0.001
王先生	40	100	0.002
张先生	55	1 000	0.009

试问:

(1) 由于死亡而预期释放的精算负债是多少?

(2) 来年的死亡情况恰有八种可能性。列出在所有八种情况下的精算负债的释放额度和对应的发生概率。

(3) 在(2)中每种情况相邻位置输入相应的精算收益或损失。

(4) 计算损益绝对值的统计期望值。

(5) 如果忽略死亡的可能性,三个雇员的精算负债分别是 13、123 和 1 152。假设概率 $q_x^{(d)}$ 仍然有效,那么绝对损益的期望值是多少?

(6) 精算师在为该计划评估选择假设时,即使知道确切的死亡概率,他还是应该忽略死亡因素吗?

解：

(1) 预期释放的精算负债 = $\sum \widetilde{AL}_{x+1}^{j} \cdot q_x^{(d)}$ = $10 \times 0.001 + 100 \times 0.002 + 1\,000 \times 0.009$
    $= 9.21$

	AL	$q_x^{(d)}$	预期释放的 AL
李先生	10	0.001	0.01
王先生	100	0.002	0.20
张先生	1 000	0.009	9.00
预期释放的 AL			9.21

(2)、(3)和(4)

注意：

$$^{\text{mort}}G_1 = \sum_D (\widetilde{AL}_1^j - \text{DBEN}^j) - \sum_{A_0} q_x^{(d)} (\widetilde{AL}_1^j - \text{DBEN}^j)$$

李先生/王先生/张先生	实际释放的 AL	概率	精算收益(损失)(3)	绝对损益的预期值(4)
LLL*	0	0.98802898	−9.21	9.100
LLD	1 000	0.00897302	990.79	8.890
LDL	100	0.00198002	90.79	0.180
DLL	10	0.00098902	0.79	0.001
DDL	110	0.00000198	100.79	0.000
DLD	1 010	0.00000898	1 000.79	0.009
LDD	1 100	0.00001798	1 090.79	0.020
DDD	1 110	0.00000002	1 100.79	0.000
		1.00000000	绝对损益的期望值=	18.199

注：* L 代表存活，D 代表死亡。

(5)

	AL	$q_x^{(d)}$	预期释放的 AL
李先生	13	0	0
王先生	123	0	0
张先生	1 152	0	0
预期释放的 AL			0

李先生/王先生/张先生	实际释放的 AL	概率	精算收益（损失）	绝对损益的预期值
LLL	0	0.98802898	0.00	0.000
LLD	1 152	0.00897302	1 152.00	10.337
LDL	123	0.00198002	123.00	0.244
DLL	13	0.00098902	13.00	0.013
DDL	136	0.00000198	136.00	0.000
DLD	1 165	0.00000898	1 165.00	0.010
LDD	1 275	0.00001798	1 275.00	0.023
DDD	1 288	0.00000002	1 288.00	0.000
		1.00000000	绝对损益的期望值＝	10.627

（6）如果忽略死亡，则绝对损益的期望值为 10.627，而在有死亡假设下的期望值则为 18.199。因此，精算师在给该计划选择假设时，即使知道参加者的确切死亡概率，也可能会在评估中忽略死亡因素，以减少可能产生的精算损益额度。这种处理方法一般对小型计划都适用。

例 7-2

正常退休给付	每工作一年为最后一年工资的 1%；纳入计算的工作年限最多为 30 年
其他给付	无
精算成本法	规划单位信用成本法
精算假设：	
工资增长率	每年 5%
利率	每年 7%
退休前除死亡以外的终止或退保	无
退休年龄	65 岁
唯一参加者资料：	
出生日期	1961 年 1 月 1 日
受雇日期	2001 年 1 月 1 日
2010 年工资	40 000 元
2011 年 1 月 1 日的状态	仍在职

2010 年 1 月 1 日评估结果：

正常成本　　　　　　　　　　2 000 元

应计负债　　　　　　　　　　21 000 元

资产价值　　　　　　　　　　12 000 元

雇主于 2010 年 12 月 31 日缴纳 2 500 元给该计划。2010 年内没有投资损益或工资损益。

选定换算函数：
$$D_{49} = 344; \quad D_{50} = 320; \quad N_{65}^{(12)} = 849$$

试问 2010 年的经验收益是多少？

解：

设 2010 年 1 月 1 日为时间 0。计划总经验收益被定义为：
$$^{\text{Tot}}G_1 = {}^{\exp}\text{UAL}_1 - {}^{\text{act}}\text{UAL}_1 = (\text{AL}_0 - F_0 + \text{NC}_0)(1+i) - C - I_C - (\text{AL}_1 - F_1)$$

由于没有投资损益，基金价值将以每年 7% 的假定利率增长：
$$F_1 = F_0(1+i) + C + I_C = 12\,000 \times 1.07 + 2\,500 = 15\,340(\text{元})$$

2011 年 1 月 1 日（时间 1），参加者的到达年龄为 50 岁。依据规划单位信用成本法，可计算出时刻 1 的精算负债如下：
$$\text{AL}_1 = 0.01 \times 40\,000 \times (1.05)^{15} \times 10 \times \frac{849}{320} = 22\,063(\text{元})$$

因此：
$$^{\text{Tot}}G_1 = (21\,000 - 12\,000 + 2\,000) \times 1.07 - 2\,500 - (22\,063 - 15\,340) = 2\,547(\text{元})$$

另一解法：

由于投资收益为 0，则经验收益（损失）只是由精算负债的变化而产生，即：
$$^{\exp}\text{AL}_1 - {}^{\text{act}}\text{AL}_1, \quad \text{其中}, \, {}^{\text{act}}\text{AL}_1 = 22\,063$$

由于 DBEN＝WBEN＝0，则：
$$^{\exp}\text{AL}_1 = (\text{AL}_0 + \text{NC}_0)(1+i) = (21\,000 + 2\,000) \times 1.07 = 24\,610(\text{元})$$

故：
$$\text{收益} = {}^{\exp}\text{AL}_1 - {}^{\text{act}}\text{AL}_1 = 24\,610 - 22\,063 = 2\,547(\text{元})$$

 **方格 2**

讨 论 问 题

2011年1月1日,精算评估确认2010年内的利息收入低于假定利率,所以计划出现精算损失。如果没有其他现有的、以前的经验损失的摊销,下列哪些说法是正确的呢?

(1) 在聚合成本法下,精算损失增加了未来正常成本现值。

(2) 在单位信用成本法下,精算损失增加了2011年的正常成本。

(3) 在初始冻结负债成本法下,精算损失增加了计划的未纳基金精算负债。

解:

(1) 正确。由于 $NC_t = \left(\dfrac{PVFB_t - F_t}{PVFS_t}\right) \sum_{A_t} S_t^j$,而 F_t 低于预期值,故未来正常成本现值增加。

(2) 错误。若资金盈余不足以抵消投资损失,将会产生未纳基金精算负债。该负债通过附加成本摊销。在这种情况下,正常成本不受影响。

(3) 错误。由于 $UAL_t = (UAL_{t-1} + NC_{t-1})(1+i) - C - I_C$,所以投资损失不会影响计划的未纳基金精算负债。

 **方格 3**

讨 论 问 题

1992年1月1日,三个雇主分别为参加者设立了三个相同的养老金计划(名为UC计划、EAN计划、AGG计划)。每个计划仅有一名新雇用的参加者,而这三名参加者都有相同的数据。假设2011年以前的19年内,这三名参加者的工资都是相同的。

所有计划的精算评估都使用相同的精算假设,但采用不同的成本法筹资。UC计划采用的是单位信用成本法,EAN计划采用的是进入年龄正常成本法,AGG计划采用的则是聚合法。在2011年以前,任何计划所用的成本法或假设都保持不变。

除了2010年的投资收益外,三个计划的经验都与精算假设一致。2011年1月1日评估得出以下的正常成本:

> UC 计划＝1 000 元
>
> EAN 计划＝900 元
>
> AGG 计划＝800 元
>
> 下列哪些说法是正确的：
>
> (1) 2010 年的投资收益导致 UC 计划的正常成本高于 EAN 计划的正常成本。
>
> (2) 2010 年的投资收益导致 UC 计划的正常成本高于 AGG 计划的正常成本。
>
> (3) 2010 年的投资收益导致 EAN 计划的正常成本高于 AGG 计划的正常成本。
>
> **解：**
>
> UC 计划的正常成本较高，主要是因为雇员年龄增长，与投资收益无关（回想 UC 法及 EAN 法的成本模式）。所以说法(1)和(2)是错误的。
>
> 在 2011 年 1 月 1 日以前，EAN 计划和 AGG 计划的正常成本是相同的。2010 年的投资收益将提高基金资产价值，这将反过来降低聚合法下的正常成本。这一点由下式不难看出：
>
> $$NC_t = \left(\frac{PVFB_t - F_t}{PVFS_t}\right) \sum_{A_t} S_t^j$$
>
> 此外，投资收益不会改变进入年龄正常成本法下的正常成本。所以，说法(3)是正确的。

7.3 附加成本

一般来说，养老金计划的年度缴费可以分成两部分：依据精算成本法定义的正常成本，用于摊销未纳基金精算负债的附加成本。

在进行计划评估时，未来给付现值可能包含归因于以下一个或多个事件类型的精算负债：

(1) 计划开始前的雇员服务被纳入给付的计算中。

(2) 计划修订后的给付增加。

(3) 精算假设的变动。

(4) 评估时揭示的工资经验损失。

(5) 评估时揭示的非工资经验损失。

图 7-1 显示了由于以上事件而增加的未来给付现值（记为 ΔPVFB）的分配可能性。

依据所采用的精算成本法,未来给付现值的增量可被完全分配到评估日时的精算负债或未来的正常成本中,或是被分配到两者之中。

分配以增加 精算负债(AL)	分配以增加 未来正常成本(NC)	ΔPVFB	PVFB$_t$
$\widetilde{AL_t}$	$\widetilde{PVFNC_t}$	$\widetilde{PVFB_t}$	

图 7-1 未来给付现值增量的分配

如果计划内的资产盈余不足以抵消精算负债的增加,则不足的部分通常以附加成本的形式来摊销。假设未纳基金精算负债 UAL 将于 n 年内摊销,并于每年年初支付,那么附加成本将等于:

$$SC = \frac{UAL}{\ddot{a}_{\overline{n}|}}$$

表 7-3 总结了在各种成本法下,未来给付现值增量的摊销方法。其中,NC 代表正常成本(normal cost),SC 代表附加成本(supplemental cost),而"两者"则代表正常成本及附加成本。

表 7-3 未来给付现值增量的摊销

成本法	事件类型				
	1	2	3	4	5
TUC,PUC	SC	SC,也可能是两者	两者	SC,也可能是两者	SC
EAN	两者	两者	两者	两者	SC
ILP	NC	NC	两者	NC	SC
聚合或个体聚合	NC	NC	NC	NC	NC
FIL,AAN	SC	两者	两者	NC	NC

在检验表 7-3 时,应该注意以下几点:

• 在进入年龄正常成本法(EAN)下,正常成本和精算负债都将受到事件类型 1—4 的影响。

• 在个体均衡保费成本法(ILP)下,工资损失会导致额外正常成本的产生,而非工资相关的损失仅仅引起额外精算负债的增加。若精算假设改变,则须重新计算之前的正常成本和因此而发生变化的精算负债。

• 依据 FIL 法和 AAN 法,在计划生效日时因过去服务产生的精算负债将由附加成本摊销。由类型 4 及类型 5 导致的经验损益,将采用对未来正常成本调整的形式,在参加者剩余的服务年限内摊销。

- 依据聚合法及个体聚合法,任何未来给付现值(PVFB)的增加都将采用对未来正常成本调整的形式,在参加者剩余的服务年限内分摊。

7.4 养老金领取者

令:

P_t 为时刻 t 所有养老金领取者的集合;

R 为在职参加者达到退休年龄 y 并且在年内退休的集合;

D 为在年内死亡的养老金领取者的集合。

因此,

$$P_{t+1} = P_t + R - D$$

 方格 4

年金值的联结

使用近似 $\ddot{a}_x^{(12)} \approx \ddot{a}_x - \dfrac{11}{24}$,我们可用以下公式将两个连续年龄的年金值联系起来:

$$\ddot{a}_{x+1}^{(12)} = \ddot{a}_x^{(12)}(1+i) - \left(1 + \dfrac{13}{24}i - \dfrac{11}{24}q_x\right) + q_x \ddot{a}_{x+1}^{(12)}$$

假设 D_x 存在与 x 的线性关系,即:

$$D_{x+\frac{t}{12}} = \left(1 - \dfrac{t}{12}\right)D_x + \dfrac{t}{12}D_{x+1}$$

证明以上等式。

设 F_t 为在时刻 t 与养老金领取者有关的基金余额,以下等式成立:

$$F_{t+1} = F_t + I + P - B$$

其中,P 是一笔从在职参加者的基金转出用以给集合 R 的成员购买养老金的钱,B 是当年支付的养老金。养老金 B 可以分成两个部分:B_{old}(支付给集合 P_t 成员的养老金)和 B_{new}(支付给集合 R 成员的养老金)。对于养老金领取者,其精算收益(损失)可定义为:

$$收益(损失) = UAL_t(1+i) - UAL_{t+1}$$

精算收益可归因于以下的来源：
- 投资收益

$$I - iF_t - I_P + I_B$$

- 养老金支付收益

$$\sum_{P_t} B^j \left[1 + \left(\frac{13}{24}\right) i - \left(\frac{11}{24}\right) q_x \right] - B_{\text{old}} - I_{B_{\text{old}}}$$

- 死亡收益

$$\sum_D B^j \ddot{a}^{(12)}_{x+1} - \sum_{P_t} q_x B^j \ddot{a}^{(12)}_{x+1}$$

- 与新退休者有关的收益

$$P + I_P - \sum_R B^j \ddot{a}^{(12)}_{x+1} - B_{\text{new}} - I_{B_{\text{new}}}$$

其中，B^j 为成员 j 的养老金，q_x 为死亡率。

请注意：在计算养老金领取群体的精算收益时，不存在正常成本一项。

如果计划成员包括养老金领取者，则我们需要作以下调整：
- 在应用个体成本法时，将养老金领取者的精算负债添加到在职参加者的精算负债中，并将养老金领取者的资产添加到在职参加者的资产中。
- 在应用聚合法或冻结初始负债法时，将养老金领取者的精算负债添加到未来给付现值中，并将养老金领取者的资产添加到在职参加者的资产中。

在聚合法或冻结初始负债法下，如果养老金领取者在某时刻加入在职参加者的计划内，而且他们的未纳基金精算负债 $\text{UAL}^P = \text{AL}^P - F^P$ 大于零的话，这将会给计划带来一笔额外的负债。这一笔负债必须由未来正常成本来偿付；换句话说，未来正常成本现值的增加额等于养老金领取者的未纳基金精算负债，如以下公式所示：

$$\text{PVFNC} = \text{PVFB}^A + \text{AL}^P - (\text{UAL}^A + F^A) - F^P = \text{PVFNC}^A + \text{UAL}^P$$

总的来说，一个合适的成本法应该在参加者的工作年限内确认计划承诺支付给他们的给付成本。对于某一计划和某一组给定的假设，无论使用哪种成本法，未来给付的现值都是相同的。成本法的区别只在于它们如何界定精算负债和正常成本而已。在任何时刻：

$$\text{AL} = \text{PVFB} - \text{PVFNC}$$

如果一个计划仅仅覆盖养老金领取者，则未来正常成本将等于零，因此 $\text{AL} = \text{PVFB}$。由于没有未来正常成本，所以为这种计划筹资不存在各种成本法的区别。

第 8 章
捐纳型养老金计划

8.1 引言

在第 3 章至第 7 章中,我们讨论了非捐纳型养老金计划(non-contributory pension plans)的精算评估方法。一些养老金计划要求每个在职参加者按照计划文件的缴费公式,定期向养老金计划基金缴交固定金额或是工资的固定百分比,我们称这样的计划为捐纳型养老金计划(contributory pension plans)。

在确定捐纳型计划的成本时,我们需要注意以下两点:

(1) 一般来说,在正常退休年龄之前,雇员的捐纳金会按照特定的利率累积。当雇员死亡或退保时,计划可能提供一笔等于捐纳金累计值的返还款。与返还款相关的给付相当于一个递增定期寿险的索赔(有效期限从雇员参加计划开始到正常退休年龄为止)。在一般情况下,参加者或受益人有权获得等值于累积雇员捐纳金加上利息的最低给付,我们称之为返还给付(refund benefit),记为 RBEN。

(2) 在雇员开始领受退休给付后,计划可能提供一笔与雇员累积捐纳金相关的死亡给付。该死亡给付等于雇员死亡时的累积捐纳金额(依指定利率 i' 计算)与在死亡前已实收的养老金给付的差额(如果这个差额大于零的话)。我们称这种养老金给付为返还终身年金(refund life annuity)。

如前所述,计划每年的应纳缴费为当年的正常成本加上附加成本(如果大于零的话)。如果雇员需要定期缴费给计划,雇主的应纳缴费便会相应地减少。

精算评估对雇员捐纳金的一般处理方法如下:

- 如果返还给付在雇员缴付捐纳金(记为 C) t 年后支付,捐纳金的累计值为 $C(1+i')^t$,其中,i' 为累积利率。返还给付在雇员缴费日的现值为:

$$C(1+i')^t(1+i)^{-t}$$

其中,i 是评估中所用的假设利率。如果我们假设累积利率与评估利率相同,那么上式便简化为 C。

我们将假设 $i'=i$ 来计算返还给付的近似值。由于 i' 通常是小于或等于 i，该近似值会大于或等于理论值，因此它是一个比较保守的计算返还给付的方法。在大多数情况下，只要 i 和 i' 没有太大的差别，理论值与近似值不会有显著的差异。在实践中，大多数精算师都采用上述的假设来简化计算，我们也作出如此假设。

- 计算返还给付时，我们应该考虑评估日前已累积的雇员捐纳金以及在退休前的退保、死亡可能性。同时，我们也需要考虑未来的雇员捐纳金以及在缴纳后到退休期间的退保、死亡可能性。
- 退休后死亡给付以返还终身年金或确定 n 年期终身年金的形式支付（n 通常等于或少于 5）。
- 假设 C 在年末（EOY）缴交，则 C 的年初（BOY）值为 vC。如果 C 在年内其他时间缴交，计算年初值时应根据缴交的时间作适当的利息调整。

对于捐纳型计划，以下的关系式在任何个体成本法下都成立：

$$\text{UAL}_{t+1} = (\text{UAL}_t + \text{NC}_t)(1+i) - C^{\text{er}} - I_C - \text{收益}$$

其中，NC_t 是成本法所定义的雇主正常成本（即总正常成本减去雇员捐纳金），而 C^{er} 是 t 到 $t+1$ 时间段内的实际雇主缴费。应注意到的是，雇员捐纳金是计划总正常成本的一部分，它不会影响计划的未纳基金精算负债。

在本章的剩余部分，为简化说明起见，我们将假设计划不提供退休后的死亡给付。

8.2 单位信用成本法

考虑在评估日 t，有一个 x 岁的参加者 j。如果 AC_x^j 是参加者在 x 岁前的捐纳金到 x 岁时的累计值（含利息），那么在退休前死亡或退保的情况下，x 岁时的返还捐纳现值为：

$$\text{AC}_x^j \sum_{z=x}^{y-1} (1+i')^{z+1-x} \left(\frac{d_z}{l_x}\right)(1+i)^{-(z+1-x)}$$

若 $i'=i$，则该表达式可简化为 $\text{AC}_x^j \left(\dfrac{l_x - l_y}{l_x}\right)$。令 B_x^j 为 x 岁时的应计养老金给付，则在 x 岁时的应计养老金给付现值为：$B_x^j \dfrac{D_y}{D_x} \ddot{a}_y^{(12)}$。因此，参加者 j 在时刻 t 的总精算负债为：

$$\text{AL}_t^j = B_x^j \frac{D_y}{D_x} \ddot{a}_y^{(12)} + \text{AC}_x^j \left(\frac{l_x - l_y}{l_x}\right)$$

设 x 岁时当年度的应计养老金给付为 ΔB_x^j，则对应的正常成本为：$\Delta B_x^j \dfrac{D_y}{D_x} \ddot{a}_y^{(12)}$。参加者当年雇员捐纳 C^j（假设在年末缴付）在 x 岁时的现值为 vC^j，与该捐纳相关的返还给付现值则等于：

$$vC^j\left(\frac{l_x - l_y}{l_x}\right)$$

设 NC_t^j 为与参加者 j 相关的雇主正常成本,则:

$$\mathrm{NC}_t^j + vC^j = \Delta B^j \frac{D_y}{D_x}\ddot{a}_y^{(12)} + vC^j\left(\frac{l_x - l_y}{l_x}\right)$$

因此,

$$\mathrm{NC}_t^j = \Delta B^j \frac{D_y}{D_x}\ddot{a}_y^{(12)} - vC^j\frac{l_y}{l_x}$$

8.3 进入年龄正常成本法

假设在每年年末支付的雇员捐纳金是固定金额 C^j。在年龄 $w+1, w+2, \cdots$ 时的返还给付分别为 $C^j s_{\overline{1}|}, C^j s_{\overline{2}|}, \cdots$,因此,在年龄 w 时的返还给付现值为:

$$\begin{aligned}\mathrm{PVFRW}^j &= \sum_{z=w}^{y-1} C^j s_{\overline{z+1-w}|}\left(\frac{C_z}{D_w}\right) = \sum_{z=w}^{y-1} vC^j \ddot{s}_{\overline{z+1-w}|}\left(\frac{C_z}{D_w}\right) \\ &= vC^j \ddot{a}_{w:\overline{y-w}|} - C^j s_{\overline{y-w}|}\left(\frac{D_y}{D_w}\right) = vC^j\left(\frac{N_w - N_y}{D_w}\right) - C^j s_{\overline{y-w}|}\left(\frac{D_y}{D_w}\right)\end{aligned}$$

等　式

$$\mathrm{PVFRW}^j = vC^j \ddot{a}_{w:\overline{y-w}|} - C^j s_{\overline{y-w}|}\left(\frac{D_y}{D_w}\right)$$

该等式的口头表述如下:

退休年龄前减因引发的返还雇员捐纳现值

等于:

从进入年龄 w 到退休年龄 y 期间所缴交的总雇员捐纳现值

减去:

雇员退休时所累积的雇员捐纳折现到进入年龄 w 的现值。

试用数学方法证明这个等式。

提示: $C_z = vD_z - D_{z+1}$; $s_{\overline{z+1-w}|} = s_{\overline{z-w}|}(1+i) + 1$

在进入年龄正常成本法下，假如没有工资增长假设，则雇主正常成本 NC^j 满足如下方程式：

$$\text{NC}^j\,\ddot{a}_{w:\overline{y-w}|} + vC^j\,\ddot{a}_{w:\overline{y-w}|} = B^j\,\ddot{a}_y^{(12)}\frac{D_y}{D_w} + \text{PVFRW}^j$$

$$= B^j\,\ddot{a}_y^{(12)}\frac{D_y}{D_w} + \left[vC^j\,\ddot{a}_{w:\overline{y-w}|} - C^j s_{\overline{y-w}|}\left(\frac{D_y}{D_w}\right)\right] \quad (8.1)$$

其中，B^j 为参加者 j 在 y 岁时的预计退休给付。如果给付是基于工资计算，则 B^j 是基于精算评估中所用的工资增长率推导出来的。我们可以口头表述这个方程式如下：

未来雇主正常成本现值 + 未来雇员捐纳现值

= 未来退休给付现值 + 未来雇员捐纳返还现值

所有现值都是在进入年龄 w 时的现值。

与参加者 j 相关的雇主正常成本可从方程式(8.1)得出：

$$\text{NC}^j = \frac{(B^j\,\ddot{a}_y^{(12)} - C^j s_{\overline{y-w}|})\dfrac{D_y}{D_w}}{\ddot{a}_{w:\overline{y-w}|}} = (B^j\,\ddot{a}_y^{(12)} - C^j s_{\overline{y-w}|})\left(\frac{D_y}{N_w - N_y}\right)$$

在精算评估日，设参加者 j 的到达年龄为 x。该参加者的精算负债可以分解为以下两个部分。

与退休给付相关的部分：

$$B^j\,\ddot{a}_y^{(12)}\left(\frac{D_y}{D_x}\right) - \text{NC}^j\left(\frac{N_x - N_y}{D_x}\right)$$

与雇员捐纳相关的部分：

$$\text{PVFR}^j - vC^j\left(\frac{N_x - N_y}{D_x}\right) = \text{AC}_x^j\left(\frac{l_x - l_y}{l_x}\right) +$$

$$\left[vC^j\left(\frac{N_x - N_y}{D_x}\right) - C^j s_{\overline{y-x}|}\left(\frac{D_y}{D_x}\right)\right] - vC^j\left(\frac{N_x - N_y}{D_x}\right)$$

$$= \text{AC}_x^j\left(\frac{l_x - l_y}{l_x}\right) - C^j s_{\overline{y-x}|}\left(\frac{D_y}{D_x}\right)$$

最后公式的右边第一项是 x 岁前的捐纳金至评估日时的累计值（此时到达年龄为 x）乘以退休前死亡或退保的概率。

注意：在评估日和预期未来捐纳返还日之间，雇员捐纳累积利率与精算假设利率互相抵消（这是因为我们假设 $i' = i$）。右边第二项是评估日后的雇员捐纳至退休时的累计值，用精算假设利率和退休前死亡或退保减因折现到评估日的现值。

8.4 个体均衡保费成本法

在本节中,我们给出在无工资增长假设的情况下,个体均衡保费成本法的正常成本定义和精算负债。在任何时刻 t,参加者 j 在未来每一时刻 t 后一年里的雇员捐纳设为固定金额 C_t^j,并在年末缴交。

第一步:证明在时刻 0,雇主正常成本由下面的方程式给出:

$$\text{NC}_0^j = (B_0^j \ddot{a}_y^{(12)} - C_0^j s_{\overline{y-x}|}) \left(\frac{D_y}{N_x - N_y} \right)$$

证明:

下列关系在时刻 0 成立:

$$\text{未来雇主正常成本现值} + \text{未来雇员捐纳现值}$$
$$= \text{未来养老金给付现值} + \text{未来雇员捐纳返还现值}$$

关系式中的各项可以表示如下。

未来雇主正常成本现值:

$$\text{PVFNC}^j = \text{NC}_0^j \ddot{a}_{x:\overline{y-x}|} = \text{NC}_0^j \left(\frac{N_x - N_y}{D_x} \right) \qquad (8.2)$$

未来雇员捐纳现值:

$$\text{PVFEEC}^j = vC_0^j \ddot{a}_{x:\overline{y-x}|} \qquad (8.3)$$

未来养老金给付现值:

$$\text{PVFB}^j = B_0^j \ddot{a}_y^{(12)} \frac{D_y}{D_x} \qquad (8.4)$$

未来雇员捐纳返还现值:

$$\text{PVFR}^j = \sum_{z=x}^{y-1} C_0^j s_{\overline{z+1-x}|} \left(\frac{C_z}{D_x} \right) = vC_0^j \ddot{a}_{x:\overline{y-x}|} - C_0^j s_{\overline{y-x}|} \left(\frac{D_y}{D_x} \right) \qquad (8.5)$$

将方程式(8.2)—(8.5)带入等式:

$$\text{PVFNC}^j + \text{PVFEEC}^j = \text{PVFB}^j + \text{PVFR}^j$$

我们看到 $vC_0^j \ddot{a}_{x:\overline{y-x}|}$ 出现在等式两边并抵消。由此得出:

$$\text{NC}_0^j \left(\frac{N_x - N_y}{D_x} \right) = B_0^j \ddot{a}_y^{(12)} \frac{D_y}{D_x} - C_0^j s_{\overline{y-x}|} \left(\frac{D_y}{D_x} \right)$$

$$\text{NC}_0^j = (B_0^j \ddot{a}_y^{(12)} - C_0^j s_{\overline{y-x}|}) \left(\frac{D_y}{N_x - N_y} \right)$$

证明完毕。

第二步：在时刻 1，$\mathrm{AC}_1^j = C_0^j$，因为捐纳金在每一年的年末缴付。

$$\Delta \mathrm{NC}_1^j = (\Delta B_1^j \ddot{a}_y^{(12)} - \Delta C_1^j s_{y-x-1\rceil}) \left(\frac{D_y}{N_{x+1} - N_y} \right)$$

其中，

$$\Delta B_1^j = B_1^j - B_0^j, \quad \Delta C_1^j = C_1^j - C_0^j$$

雇主正常成本为：

$$\mathrm{NC}_1^j = \mathrm{NC}_0^j + \Delta \mathrm{NC}_1^j$$

用未来法定义得出时刻 1 的精算负债如下：

$$\mathrm{AL}_1^j = \left\{ B_1^j \ddot{a}_y^{(12)} \frac{D_y}{D_{x+1}} + \mathrm{AC}_1^j \left(\frac{l_{x+1} - l_y}{l_{x+1}} \right) + \left[v C_1^j \ddot{a}_{x+1,y-x-1\rceil} - C_1^j s_{y-x-1\rceil} \left(\frac{D_y}{D_{x+1}} \right) \right] \right\}$$
$$- \left[\mathrm{NC}_1^j \ddot{a}_{x+1,y-x-1\rceil} + v C_1^j \ddot{a}_{x+1,y-x-1\rceil} \right]$$

展开并重新整理该等式，得到：

$$\mathrm{AL}_1^j - \mathrm{AC}_1^j = (B_0^j + \Delta B_1^j) \ddot{a}_y^{(12)} \frac{D_y}{D_{x+1}} - C_0^j s_{y-x\rceil} \left(\frac{D_y}{D_{x+1}} \right) - \Delta C_1^j s_{y-x-1\rceil} \left(\frac{D_y}{D_{x+1}} \right)$$
$$- \mathrm{NC}_0^j \left(\frac{N_x - N_y}{D_{x+1}} - \frac{D_x}{D_{x+1}} \right) - \Delta \mathrm{NC}_1^j \left(\frac{N_{x+1} - N_y}{D_{x+1}} \right)$$
$$= \mathrm{NC}_0^j \left(\frac{D_x}{D_{x+1}} \right)$$

第三步：在未来时刻 t，到达年龄为 $x+t$，雇主正常成本由下式得出：

$$\mathrm{NC}_t^j = \mathrm{NC}_0^j + \Delta \mathrm{NC}_1^j + \cdots + \Delta \mathrm{NC}_t^j$$

其中，

$$\Delta \mathrm{NC}_t^j = (\Delta B_t^j \ddot{a}_y^{(12)} - \Delta C_t^j s_{y-x-t\rceil}) \left(\frac{D_y}{N_{x+t} - N_y} \right)$$

练习：用归纳法证明下一等式对于任何 t 都成立：

$$\mathrm{AL}_{t+1}^j - \mathrm{AC}_{t+1}^j = (\mathrm{AL}_t^j - \mathrm{AC}_t^j + \mathrm{NC}_t^j) \cdot \left(\frac{D_{x+t}}{D_{x+t+1}} \right)$$

提示：在任何时刻 t，精算负债等于未来给付（包括退休及返还给付）的现值减去未来雇主正常成本的现值及未来雇员捐纳的现值。因此，在时刻 t，

$$\mathrm{AL}_t^j = B_t^j \ddot{a}_y^{(12)} \frac{D_y}{D_{x+t}} + \mathrm{AC}_t^j \frac{l_{x+t} - l_y}{l_{x+t}} - \mathrm{NC}_t^j \frac{N_{x+t} - N_y}{D_{x+t}} - C_t^j s_{y-x-t\rceil} \frac{D_y}{D_{x+t}}$$

或

$$\mathrm{AL}_t^j - \mathrm{AC}_t^j = \left[B_t^j \ddot{a}_y^{(12)} - \mathrm{AC}_t^j (1+i)^{y-x-t} - C_t^j s_{y-x-t\rceil} \right] \frac{D_y}{D_{x+t}} - \mathrm{NC}_t^j \frac{N_{x+t} - N_y}{D_{x+t}}$$

在时刻 $t+1$，计算出新的预计给付：$B_{t+1}^j = B_t^j + \Delta B_{t+1}^j$ 和正常成本增量：

$$\Delta \mathrm{NC}_{t+1}^{j} = (\Delta B_{t+1}^{j}\, \ddot{a}_{y}^{(12)} - \Delta C_{t+1}^{j} s_{y-x-t-1\urcorner}) \left(\frac{D_y}{N_{x+t+1} - N_y} \right)$$

然后计算出时刻 $t+1$ 时的精算负债。

8.5 聚合法

在聚合法下,假如我们采用工资增长假设,则雇主正常成本可表示为工资的均衡百分比 U,并由下列公式确定：

$$U \cdot \sum_{A_t} \mathrm{PVFS}^j + \sum_{A_t} \mathrm{PVFEEC}^j = \sum_{A_t} \mathrm{PVFB}^j + \sum \mathrm{PVFR}^j - F \quad (8.6)$$

由于 $\mathrm{NC} = U \cdot \sum S^j$,式(8.6)可写为：

$$\mathrm{NC}\left(\frac{\sum \mathrm{PVFS}^j}{\sum S^j} \right) + \sum \mathrm{PVFEEC}^j = \sum \mathrm{PVFB}^j + \sum \mathrm{PVFR}^j - F$$

对于每一个在职参加者 j (到达年龄 x),下面的关系式成立。

未来工资现值：

$$\mathrm{PVFS}^j = S^j \left(\frac{{}^s N_x - {}^s N_y}{{}^s D_x} \right)$$

未来雇员捐纳现值：

$$\mathrm{PVFEEC}^j = \sum_{z=x}^{y-1} v C_z^j \frac{D_z}{D_x}$$

未来退休给付现值：

$$\mathrm{PVFB}^j = B^j \ddot{a}_y^{(12)} \frac{D_y}{D_x}$$

未来雇员捐纳返还现值：

$$\mathrm{PVFR}^j = \sum_{z=x}^{y-1} \mathrm{AC}_{z+1}^j \frac{C_z}{D_x}$$

其中,AC_z^j 是 z 岁时按照利息率 i' 增长的累积雇员捐纳：$\mathrm{AC}_{z+1}^j = \mathrm{AC}_z^j (1+i') + C_z^j$。

注意：C_z^j 是从 z 岁开始,年末缴付的雇员捐纳。

与非捐纳型计划相同,在任何评估日,计划的精算负债被设定为与计划的资产价值相等,即 $\mathrm{AL} = F$。

8.6 示例

例 8-1

计划给付：

计划类型：捐纳型

正常退休给付：每服务一年，月给付 50 元

退休前死亡或退保终止给付：返还按照利息 6% 累积的雇员捐纳（不保留领受退休给付的权利）

精算成本法：

单位信用成本法

精算假设：

年利率：6%

选定年金因子：$\ddot{a}_{65}^{(12)} = 10$

2010 年 1 月 1 日唯一参加者资料：

年龄：40 岁

服务年限：5 年

雇员捐纳：

- 累积至 2009 年 12 月 31 日的雇员捐纳（含利息）：2 500 元
- 预计于 2010 年 12 月 31 日缴付的 2010 年雇员捐纳：475 元
- 雇员捐纳入账利率（与评估利率相同）：每年 6%

选定换算函数：

x	D_x	C_x	M_x
35	2 522	174	1 226
36	2 205	149	1 052
40	1 314	80	576
41	1 160	68	496
64	127	2	45
65	118	1	43

上表 M_x 的定义为：

$$M_x = \sum_{z=x}^{\infty} C_z = \sum_{z=x}^{\infty} v^{z+1} d_z$$

求 2010 年 1 月 1 日的精算负债和雇主正常成本。

解：

$$\text{AL} = B_{40} \frac{D_{65}}{D_{40}} \ddot{a}_{65}^{(12)} + \text{AC}\left(\frac{l_{40} - l_{65}}{l_{40}}\right)$$

$$= 50 \times 12 \times 5 \times \frac{118}{1\,314} \times 10 + 2\,500 \times \left[1 - \frac{D_{65}}{D_{40}}(1.06)^{25}\right]$$

$$= 4\,230(\text{元})$$

$$\text{NC} = \Delta B \frac{D_{65}}{D_{40}} \ddot{a}_{65}^{(12)} - \frac{C}{1.06}\left(\frac{l_{65}}{l_{40}}\right)$$

$$= 50 \times 12 \times \frac{118}{1\,314} \times 10 - \frac{475}{1.06} \times \left[\frac{D_{65}}{D_{40}}(1.06)^{25}\right]$$

$$= 366(\text{元})$$

例 8-2

某公司在 2010 年 1 月 1 日设立一个捐纳型确定给付养老金计划，而你是该公司的精算师。以下是关于该计划的资料：

计划条款：

正常退休年龄	65 岁
退休给付	最后一年工资的 2% 乘以成员工作年限
支付形式	终身年金，每月月初支付
雇员捐纳率	工资的 6%，每年年初支付
雇员捐纳利息率	每年 5.75%
退休前退保或终止给付	基于评估假设计算的应计退休给付现值。此外，如果含利息的雇员捐纳累计值超过应计给付现值的 50%，过剩的部分（简称过剩给付，excess benefit）将返还成员。但退休给付不包含返还给付。

精算假设：

利率	每年 5.75%

工资增长率	每年 4.0%
退休年龄	65 岁
退休前死亡	无
退休前退保或终止率	第一年年末 5%,此后 0%
$\ddot{a}_{65}^{(12)}$	11.0
精算成本法	规划单位信用成本法

2010 年 1 月 1 日参加者资料：

年龄	35 岁
年工资	75 000 元
受雇日期	2010 年 1 月 1 日

试计算第一年的雇主正常成本。

解：

学习目标：利用规划单位信用成本法（包括对退保终止给付和雇员捐纳作出适当调整），确定雇主的正常成本。

成员年龄资料：$x=35$，$w=35$，$y=65$

依据 PUC 成本法：

总正常成本：

$$\mathrm{NC}^{\mathrm{Tot}}=\mathrm{NC}^{\mathrm{Ret}}+\mathrm{NC}^{\mathrm{Term}}=\Delta B^j \frac{D_y}{D_x}\ddot{a}_y^{(12)}+\sum_{z=x}^{y-1}\Delta\mathrm{WBEN}^j\left(\frac{C_z}{D_x}\right)$$

雇主正常成本：

$$\mathrm{NC}^{\mathrm{ER}}=\mathrm{NC}^{\mathrm{Tot}}-C^{\mathrm{EE}}$$

其中，C^{EE} 为雇员捐纳金。

$$\Delta B^j = S_x \times (1.04)^{y-x-1} \times 0.02$$

第一步，确定退保终止时的给付。

应计退休给付现值：$\mathrm{PVAB}_{36}=75\,000\times 0.02\times 11\times 1.0575^{-29}=3\,261$(元)

（注意：现值在退保日当成员达到 36 岁时计算。）

雇员捐纳累计值：$\mathrm{CWI}_{36}=0.06\times 75\,000\times 1.0575=4\,759$(元)

36 岁时的过剩给付 $= \mathrm{CWI}_{36}-0.5\times\mathrm{PVAB}_{36}=4\,759-0.5\times 3\,261=3\,129$(元)

退保终止给付：

$$\mathrm{WBEN}_{36}=\mathrm{PVAB}_{36}+\mathrm{Excess}B_{36}=3\,261+3\,129=6\,390(元)$$

一年应计退保终止给付：$\Delta \text{WBEN} = \text{WBEN}_{36} = 6\,390$ 元

第二步，确定总正常成本。

$$\begin{aligned}
\text{NC}^{\text{Tot}} &= \text{NC}^{\text{Ret}} + \text{NC}^{\text{Term}} \\
&= (0.02 \times 75\,000 \times 1.04^{29} \times 0.95^{11} \times 1.0575^{-30}) \\
&\quad + (6\,390 \times 0.05 \times 1.0575^{-1}) \\
&= 9\,136 + 302 = 9\,438(\text{元})
\end{aligned}$$

第三步，确定雇主正常成本。

雇员捐纳金：

$$C^{\text{EE}} = 0.06 \times 75\,000 = 4\,500(\text{元})$$

雇主正常成本：

$$\text{NC}^{\text{ER}} = \text{NC}^{\text{Tot}} - C^{\text{EE}} = 9\,438 - 4\,500 = 4\,938(\text{元})$$

例 8-3

正常退休给付：每服务一年，可得该年度工资的 2%

捐纳型计划中的雇员捐纳：工资的 5%，每年年末支付

捐纳型计划中的返还给付：含利息的雇员捐纳累计值

参加者资料：

进入计划时年龄：30 岁

年收入：30 000 元

精算假设：

利率：每年 5%

雇员捐纳入账利息率：每年 5%

结合减因率：$q_x^{(d)} + q_x^{(w)} = 0.01$，对于任何年龄 $x < 65$ 都适用

结合折现率：$v' = v \cdot p_x^{(T)} = \dfrac{0.99}{1.05}$，对于任何年龄 $x < 65$ 都适用

选定年金因子：$\ddot{a}_{65}^{(12)} = 10$

工资增长率：0%

退休年龄：65 岁

依据 UC 法及 EAN 法，计算并比较参加者在 30 岁时的正常成本：

(1) 计划为非捐纳型的正常成本（$^{\text{non}}\text{NC}$）。

(2) 计划为捐纳型的雇主正常成本（$^{\text{ce}}\text{NC}$）。

(3) 计划为捐纳型的总正常成本（$^{\text{ce}}\text{NC} + vC$）。

然后依据 UC 法，计算参加者 50 岁时相应的正常成本。根据得出的结果，思考每种成本法的优势。

答案：

30 岁：UC (765, −240, 1 189)，EAN (1 754, 622, 2 051)

50 岁：UC (2 482, 1 254, 2 683)

解：

注意：
$$p_x^{(T)} = 1 - [q_x^{(d)} + q_x^{(w)}] = 1 - 0.01 = 0.99$$

参加者在 30 岁时的正常成本

1. 依据 UC 法

$$^{\text{non}}NC = 30\,000 \times 0.02 \times 10 \times [_{35}p_{30}^{(T)} v^{35}]$$

$$= 30\,000 \times 0.02 \times 10 \times \left(\frac{0.99}{1.05}\right)^{35} = 765(\text{元})$$

$$^{\text{ce}}NC = 765 - (30\,000 \times 0.05 \times 1.05^{-1})_{35}p_{30}^{(T)}$$

$$= 765 - 30\,000 \times 0.05 \times 1.05^{-1} \times (0.99)^{35} = -240(\text{元})$$

$$^{\text{ce}}NC + vC = -240 + 1\,500 \times (1.05)^{-1} = 1\,189(\text{元})$$

2. 依据 EAN 法

注意：

$$\frac{N_{30} - N_{65}}{D_{65}} = \frac{1}{v^{35} \cdot {}_{35}p_{30}} + \frac{1}{v^{34} \cdot {}_{34}p_{31}} + \cdots + \frac{1}{v \, p_{64}} = \frac{1}{v'^{35}} + \frac{1}{v'^{34}} + \cdots + \frac{1}{v'} = \ddot{s}_{35\rceil @i'}$$

其中，
$$i' = \frac{1}{v'} - 1 = \frac{1.05}{0.99} - 1 = 0.06061$$

$$^{\text{non}}NC = 30\,000 \times 0.02 \times 35 \times 10 \div \ddot{s}_{35\rceil 0.06061} = 1\,754(\text{元})$$

$$^{\text{ce}}NC = 1\,754 - 1\,500 \times s_{35\rceil 0.05} \div \ddot{s}_{35\rceil 0.06061} = 622(\text{元})$$

$$^{\text{ce}}NC + vC = 622 + 1\,500 \times (1.05)^{-1} = 2\,051(\text{元})$$

在 UC 法下，参加者 50 岁时的正常成本

$$^{\text{non}}NC = 30\,000 \times 0.02 \times 10 \times \left(\frac{0.99}{1.05}\right)^{15} = 2\,482(\text{元})$$

$$^{\text{ce}}NC = 2\,482 - 30\,000 \times 0.05 \times 1.05^{-1} \times (0.99)^{15} = 1\,254(\text{元})$$

$$^{\text{ce}}NC + vC = 1\,254 + 1\,500 \times (1.05)^{-1} = 2\,683(\text{元})$$

根据以上所得的结果，试论述 UC 法与 EAN 法的优劣。

例 8-4

计划条款：	
计划类型	捐纳型
雇员捐纳	年工资的 1.5%，假定每年 1 月 1 日缴付
精算成本法：	聚合法
评估日： 2010 年 1 月 1 日	

评估日选定评估结果

未来给付现值：

- 退休给付　　　　　　　　　　　　　　　　　　　2 000 000 元
- 死亡或退保返还雇员捐纳　　　　　　　　　　　　　 70 000 元
- 其他死亡或终止给付　　　　　　　　　　　　　　　200 000 元

总资产价值　　　　　　　　　　　　　　　　　　　　500 000 元
含于基金资产中的累积雇员捐纳值　　　　　　　　　　 80 000 元
未来工资现值　　　　　　　　　　　　　　　　　　 7 000 000 元
计划成员年度总工资　　　　　　　　　　　　　　　 1 000 000 元

由以上评估结果，计算出 2010 年雇主的正常成本。

解：

所有给付的精算现值：

$$\text{PVFB} = 2\,000\,000 + 70\,000 + 200\,000 = 2\,270\,000(元)$$

资产价值：

$$F = 500\,000 \text{ 元}$$

设 NC、C 分别为当年雇主正常成本和雇员捐纳，则：

$$\text{NC}\frac{\text{PVFS}}{S} + C\frac{\text{PVFS}}{S} = \text{PVFB} - F$$

$$\text{NC}\left(\frac{7\,000\,000}{1\,000\,000}\right) + 0.015 \times S \times \frac{\text{PVFS}}{S} = 2\,270\,000 - 500\,000$$

$$7\text{NC} + 0.015 \times 7\,000\,000 = 1\,770\,000$$

$$\text{NC} = 237\,857 \text{ 元}$$

例 8-5

精算成本法：聚合法

精算评估日：2010 年 1 月 1 日

选定评估结果

未来给付现值：

- 退休给付　　　　　　　　　　　　　　　　　　　　　　500 000 元
- 退休前死亡或退保（无领受退休金权利）的返还雇员捐纳　　10 000 元
- 已有受领权者的退休金福利　　　　　　　　　　　　　　40 000 元

2009 年 12 月 31 日总资产价值　　　　　　　　　　　　　　90 000 元

含于资产中的累积雇员捐纳值　　　　　　　　　　　　　　15 000 元

未来工资现值　　　　　　　　　　　　　　　　　　　2 400 000 元

计划成员年度总工资　　　　　　　　　　　　　　　　　300 000 元

年初缴付的 2010 年雇员捐纳　　　　　　　　　　　　　　1 500 元

求于评估日时计算的 2010 年雇主正常成本。

解：

首先计算：

$$\frac{\sum \text{PVFS}^j}{\sum S^j} = \frac{2\,400\,000}{300\,000} = 8$$

未来养老退休给付和其他给付现值：

$$\text{PVFB} = 500\,000 + 10\,000 + 40\,000 = 550\,000(\text{元})$$

基金资产价值：　　　　　$F = 90\,000$ 元

设 TNC 为年度总正常成本。根据聚合法：

$$\text{TNC} \cdot \left(\frac{\sum \text{PVFS}^j}{\sum S^j}\right) = \text{PVFB} - F = 550\,000 - 90\,000 = 460\,000$$

$$\text{TNC} = 57\,500 \text{ 元}$$

由此得出雇主正常成本：$57\,500 - 1\,500 = 56\,000$（元）。

第 9 章
附属给付和给付可选形式

9.1 引言

养老金计划的主要目的是给到达正常退休年龄的参加者提供养老金给付。除从正常退休年龄开始支付的终身年金外,任何其他情况下提供的给付都被称为附属给付(ancillary benefits)。附属给付包括:

- 残疾给付;
- 退休前死亡给付;
- 退休后死亡给付;
- 提早退休给付;
- 桥接给付(bridge benefit),即提早退休的限期给付年金;
- 退保或终止给付。

一般来说,退休前的死亡给付与退休后的死亡给付不一定相同。死亡给付也可能因为是否有其他受益人(例如生存配偶)而不同。残疾给付通常在死亡、恢复或退休时停止支付。退休前退保给付取决于受领养老金权利的条件,它的支付形式可以是由正常退休年龄开始的延付年金,也可以是在退保时支付的一笔整付。

附属给付举例:

实际营运的养老金计划会提供各种不同形式的附属给付。例如,计划提供的退休前死亡给付可以是从正常退休年龄开始的延付应计养老给付的现值。设在死亡年龄 $x+k$ 时的应计养老金给付为 B_{x+k},则在年龄 x 的未来死亡给付现值为:

$$\text{PVDBEN}_x = \sum_{k=1}^{y-x} v^k \cdot \frac{d_{x+k-1}^{(d)}}{l_x^{(T)}} \cdot (B_{x+k} \cdot {}_{y-x-k|}\ddot{a}_{x+k}^{(12)})$$

其中, ${}_{y-x-k|}\ddot{a}_{x+k}^{(12)}$ 为延付终身年金因子。

设在年龄 $x+k$ 时的退保给付为延付应计养老金给付的现值。那么,在年龄 x 时的未来退保给付现值为:

$$\text{PVWBEN}_x = \sum_{k=1}^{y-x} v^k \cdot \frac{d_{x+k-1}^{(w)}}{l_x^{(T)}} \cdot (B_{x+k} \cdot {}_{y-x-k|}\ddot{a}_{x+k}^{(12)})$$

9.2 单位信用成本法下的养老金受领权

如果参加者 j 能无条件地获得其在养老金计划中的应计养老金给付,我们就称该参加者获得养老金给付的受领权(vested)。令:

$$q_x^{(d)} = 因死亡而终止的概率$$

$$q_x^{(w)} = 因退保而终止的概率$$

$$q_x = q_x^{(d)} + q_x^{(w)}$$

$\text{VP}_x^j =$ 年龄为 x 的参加者受领养老金权益的百分比(最大为100%)

假设计划不提供死亡给付,退保给付依据计划的受领条款支付且退保在年末发生。依据传统单位信用成本法,参加者的精算负债和正常成本可表示如下:

(1) $\text{AL}_t^j = \text{AB}_x^j \left[\left(\frac{D_y}{D_x}\right) \ddot{a}_y^{(12)} + \sum_{z=x}^{y-1} \left(\frac{c_z^{(w)}}{D_x}\right) \text{VP}_{z+1}^j \times {}_{y-z-1|}\ddot{a}_{z+1}^{(12)} \right]$

(2) $\text{NC}_t^j = \Delta B_x^j \left[\left(\frac{D_y}{D_x}\right) \ddot{a}_y^{(12)} + \sum_{z=x}^{y-1} \left(\frac{c_z^{(w)}}{D_x}\right) \text{VP}_{z+1}^j \times {}_{y-z-1|}\ddot{a}_{z+1}^{(12)} \right]$

其中,换算函数 $c_z^{(w)}$ 等于 $v^{z+1} d_z^{(w)}$。

如果 j 已经拥有养老金的受领权,那么 $\text{VP}_z^j = 1$, $z \geq x$,则:

$$\text{AL}_t^j = \text{AB}_x^j \left[\left(\frac{D_y}{D_x}\right) + \sum_{z=x}^{y-1} \left(\frac{c_z^{(w)}}{D_x}\right) \left(\frac{D_y'}{D_{z+1}'}\right) \right] \ddot{a}_y^{(12)}$$

$$\text{NC}_t^j = \Delta B_x^j \left[\left(\frac{D_y}{D_x}\right) + \sum_{z=x}^{y-1} \left(\frac{c_z^{(w)}}{D_x}\right) \left(\frac{D_y'}{D_{z+1}'}\right) \right] \ddot{a}_y^{(12)}$$

其中,带撇的换算函数只基于死亡减因计算。注意:

$$l_{x+1} = l_x(1 - q_x^{(d)} - q_x^{(w)}); \quad l_{x+1}' = l_x'(1 - q_x^{(d)})$$

设 $l_x = l_x'$,则:

$$\left(\frac{D_y}{D_x}\right) + \sum_{z=x}^{y-1} \left(\frac{c_z^{(w)}}{D_x}\right) \left(\frac{D_y'}{D_{z+1}'}\right) = \left(\frac{D_y'}{D_x'}\right) \tag{9.1}$$

式(9.1)可由如下推理证明:

参加者由年龄 x 幸存至年龄 y 的概率 = 参加者在退休前退保且在年龄 y 时仍然生存的概率 + 参加者服务至年龄 y 的概率,即:

$$\left(\frac{l_y'}{l_x'}\right) = \sum_{z=x}^{y-1} \left(\frac{d_z^{(w)}}{l_x}\right) \left(\frac{l_y'}{l_{z+1}'}\right) + \left(\frac{l_y}{l_x}\right)$$

第 9 章
附属给付和给付可选形式

故：
$$\left(\frac{l'_y}{l'_x}\right)\left(\frac{v^y}{v^x}\right) = \sum_{z=x}^{y-1}\left(\frac{v^{z+1}d_z^{(w)}}{v^x l_x}\right)\left(\frac{v^y l'_y}{v^{z+1} l'_{z+1}}\right) + \left(\frac{l_y}{l_x}\right)\left(\frac{v^y}{v^x}\right)$$

故：
$$\left(\frac{D'_y}{D'_x}\right) = \left(\frac{D_y}{D_x}\right) + \sum_{z=x}^{y-1}\left(\frac{c_z^{(w)}}{D_x}\right)\left(\frac{D'_y}{D'_{z+1}}\right)$$

因此，如果参加者已经拥有养老金的受领权，则我们在计算精算负债及正常成本时，可以忽略除死亡外的其他减因，即：

$$AL_t^j = AB_x^j \left(\frac{D'_y}{D'_x}\right) \ddot{a}_y^{(12)}$$

$$NC_t^j = \Delta B_x^j \left(\frac{D'_y}{D'_x}\right) \ddot{a}_y^{(12)}$$

方格 1

因退保而释放的精算负债

如果已获受领权的养老金给付是预期在时间间隔 t 到 $t+1$ 支付的唯一退保给付，则在时刻 $t+1$ 仍在计划中的参加者的预期精算负债（$\widetilde{AL}_{t+1}^j$）与时刻 t 的精算负债（AL_t^j）存在以下关系：

$$\widetilde{AL}_{t+1}^j = (AL_t^j + NC_t^j)(1+i) - q_x^{(w)} VP_{x+1}^j(\widetilde{AB}_{x+1}^j) \times {}_{y-x-1|}\ddot{a}_{x+1}^{(12)} + q_x^{(T)} \widetilde{AL}_{t+1}^j$$

其中，包含 $q_x^{(w)}$ 的一项表示预期在年内支付的退保给付，且

$$\widetilde{AB}_{x+1}^j = AB_x^j + \Delta B_x^j$$

由参加者 j 退保终止引起的未纳基金精算负债的预期变化由式（9.2）给出：

$$q_x^{(w)}\left[\widetilde{AL}_{t+1}^j - VP_{x+1}^j(\widetilde{AB}_{x+1}^j) \times {}_{y-x-1|}\ddot{a}_{x+1}^{(12)}\right] \qquad (9.2)$$

式（9.2）等于由退保引起的精算负债释放与退保给付支出的差额。

9.3 进入年龄正常成本法下的养老金受领权

在进入年龄正常成本法下，为了确定参加者 j 的正常成本，我们需要计算从年龄 $w+1$ 到年龄 y 的一整列应计养老金给付和受领权益的百分比。带撇的应计给付：

$$\widetilde{AB}_{z+1}^{\prime j}, \quad z = w, w+1, \cdots, y-1$$

代表基于评估假设推导出来的假想值。对于 $z \geqslant x$，带撇的 $\widetilde{AB}_{z+1}^{\prime j}$ 不一定和用于确定精算

负债 AL_t^j 的应计给付值 $\widetilde{AB}_{z+1}^j$ 相等。这是因为不带撇的应计给付 $\widetilde{AB}_{z+1}^j$, $z+1 \geqslant x$, 是根据时刻 t 的实际应计给付 AB_x^j 推导得出的。相似地,带撇的 $B_t^{\prime j}$ 是根据退休给付公式和精算假设在时刻 t 推导出来的退休给付假想值。

在 EAN 成本法下,正常成本和精算负债计算如下:

$$\text{PVFBW}_t^j = B_t^{\prime j}\left(\frac{D_y}{D_w}\right)\ddot{a}_y^{(12)} + \sum_{z=w}^{y-1}\left(\frac{c_z^{(w)}}{D_w}\right)\text{VP}_{z+1}^j \widetilde{AB}_{z+1}^{\prime j}\left(\frac{D_y'}{D_{z+1}'}\right)\ddot{a}_y^{(12)}$$

$$\text{NC}_t^j = \left(\frac{\text{PVFBW}_t^j}{\text{PVFSW}_t^j}\right)S_t^j$$

$$AL_t^j = \text{PVFB}_t^j - \text{NC}_t^j\left(\frac{{}^sN_x - {}^sN_y}{{}^sD_x}\right)$$

其中,

$$\text{PVFB}_t^j = B_t^j\left(\frac{D_y}{D_x}\right)\ddot{a}_y^{(12)} + \sum_{z=x}^{y-1}\left(\frac{c_z^{(w)}}{D_x}\right)\text{VP}_{z+1}^j \widetilde{AB}_{z+1}^j\left(\frac{D_y'}{D_{z+1}'}\right)\ddot{a}_y^{(12)}$$

由于 $\text{VP}_{z+1}^j \widetilde{AB}_{z+1}^j \leqslant B_t^j$ 则:

$$\text{PVFB}_t^j \leqslant B_t^j \ddot{a}_y^{(12)}\left[\left(\frac{D_y}{D_x}\right) + \sum_{z=x}^{y-1}\left(\frac{c_z^{(w)}}{D_x}\right)\left(\frac{D_y'}{D_{z+1}'}\right)\right]$$

$$= B_t^j \ddot{a}_y^{(12)}\left(\frac{D_y'}{D_x'}\right) \tag{9.3}$$

式(9.3)的左项等于右项仅在以下的条件下才能成立:对于任何 $z \in [x, y)$, $\widetilde{AB}_{z+1}^j = B_t^j$ 且 $\text{VP}_{z+1}^j = 1$。但这种情况极少存在。因此,如果我们忽略除死亡外的其他减因来计算未来给付现值,则在大多数的情况下,我们都无法得到正确的答案。

 方格 2

思 考 问 题

一个养老金计划为雇员提供的养老金为每年赚取的工资的 1% (我们称这种计划为"职业平均薪金"计划)。假设工资以固定速率 r 逐年增加并假设:

- $B_t^{\prime j}(y)$ 是雇员 j 在年龄 y 时由给付公式和假设工资增长率 r 推导出的预计退休给付。

- $AB_z^{\prime j}$ 是雇员 j 在年龄 z 时由给付公式和假设工资增长率推导出的假想应计给付。

- $B_t^j(y)$ 是基于年龄 x 的实际应计给付 $\widetilde{AB}_x^j$ 计算得出的预计退休给付。因为过去的工资不一定依速率 r 增长,故 $\widetilde{AB}_x^j$ 不一定等于 $\widetilde{AB}_x^{\prime j}$。

回答下面的问题：

(1) 在进入年龄正常成本法下，为确定雇员 j 的正常成本，得先求出该雇员在任何年龄($z \geq w+1$)的假想应计给付值 $\widetilde{\mathrm{AB}}'^j_z$。请写出 $\widetilde{\mathrm{AB}}'^j_z$、$z \geq w+1$ 的表达式。

(2) 在任何年龄 $z \geq x$，用 $\widetilde{\mathrm{AB}}'^j_z$、$B^j_t(y)$ 和 $B'^j_t(y)$ 来表达应计给付 $\widetilde{\mathrm{AB}}^j_z$。

(3) 利用(1)中的假想应计给付，写出雇员 j 在时刻 t 的正常成本的表达式。

(4) 写出雇员 j 在时刻 t 的精算负债表达式。

解：

(1) 假设 t 是评估日，x 是 j 的到达年龄，S^j_t 是 j 的实际工资。我们用假设工资增长率预计年龄 z 的应计给付如下：

$$\widetilde{\mathrm{AB}}'^j_z = 0.01 \cdot S^j_t \left(\frac{s_w}{s_x} + \frac{s_{w+1}}{s_x} + \cdots + \frac{s_{z-1}}{s_x} \right)$$

$$= 0.01 \cdot S^j_t \cdot (1+r)^{z-x} \left(\frac{1}{1+r} + \frac{1}{(1+r)^2} + \cdots + \frac{1}{(1+r)^{z-w}} \right)$$

$$= 0.01 \cdot S^j_t \cdot (1+r)^{z-x} a_{\overline{z-w}|r}$$

特别地，

$$B'^j_t(y) = \widetilde{\mathrm{AB}}'^j_y = 0.01 \cdot S^j_t \cdot (1+r)^{y-x} a_{\overline{y-w}|r}$$

(2) 对于年龄 x 之后的服务年限，$\widetilde{\mathrm{AB}}^j_z$ 和 $\widetilde{\mathrm{AB}}'^j_z$ 将基于相同的工资计算。因此，

$$\widetilde{\mathrm{AB}}^j_z - \widetilde{\mathrm{AB}}'^j_z = \widetilde{\mathrm{AB}}^j_x - \widetilde{\mathrm{AB}}'^j_x, \quad z \geq x$$

特别地，

$$B^j_t(y) - B'^j_t(y) = \widetilde{\mathrm{AB}}^j_x - \widetilde{\mathrm{AB}}'^j_x$$

故：

$$\widetilde{\mathrm{AB}}^j_z = \widetilde{\mathrm{AB}}'^j_z + (B^j_t(y) - B'^j_t(y))$$

(3) 正常成本的表达式为：

$$\mathrm{NC}^j_t = \left(\frac{\mathrm{PVFBW}'^j_t}{\mathrm{PVFSW}'^j_t} \right) S^j_t$$

$$= \frac{\sum_{z=w}^{y-1} \frac{C^{(w)}_z}{D_w} \mathrm{VP}^j_{z+1} \widetilde{\mathrm{AB}}'^j_{z+1} \frac{D'_y}{D'_{z+1}} \ddot{a}^{(12)}_y + B'^j_t(y) \frac{D_y}{D_w} \ddot{a}^{(12)}_y}{\frac{s_w}{s_x} \frac{{}^s N_w - {}^s N_y}{{}^s D_w}}$$

> （4）精算负债的表达式为：
> $$AL_t^j = PVFB_t^j - PVFNC_t^j$$
> $$= \left[\sum_{z=x}^{y-1} \frac{C_z^{(w)}}{D_x} VP_{z+1}^j \widetilde{AB}_{z+1}^j \frac{D_y'}{D_{z+1}'} \ddot{a}_y^{(12)} + B_t^j(y) \frac{D_y}{D_x} \ddot{a}_y^{(12)}\right] - NC_t^j \left(\frac{{}^sN_x - {}^sN_y}{{}^sD_x}\right)$$

9.4 提早退休

假设所有计划参加者于正常退休年龄 y 退休。依据传统单位信用成本法，现在年龄小于 y 的参加者（设年龄为 x）的精算负债为：

$$AL_t^j = AB_x^j \left(\frac{D_y}{D_x}\right) \ddot{a}_y^{(12)} = AB_x^j \frac{N_y^{(12)}}{D_x}$$

这里，对任何年龄 z，换算函数 $N_z^{(12)} = \ddot{a}_z^{(12)} D_z$。

假设参加者在退休前只面临死亡减因。计划提供的提早退休给付等于 $E \times AB_x^j$，其中，E 是计划设定的提早退休因子。为避免精算损失，提早退休给付的精算现值不能超过参加者的精算负债 AL_t^j，即①：

$$(E \times AB_x^j)\left(\frac{N_x^{(12)}}{D_x}\right) \leqslant AB_x^j \frac{N_y^{(12)}}{D_x} \Rightarrow E \leqslant \frac{N_y^{(12)}}{N_x^{(12)}}$$

如果养老金计划提供的提早退休给付大于应计给付乘以 $\frac{N_y^{(12)}}{N_x^{(12)}}$，则我们称该计划提供"补贴性"的提早退休给付。因子 $\left(\frac{N_y^{(12)}}{N_x^{(12)}}\right)$ 被称为精算等价（actuarially equivalent）提早退休因子。

注意：这里的换算函数 $N_x^{(12)}$ 和 $N_y^{(12)}$ 只基于死亡假设计算。

9.5 延迟退休

为避免因延迟退休带来精算收益或损失，计划提供的延迟退休给付必须等于正常退休给付乘以因子 $\left(\frac{N_y^{(12)}}{N_{y+n}^{(12)}}\right)$，其中，$y$ 是正常退休年龄，而 $y+n$ 是延迟退休年龄。这可以从

---

① 另一个表达式为：$E \times AB_x^j \times \ddot{a}_x^{(12)} \leqslant AB_x^j \times \frac{D_y}{D_x} \times \ddot{a}_y^{(12)} \Rightarrow E \leqslant \left(\frac{D_y}{D_x}\right)\left(\frac{\ddot{a}_y^{(12)}}{\ddot{a}_x^{(12)}}\right)$。

以下的论证得出。

设正常退休给付 $B(y)$ 在年龄 y 时以终身年金形式支付,其相应的精算负债为:

$$B(y)\ddot{a}_y^{(12)} = B(y)\frac{N_y^{(12)}}{D_y}$$

现在假设参加者在 $y+n$ 岁退休时的延迟退休给付为 $(1+\alpha)B(y)$。为避免精算收益或损失,延迟退休给付在年龄 y 时的精算现值必须等于正常退休时的精算负债。换句话说,利用精算等价原则,我们得出:

$$(1+\alpha)B(y)\frac{N_{y+n}^{(12)}}{D_y} = B(y)\frac{N_y^{(12)}}{D_y}$$

这意味着:$(1+\alpha) = \frac{N_y^{(12)}}{N_{y+n}^{(12)}}$。因子 $\left(\frac{N_y^{(12)}}{N_{y+n}^{(12)}}\right)$ 只基于死亡假设计算,我们称之为精算等价延迟退休因子。

方格 3

思 考 问 题

计划条款:

正常退休给付:每服务一年,可得 30 元的月给付

正常退休年龄:65 岁

精算假设:

退休年龄:65 岁

提早退休概率:0%

精算成本法:单位信用成本法

下面哪种说法是正确的?

(1) 根据计划的提早退休条款,一个参加者在正常退休年龄前三年内退休,将可以获得全额的应计给付。如果参加者提早两年退休,将会给计划带来精算损失。

(2) 如果计划对超过正常退休年龄的服务年限不提供进一步的应计给付,但延迟退休给付与正常退休给付精算等价,那么参加者延迟退休不会给计划带来任何精算收益或损失。

(3) 如果计划对超过正常退休年龄的服务年限提供进一步的应计给付,但不对延迟退休给付作精算等价调整,那么对于一个在受雇时为 25 岁的参加者,他的延迟退

休将会给计划带来精算收益。

解：

- 根据单位信用成本法，参加者在 63 岁时的预期精算负债为 $B_{63} \dfrac{D_{65}}{D_{63}} \ddot{a}_{65}^{(12)}$，其中，$B_{63}$ 是 63 岁时的应计退休给付。由于计划不设提早退休给付减量调整，实际的精算负债 $B_{63} \ddot{a}_{63}^{(12)}$ 将会比预期的负债大，进而导致精算损失。因此，说法(1)是正确的。

- 由于延迟退休给付（依精算假设）等价于正常退休给付，且超过正常退休年龄的服务年限无额外的应计给付，因此延迟退休将不会产生精算收益。所以，说法(2)是正确的。

- 说法(3)也是正确的。在 66 岁时，参加者额外一年服务的应计给付值为 $360 \times \dfrac{N_{66}^{(12)}}{D_{66}}$。参加者在 65 岁时的精算负债为 $360 \times (65-25) \times \dfrac{N_{65}^{(12)}}{D_{65}}$。如果退休年龄被推迟一年，参加者的精算负债将会相应减少，其减量等于

$$360 \times (65-25) \times \left(\dfrac{N_{65}^{(12)}}{D_{66}} - \dfrac{N_{66}^{(12)}}{D_{66}}\right) \approx 360 \times (65-25) \times 0.06 \times \dfrac{N_{66}^{(12)}}{D_{66}}$$

（参见 7.2 节方格 1 中的一般精算经验 6% 法则。）该减量大于额外一年的应计给付值，因此产生精算收益。

9.6 传统单位信用成本法下的退休给付

依据传统单位信用成本法，与各退休年龄应计给付相关的精算负债和正常成本可以表示如下：

$$\mathrm{AL}_t^j = \mathrm{AB}_x^j \sum_{z=x}^{y-1} \left(\dfrac{C_z^{(r)}}{D_x}\right) E(z+1) \ddot{a}_{z+1}^{(12)}$$

$$\mathrm{NC}_t^j = \Delta B_x^j \sum_{z=x}^{y-1} \left(\dfrac{C_z^{(r)}}{D_x}\right) E(z+1) \ddot{a}_{z+1}^{(12)}$$

其中，换算函数 $C_z^{(r)} = v^{z+1} d_z^{(r)}$ 与年龄 z 一年内的退休减因相关，而 $E(z+1)$ 为应用于年龄 $z+1$ 的提早退休因子。

如果退休给付只在年龄 y 时支付，则参加者 j 的正常成本由以下公式得出：$\mathrm{NC}_t^j = \Delta B_x^j \dfrac{D_y}{D_x} \ddot{a}_y^{(12)}$（参看第 3 章）。下面说明该公式只是上述广义正常成本公式的一种特殊情况。

如果对于 $z<y-1$, $d_z^{(r)}=0$, 且 $d_{y-1}^{(r)}=l_{y-1}-d_{y-1}^{(-r)}=l_y$, 则：

$$NC_t^j = \Delta B_x^j \frac{C_{y-1}^{(r)}}{D_x} \ddot{a}_y^{(12)} = \Delta B_x^j \left(\frac{vD_{y-1}}{D_x} - \frac{C_{y-1}^{(-r)}}{D_x}\right) \ddot{a}_y^{(12)}$$

$$= \Delta B_x^j \frac{D_y}{D_x} \ddot{a}_y^{(12)}$$

方格 4

因退休而释放的精算负债

如果提早退休给付是唯一预期在时间间隔 t 到 $t+1$ 支付的给付，那么，对于在时刻 $t+1$ 仍在计划中的参加者 j，其预期精算负债 $\widetilde{AL}_{t+1}^j$ 与时刻 t 的精算负债 AL_t^j 存在以下关系：

$$\widetilde{AL}_{t+1}^j = (AL_t^j + NC_t^j)(1+i) - q_x^{(r)} E(x+1) \widetilde{AB}_{x+1}^j \ddot{a}_{x+1}^{(12)} + q_x^{(T)} \widetilde{AL}_{t+1}^j$$

由参加者 j 的退休而导致的预期未纳基金精算负债变化，其减量（或增量）由下式给出：

$$q_x^{(r)} [AL_{t+1}^j - E(x+1) \widetilde{AB}_{x+1}^j \ddot{a}_{(x+1)}^{(12)}]$$

注意：正数为减量，负数为增量。

9.7 给付可选形式

在前面的章节中，养老金给付的正常形式被假定为从正常退休年龄起支付的终身年金，直至退休者死亡为止。一些计划可能允许参加者在退休前选择另一种形式的退休给付。为避免精算损失，可选形式下的给付（optional form of benefits）精算现值不应大于正常形式下的给付精算现值。

退休给付有许多不同的形式可供参加者选择。例如：

（1）确定 10 年期终身年金。若参加者在退休后 10 年内死亡，则余下的 10 年给付将继续由其受益人领受；若死亡在退休 10 年后发生，则给付将一直支付至参加者死亡为止。

假设退休年龄为 65 岁。利用精算等价原则，确定 10 年期终身年金的给付金额 $E \cdot B_{65}$，可由下式得出：$E \cdot B_{65}(\ddot{a}_{\overline{10}|}^{(12)} + {}_{10|}\ddot{a}_{65}^{(12)}) = B_{65}\ddot{a}_{65}^{(12)}$。

(2) 联生遗属年金。例如,对于一个 65 岁的退休参加者,他在有生之年可以领取 100% 的退休给付,但在他死亡后,其配偶仅能领取到 50% 的退休给付,我们称这种年金为 50% 联生遗属年金(50%J&S)。它与终身年金的精算等价关系式如下:

$$E \cdot B_{65} \left[\ddot{a}_{65}^{(12)} + \frac{1}{2}(\ddot{a}_{z}^{(12)} - \ddot{a}_{65:z}^{(12)}) \right] = B_{65} \ddot{a}_{65}^{(12)}$$

其中,z 是配偶在参加者 65 岁时的年龄,而 E 为精算等价因子。

方格 5

思 考 问 题

(1) 某计划规定任何退休雇员都可选择以 100% 联生遗属年金(100% 支付给最后生存者)形式领取的养老金。请推导出该联生遗属年金与终身年金的精算等价因子。

(2) $100p$% 联生遗属年金($100p$%J&S),即在养老金领取者死亡后,受益人在其有生之年领取原来退休给付的 $100p$%。请推导出该联生遗属年金与终身年金的精算等价因子。

(3) $100p$% "纯粹"联生遗属年金,即在养老金领取者和受益人任何一方死亡后,退休给付将减少至其原始值的百分比 $100p$。试导出该"纯粹"联生遗属年金与终身年金的精算等价因子。若 $p=1/2$,则在什么条件下该等价因子将大于 1?

(4) 以积分形式表达 100% J&S 连续年金的精算等价因子,并对该因子求关于 $\delta \equiv \log(1+i)$ 的偏导数。该导数是正数还是负数?假定利率的增长会对因子值产生什么影响?

解:

(1) 令 $f(1)$ 为该可选形式因子。利用精算等价原则,我们得出:

$$\ddot{a}_{x}^{(12)} = f(1) \ddot{a}_{x:y}^{(12)}$$

$$f(1) = \frac{\ddot{a}_{x}^{(12)}}{\ddot{a}_{x}^{(12)} + \ddot{a}_{y}^{(12)} - \ddot{a}_{x:y}^{(12)}}$$

其中,x 和 y 分别为养老金领取者及其受益人在年金支付开始时的年龄。

(2) 令 $f(p)$ 为该可选形式因子。利用精算等价原则,我们得出:

$$\ddot{a}_{x}^{(12)} = f(p) \left[\ddot{a}_{x}^{(12)} + p(\ddot{a}_{y}^{(12)} - \ddot{a}_{x:y}^{(12)}) \right]$$

$$f(p) = \frac{\ddot{a}_{x}^{(12)}}{\ddot{a}_{x}^{(12)} + p(\ddot{a}_{y}^{(12)} - \ddot{a}_{x:y}^{(12)})}$$

其中，$f(p)$ 永远小于 1，这是因为 $\ddot{a}_y^{(12)} > \ddot{a}_{x:y}^{(12)}$。

(3) 令 $g(p)$ 为该可选形式因子。利用精算等价原则，我们得出：

$$\ddot{a}_x^{(12)} = g(p)[\ddot{a}_{x:y}^{(12)} + p(\ddot{a}_x^{(12)} - \ddot{a}_{x:y}^{(12)}) + p(\ddot{a}_y^{(12)} - \ddot{a}_{x:y}^{(12)})]$$

$$g(p) = \frac{\ddot{a}_x^{(12)}}{p\,\ddot{a}_x^{(12)} + p\,\ddot{a}_y^{(12)} + (1-2p)\,\ddot{a}_{x:y}^{(12)}}$$

若 $p = \dfrac{1}{2}$，

$$g\left(\frac{1}{2}\right) = \frac{\ddot{a}_x^{(12)}}{(1/2)\,\ddot{a}_x^{(12)} + (1/2)\,\ddot{a}_y^{(12)}}$$

可以看出，$g\left(\dfrac{1}{2}\right) > 1$ 当且仅当 $\ddot{a}_x^{(12)} > \ddot{a}_y^{(12)}$。

(4) 首先，我们写出 $f(1)$ 的表达式：

$$f(1) = \frac{\int_0^\infty e^{-\delta t}\,_tp_x\,dt}{\int_0^\infty e^{-\delta t}(_tp_x + _tp_y - _tp_{xy})dt}$$

然后对 $f(1)$ 求关于 $\delta \equiv \log(1+i)$ 的偏导数：

$$\frac{\partial f(1)}{\partial \delta} = \frac{-\left[\int_0^\infty e^{-\delta t}(_tp_x + _tp_y - _tp_{xy})dt \cdot \int_0^\infty te^{-\delta t}\,_tp_x\,dt\right] + \left[\int_0^\infty te^{-\delta t}(_tp_x + _tp_y - _tp_{xy})dt \cdot \int_0^\infty e^{-\delta t}\,_tp_x\,dt\right]}{\left[\int_0^\infty e^{-\delta t}(_tp_x + _tp_y - _tp_{xy})dt\right]^2}$$

$$= \frac{\left[\int_0^\infty e^{-\delta t}(_tp_x + _tp_y - _tp_{xy})dt \cdot \int_0^\infty e^{-\delta t}\,_tp_x\,dt\right]\left\{\dfrac{\int_0^\infty te^{-\delta t}(_tp_x + _tp_y - _tp_{xy})dt}{\int_0^\infty e^{-\delta t}(_tp_x + _tp_y - _tp_{xy})dt} - \dfrac{\int_0^\infty te^{-\delta t}\,_tp_x\,dt}{\int_0^\infty e^{-\delta t}\,_tp_x\,dt}\right\}}{\left[\int_0^\infty e^{-\delta t}(_tp_x + _tp_y - _tp_{xy})dt^2\right]^2}$$

由于 $_tp_x + _tp_y - _tp_{xy} > _tp_x$，分子的大括号内的第一项大于第二项，因此，$\dfrac{\partial f(1)}{\partial \delta} > 0$。这意味着若 i 增加（即 δ 增加），$f(1)$ 也会随着增加。

方格 6

思 考 问 题

(1) 假设所有年金为连续支付，则请写出类似于方格 5 中的 100% J&S 的可选形式因子。

(2) 证明存在某个 μ_x 的平均值,记为 $\bar{\mu}$,使得 $\bar{a}_x = 1/(\bar{\mu}+\delta)$。

(3) 假设 μ_x 是常数,写出(1)中的可选形式精算等价因子的表达式。

(4) 求 $f(\mu, \delta)$ 在 $\mu=0.02$ 及 $\delta=0.06$ 时的值。

(5) 试推导出 $\dfrac{\partial f}{\partial \mu}$ 的表达式。死亡率的增加会对 $f(\mu, \delta)$ 产生什么影响?

解:

(1) 100% J&S 的可选形式因子为:
$$f(1) = \frac{\bar{a}_x}{\bar{a}_x + \bar{a}_y - \bar{a}_{xy}}$$

(2) $\bar{a}_x$ 和 $\bar{A}_x$ 的积分表达式分别为:
$$\bar{a}_x = \int_0^\infty {}_tp_x v^t \mathrm{d}t$$
$$\bar{A}_x = \int_0^\infty {}_tp_x v^t \mu_{x+t} \mathrm{d}t$$

我们定义 $\bar{\mu}$ 如下:
$$\bar{\mu} = \frac{\bar{A}_x}{\bar{a}_x} = \frac{\int_0^\infty {}_tp_x v^t \mu_{x+t} \mathrm{d}t}{\int_0^\infty {}_tp_x v^t \mathrm{d}t}$$

注意: $\bar{A}_x = 1 - \delta \bar{a}_x$。① 由此得出 $\bar{\mu}\bar{a}_x = 1 - \delta\bar{a}_x$,故 $\bar{a}_x = \dfrac{1}{\bar{\mu}+\delta}$。

(3) 假设 μ_x 是常数 μ,则:
$$f(1) = f(\mu, \delta) = \frac{(\mu+\delta)^{-1}}{(\mu+\delta)^{-1} + (\mu+\delta)^{-1} - (2\mu+\delta)^{-1}} = \frac{2\mu+\delta}{3\mu+\delta}$$

(4) 当 $\mu=0.02$ 和 $\delta=0.06$ 时,
$$f(\mu=0.02, \delta=0.06) = \frac{2\times 0.02 + 0.06}{3\times 0.02 + 0.06} = 0.8333$$

(5) 对 f 求关于 μ 的偏导数,可得:
$$\frac{\partial f}{\partial \mu} = \frac{2(3\mu+\delta) - 3(2\mu+\delta)}{(3\mu+\delta)^2} = \frac{-\delta}{(3\mu+\delta)^2} < 0$$

因此,μ 增加将使 f 减小。

---

① $\bar{A}_x = \int_0^\infty {}_tp_x v^t \mu_{x+t}\mathrm{d}t = -\dfrac{1}{l_x}\int_0^\infty v^t \mathrm{d}l_{x+t} = -\dfrac{1}{l_x}\left\{ v^t l_{x+t}\Big|_0^\infty - \int_0^\infty l_{x+t}\mathrm{d}v^t \right\} = -\dfrac{1}{l_x}\left\{ -l_x + \delta\int_0^\infty l_{x+t} v^t \mathrm{d}t \right\} = 1 - \delta\bar{a}_x$

9.8 精算假设改变的影响

在表 9-1 中,我们直观地展示了精算假设变化对提早退休因子和可选形式因子的影响。

表 9-1　精算假设变化对精算等价因子的影响

精算等价因子	选择提早退休或可选形式的影响		假设变化对提早退休因子或可选形式因子的影响	
	支付次数	年金"久期"①	降低死亡率	降低假定利率
提早退休养老金 $E=\dfrac{\dfrac{D_y}{D_x}\ddot{a}_y^{(12)}}{\ddot{a}_x^{(12)}}$	因养老金提早开始支付,预期支付次数增加	设 d_1、d_2 分别为正常退休养老金和提早退休养老金的久期,那么 $d_1 > d_2$	在正常退休和提早退休情况下,支付次数都将增加,而提早退休因子则变大	正常退休养老金的现值增加幅度大于提早退休养老金的现值增幅,因此,提早退休因子变大
确定 n 年期终身年金 $E=\dfrac{\ddot{a}_x^{(12)}}{\ddot{a}_{\overline{n}|}^{(12)}+\dfrac{D_{x+n}}{D_x}\ddot{a}_{x+n}^{(12)}}$	由于有保证期限,故预期支付次数增加	设 d_1、d_2 分别为正常形式养老金和可选形式养老金的久期,d_1、d_2 并没有确定的关系。一般来说,如果确定年限足够长(例如,大于退休者的预期寿命,即 $n > e_x$),则 $d_2 > d_1$。但对于较短的确定年限,则 d_2 可以小于也可以大于 d_1。	正常形式养老金的现值增加幅度大于可选形式养老金的现值增幅②,因此,可选形式因子变大	当确定年限足够长时,可选形式的养老金的现值增加幅度大于正常形式养老金的现值增幅,因此,可选形式因子变小。对于较短的确定年限,则没有定论。
$100k\%$ 联生遗属年金 $E=\dfrac{\ddot{a}_x^{(12)}}{\ddot{a}_x^{(12)}+k(\ddot{a}_y^{(12)}-\ddot{a}_{x:y}^{(12)})}$	由于存在幸存者给付,故预期支付次数增加	设 d_1、d_2 分别为正常形式养老金和可选形式养老金的久期,那么 $d_2 > d_1$	正常形式养老金的现值增加幅度大于可选形式养老金的现值增幅③,因此,可选形式因子变大	可选形式养老金的现值增加幅度大于正常形式养老金的现值增幅,因此,可选形式因子变小

---

① 连续年金 $\bar{a}_x$ 的"久期"(duration) d 可定义为:$-\dfrac{1}{\bar{a}_x}\dfrac{\partial \bar{a}_x}{\partial \delta}=\dfrac{\int_0^\infty t e^{-\delta t}{}_t p_x \mathrm{d}t}{\int_0^\infty e^{-\delta t}{}_t p_x \mathrm{d}t}$。久期 d 衡量利息变动对 $\bar{a}_x$ 值的影响。对于 100% 可选形式的联生遗属年金,其久期 $\dfrac{\int_0^\infty ({}_t p_x + {}_t p_y - {}_t p_{xy})t e^{-\delta t}\mathrm{d}t}{\int_0^\infty ({}_t p_x + {}_t p_y - {}_t p_{xy})e^{-\delta t}\mathrm{d}t}$,比终身年金的久期长。

② $\ddot{a}_x^{(12)}$ 表达式:$\ddot{a}_{x:\overline{n}|}^{(12)}+\dfrac{D_{x+n}}{D_x}\ddot{a}_{x+n}^{(12)}$。较低的死亡率会增加该表达式的第一项,但不会影响确定 n 年期终身年金的最低保证年金因子项,即 $\ddot{a}_{\overline{n}|}^{(12)}$。因此,可选形式因子 E 变大。

③ 假设影响配偶的死亡率不变。相比于可选形式,正常形式的养老金由于较低死亡率而导致的额外付款将在更早的年龄发生,由于利息贴现而更具价值,因此,可选形式因子将会增大。即使没有利息贴现,如果正常形式和可选形式增加相同数量的支付,则可选形式因子仍会变大。

9.9 示例

例 9-1

计划条款：	
退休给付	最后一年工资的 2% 乘以服务年限
雇员捐纳	每年工资的 5%，在年初缴交
正常养老金形式	终身年金，每年年初支付
正常退休年龄	65 岁
提早退休资格	满 55 岁
提早退休给付减额	每提前一年退休扣减 3%
退保或终止给付	取以下(a)和(b)的较大值： (a) 延付应计养老金给付的精算现值（依 65 岁前无死亡衰减假设计算）； (b) 按照基金回报率增长的累积雇员捐纳值的两倍。

精算假设：	
贴现率	每年 6%
雇员捐纳利息率	每年 6%
退休年龄	60 岁
退保终止率	直到 33 岁——每年 8% 34 岁或以上——每年 0% （假设退保在年末发生）
工资增长率	每年 4%
其他退休前减因	无
精算成本法	规划单位信用成本法
资产评估法	资产市场价值
选定年金因子	$\ddot{a}_{60} = 12, \ddot{a}_{65} = 11$

第 9 章 附属给付和给付可选形式

2010 年 1 月 1 日参加者资料：

	唯一雇员 A
状态	仍在职
年龄	32 岁
服务年限	1 年
2010 年预计工资	50 000 元
累积雇员捐纳值（含利息）	2 300 元

2010 年计划的实际经验：

2010 年 1 月 1 日的资产市场价值为 4 000 元。计划基金在 2010 年 1 月 1 日收到一笔等于总正常成本金额（即雇主正常成本加上雇员的捐纳金）的缴费。2010 年基金回报率为 8%。

	雇员 A
2011 年 1 月 1 日时的状态	仍在职
2010 年实际工资	55 000 元
2011 年预计工资	60 000 元

(1) 计算在 2010 年 1 月 1 日时的总正常成本和精算负债。
(2) 计算在 2011 年 1 月 1 日时的精算负债。
(3) 计算 2010 年的精算收益或损失及其归因。

解：

(1) 2010 年 1 月 1 日，雇员 A 为 32 岁，服务年限为 1 年。60 岁时的总服务年数为 29 年。

关于退保给付的精算负债

设 CV_{33} 为雇员 A 在 33 岁时的延付应计养老给付的精算现值（无退休前衰减假设），则：

$$CV_{33} = 2\% \times 50\,000 \times 2 \times v^{65-33} \times 11 = 3\,409(元)$$

设 CWI_{33} 为 33 岁时的累积雇员捐纳值，则：

$$CWI_{33} = (2\,300 + 0.05 \times 50\,000) \times 1.06 = 5\,088(元)$$

因此，33 岁时的预期退保给付为：

$$WBEN_{33} = \max(CV_{33}, 2 \times CWI_{33}) = 2 \times 5\,088 = 10\,176(元)$$

同理,求出 34 岁时的预期退保给付 WBEN_{34}:

$$\text{CV}_{34} = 2\% \times 50\,000 \times 1.04 \times 3 \times v^{65-34} \times 11 = 5\,637(\text{元})$$

$$\begin{aligned}\text{CWI}_{34} &= [(2\,300 + 0.05 \times 50\,000) \times 1.06 + 0.05 \times 50\,000 \times 1.04] \times 1.06 \\ &= 8\,149(\text{元})\end{aligned}$$

$$\text{WBEN}_{34} = \max(\text{CV}_{34}, 2 \times \text{CWI}_{34}) = 2 \times 8\,149 = 16\,298(\text{元})$$

在 35 岁及以后,由于假设无退保率,故预期退保给付为 0。

关于退保给付的精算负债计算如下:

$$\begin{aligned}\text{AL}_{\text{Term}} &= [vq_{32} \times \text{WBEN}_{33} + v^2(1-q_{32})q_{33} \times \text{WBEN}_{34}] \times \frac{1}{29} \\ &= \left(\frac{1}{1.06} \times 8\% \times 10\,176 + \frac{1}{1.06^2} \times 0.92 \times 0.08 \times 16298\right) \times \frac{1}{29} \\ &= 1\,836 \times \frac{1}{29} = 63(\text{元})\end{aligned}$$

注意:在计算 AL_{Term} 时,我们按照假定退休年龄为 60 岁时的总服务年限,将总预期退保给付按比例分配到评估日前的服务年限中。这种分配方法与退休给付的分配方法相同。

关于养老给付的精算负债

60 岁时的预计养老给付为 $B(60) = 2\% \times S_{59} \times 29 \times \text{ERF}$,其中 $\text{ERF} = 1 - 0.03 \times 5 = 0.85$ 为提早退休因子。

在 32 岁时的未来养老给付现值为:

$$\begin{aligned}\text{PVFB}_{32} &= (2\% \times S_{59} \times 29 \times \text{ERF}) \times {}_{28}p_{32} \times v^{60-32} \times \ddot{a}_{60} \\ &= 2\% \times 50\,000 \times (1+0.04)^{59-32} \times 29 \times 0.85 \times (1-8\%) \\ &\quad \times (1-8\%) \times 1.06^{-28} \times 12 \\ &= 141\,224(\text{元})\end{aligned}$$

依据规划单位信用成本法,关于养老给付的精算负债为:

$$\text{AL}_{\text{Ret}} = \text{PVFB}_{32} \times \left(\frac{1}{29}\right) = 141\,224 \times \left(\frac{1}{29}\right) = 4\,870(\text{元})$$

由此可得计划的精算负债和正常成本如下:

$$\text{AL}_{32} = \text{AL}_{\text{Ret}} + \text{AL}_{\text{Term}} = 4\,870 + 63 = 4\,933(\text{元})$$

$\text{NC}_{32} = \text{AL}_{32} = 4\,933(\text{元})$(因为雇员 A 在 32 岁时服务期为一年,故 $\text{NC}_{32} = \text{AL}_{32}$)

注意:当雇员 A 为 33 岁时,他的预期精算负债为:

预期 $AL = Exp\ AL_{33}$

$$= (AL_{32} + NC_{32})(1.06) - q_{32} \times WBEN_{33} \times \frac{2}{29}$$

$$= (4\ 933 + 4\ 933) \times 1.06 - 0.08 \times 10\ 176 \times \frac{2}{29}$$

$$= 10\ 401 (= p_{32}^{(T)} \widetilde{AL}_{33})$$

(2) 2011 年 1 月 1 日时,雇员 A 为 33 岁,服务年限为 2 年。

34 岁时的预期退保给付 $WBEN_{34}$ 计算如下:

$$CV_{34} = 2\% \times 60\ 000 \times 3 \times v^{65-34} \times 11 = 6\ 504(元)$$

$$CWI_{34} = [(2\ 300 + 0.05 \times 55\ 000) \times 1.08 + 0.05 \times 60\ 000] \times 1.06 = 8\ 961(元)$$

注意:在 2010 年 1 月 1 日进行评估时,我们尚不知道 2010 年的实际工资是 55 000 元。然而,在为 2011 年 1 月 1 日的评估而计算 CWI 时,我们需要使用实际工资 55 000 元(而非 2010 年 1 月 1 日评估时使用的 50 000 元)来计算 2010 年雇员捐纳。在一般的养老金计划中,雇员是按每月的实际工资缴付捐纳金给计划基金。

$$WBEN_{34} = \max(CV_{34}, 2 \times CWI_{34}) = 17\ 922(元)$$

由此得出关于退保给付的精算负债:

$$AL_{Term} = vq_{33} \times WBEN_{34} \times \frac{2}{29}$$

$$= \frac{1}{1.06} \times 8\% \times 17\ 922 \times \frac{2}{29} = 93(元)$$

在 33 岁时的未来养老给付现值为:

$$PVFB_{33} = [2\% \times S_{59} \times (60-33+2) \times ERF] \times {}_{27}p_{33} \times v^{60-33} \times 12$$

$$= 2\% \times 60\ 000 \times (1+0.04)^{59-33} \times 29 \times 0.85 \times (1-8\%) \times 1.06^{-27} \times 12$$

$$= 187\ 748(元)$$

关于养老给付的精算负债:

$$AL_{Ret} = PVFB_{33} \times \frac{2}{29}$$

$$= 187\ 748 \times \frac{2}{29} = 12\ 948(元)$$

计划的精算负债:

$$AL_{33} = AL_{Ret} + AL_{Term} = 12\ 948 + 93 = 13\ 041(元)$$

(3) 令 2010 年 1 月 1 日为时刻 0,2011 年 1 月 1 日为时刻 1。

$$UAL_0 = AL_0 - F_0 = 4\ 933 - 4\ 000 = 933(元)$$

预期 $UAL_1 = (UAL_0 + NC_0)(1+i) - C - I_C = 933 \times 1.06 = 989(元)$

$$F_1 = (F_0 + \text{NC}_0) \times 1.08 = (4\,000 + 4\,933) \times 1.08 = 9\,648(元)$$

$$\text{UAL}_1 = \text{AL}_1 - F_1 = 13\,041 - 9\,648 = 3\,393(元)$$

$$2010\text{年收益(损失)} = \text{预期 UAL}_1 - \text{UAL}_1 = 989 - 3\,393 = -2\,404(元)$$

收益和损失归因

投资：

$$\text{预期 } F_1 = (F_0 + \text{NC}_0) \times 1.06 = (4\,000 + 4\,933) \times 1.06 = 9\,469(元)$$

$$\text{投资收益} = F_1 - \text{预期 } F_1 = 9\,648 - 9\,469 = 179(元)$$

工资增长：

若雇员 A 在 2011 年 1 月 1 日仍在职，则预期精算负债为：

$$\widetilde{\text{AL}}_{33}(\text{基于预期工资}) = \text{Exp AL}_{33} \times \left(\frac{1}{1-0.08}\right)$$

$$= 10\,401 \times \frac{1}{0.92} = 11\,305(元)$$

$$\text{工资收益(损失)} = (\widetilde{\text{AL}}_{33})(\text{基于预期工资}) - \text{AL}_{33}(\text{基于实际工资})$$

$$= 11\,305 - 13\,041 = -1\,736(元)$$

退保或终止：

$$\text{UAL 的预期减少} = \left(\widetilde{\text{AL}}_{33}(\text{基于预期工资}) - \text{WBEN}_{33} \times \frac{2}{29}\right) \times q_{32}$$

$$= \left(11\,305 - 10\,176 \times \frac{2}{29}\right) \times 0.08 = 848(元)$$

$$\text{UAL 的实际减少} = 0(\text{因无退保发生})$$

$$\text{终止收益(损失)} = \text{UAL 的实际减少} - \text{UAL 的预期减少} = -848(元)$$

总收益(损失)：

$$\text{总收益损失} = \text{投资收益} + \text{工资收益} + \text{终止收益}$$

$$= 179 - 1\,736 - 848 = -2\,405(元)$$

(与 $-2\,404$ 之差额是由于四舍五入的缘故。)

关于退保给付负债的一点说明

若雇员 A 在 2011 年 1 月 1 日退保，则他有资格领受的退保给付计算如下：

$$\text{CV}_{33} = \text{延付应计养老给付现值}$$

$$= 2\% \times 55\,000 \times 2 \times v^{65-33} \times 11 = 3\,749(元)$$

$$\text{CWI}_{33} = (2\,300 + 0.05 \times 55\,000) \times 1.08 = 5\,454(元)$$

$$\text{WBEN}_{33} = \max(\text{CV}_{33}, 2 \times \text{CWI}_{33}) = 2 \times 5\,454 = 10\,908(元)$$

但是在2011年1月1日,基金价值仅为:$F_1 = 9648$元,所以计划存在$10908 - 9648 = 1260$(元)的缺口,该缺口必须由雇主偿付。

注意:这笔基金缺口大于2011年1月1日的预期未纳基金精算负债,即989元,见上面的(3)部分。

为更好地与退保负债匹配,退保终止给付可以按照至预期退保日的总服务年限分配(而非按照至退休日的总服务年限分配)。也就是说,(1)部分的AL_{Term}可计算如下:

$$\text{AL}_{\text{Term}} = \left[vq_{32} \times \text{WBEN}_{33} \times \frac{1}{2} + v^2(1-q_{32})q_{33} \times \text{WBEN}_{34} \times \frac{1}{3} \right]$$

$$= \left(\frac{1}{1.06} \times 8\% \times 10176 \times \frac{1}{2} + \frac{1}{1.06^2} \times 0.92 \times 0.08 \times 16298 \times \frac{1}{3} \right) = 740(元)$$

因此,在2010年1月1日时的精算负债和正常成本分别为:

$$\text{AL}_{32} = \text{AL}_{\text{Ret}} + \text{AL}_{\text{Ter}} = 4870 + 740 = 5610(元)$$

$$\text{NC}_{32} = 5610 元$$

假设在2010年1月1日时,雇主缴纳基于后面的分配法得出的正常成本,则2011年1月1日的基金价值为:

$$F_1 = (4000 + 5610) \times 1.08 = 10378(元)$$

2011年1月1日的基金短缺仅为:$10908 - 10378 = 530$(元),低于依据先前分配法得到的基金短缺1260元。

例 9-2

计划规定:

正常退休给付	每年2500元,每年的1月1日支付
给付的正常形式	终身年金
可选形式	对于已婚参加者: 可选形式 A——在退休者有生之年支付年金;在退休者死亡后,幸存配偶将得到联合生存期应付金额的50%。 可选形式 B——在退休者和配偶联生期支付年金;当第一个死亡发生后,幸存者得到联合生存期应付金额的50%。 所有可选形式均与正常形式精算等价。

> **唯一参加者资料：**
>
> 出生日期　　　　　　　　　　　　1945 年 1 月 1 日
>
> 退休日期　　　　　　　　　　　　2010 年 1 月 1 日
>
> 配偶出生日期　　　　　　　　　　1948 年 1 月 1 日
>
> 2009 年 12 月 31 日未来给付现值　　26 000 元
>
> （基于正常形式）
>
> 可选形式 B 下的初始年给付　　　　2 376 元
>
> **选定年金值：**
>
> 联合生存年金因子：$\ddot{a}_{65,62} = 9.42$
>
> 试问可选形式 A 下的初始年给付是多少？

解：

在可选形式 A、可选形式 B 和正常形式 N 下的未来给付的精算现值全部等于 26 000 元。

$$\text{PVFB}_A = B_A \left(\frac{1}{2}\right)(\ddot{a}_{65} + \ddot{a}_{\overline{65,62}})$$

$$\text{PVFB}_B = 2\,376 \times \frac{1}{2} \times (\ddot{a}_{65} + \ddot{a}_{62})$$

$$\text{PVFB}_N = 2\,500 \times \ddot{a}_{65} = 26\,000(\text{元})$$

$$\ddot{a}_{65} = \frac{26\,000}{2\,500} = 10.4$$

$$\left(\frac{1}{2}\right)(\ddot{a}_{65} + \ddot{a}_{62}) = \frac{26\,000}{2\,376} = 10.943$$

利用关系式：$\ddot{a}_{\overline{65,62}} + \ddot{a}_{65,62} = \ddot{a}_{65} + \ddot{a}_{62}$，可计算出 B_A 如下：

$$\text{PVFB}_A = B_A \left[\ddot{a}_{65} + \frac{1}{2}(\ddot{a}_{62} - \ddot{a}_{65,62})\right]$$

$$= B_A \left(10.943 + \frac{10.4}{2} - \frac{9.42}{2}\right) = 11.433 B_A$$

$$B_A = \frac{26\,000}{11.433} = 2\,274(\text{元})$$

例 9-3

计划条款：

给付正常形式	终身年金
给付可选形式	100%联生遗属年金，与给付正常形式精算等价
精算成本法	聚合法

精算假设：

配偶年龄	与参加者年龄相同
养老金以可选形式支付的概率	80%
退休年龄	65 岁
退休前减因	无

2010 年 1 月 1 日评估结果：

在职参加者的未来给付现值	960 000 元
已退休参加者的未来给付现值	700 000 元
资产精算价值	800 000 元
未来工资现值	12 000 000 元
在职参加者总年工资	1 500 000 元
选定年金因子	$\ddot{a}_{65}^{(12)}=10$；$\ddot{a}_{\overline{65:65}}^{(12)}=13$

获得上述结果后，计划被修订并从 2010 年 1 月 1 日起生效。对该日以后退休的参加者，计划将不再提供精算等价的可选形式，而以减少给付 10% 的可选形式替代。2010 年 1 月 1 日的正常成本被重新计算。

试问重新计算的 2010 年正常成本是多少？

解：

在计划修订前，可选形式下的养老给付是 $E_{J\&S}B_{65}$。依精算等价原则可得：

$$E_{J\&S}B_{65}\,\ddot{a}_{\overline{65:65}}^{(12)} = B_{65}\,\ddot{a}_{65}^{(12)}$$

其中，$E_{J\&S}=\dfrac{10}{13}$ 是精算等价因子。计划修订后，可选形式因子被调整为 $E_{J\&S}=0.90$，因此在职参加者的预期养老给付以下面的倍数增加（注意：养老金以可选形式支付的概率为 80%)：

$$0.20 \times 1 + 0.80 \times 0.90 \times \frac{13}{10} = 1.136$$

他们的未来给付现值亦以同样的倍数增加。①

依据聚合法，我们有以下关系式：

$$\text{PVFB} - F = \text{TNC}\left(\frac{\text{PVFS}}{S}\right)$$

其中，TNC 是计划的正常成本。代入评估结果数据后可得：

$$700\,000 + 960\,000 \times 1.136 - 800\,000 = \text{TNC} \times (12\,000\,000/1\,500\,000)$$

故：

$$\text{TNC} = 123\,820 \text{ 元}$$

---

① 对于在职参加者：$\text{PVFB} = \sum B^j v^{65-x} \ddot{a}_{65}^{(12)} = 960\,000$。当计划修订后，

$$\text{PVFB}' = \sum 0.2 \times B^j v^{65-x} \ddot{a}_{65}^{(12)} + 0.8 \times 0.9 \times B^j v^{65-x} \ddot{a}_{\overline{65,65}}^{(12)}$$

$$= \sum \left[0.2 + 0.8 \times 0.9 \times \left(\frac{\ddot{a}_{\overline{65,65}}^{(12)}}{\ddot{a}_{65}^{(12)}}\right)\right] B^j v^{65-x} \ddot{a}_{65}^{(12)}$$

$$= \left(0.2 + 0.8 \times 0.9 \times \frac{13}{10}\right)\left[\sum B^j v^{65-x} \ddot{a}_{65}^{(12)}\right]$$

$$= 1.136 \times 960\,000$$

第10章
公认精算实务

10.1 引言

一般而言,养老金计划是雇主为雇员提供养老福利而设立的,它的存续时期可以长达50年或以上。养老金计划的财务规划是基于精算评估产生的结果而制定的,这些评估结果包括以下几个项目:
- 计划资产价值;
- 精算负债(有时又称应计负债);
- 正常成本;
- 精算损益分析。

在某一评估日,为满足养老金给付义务,精算负债可被看成是计划所应该达到的筹资目标;换言之,它是计划基金在评估日时所应持有的资产理想值。精算师通过比较资产价值和精算负债来评估计划的财务状况,并且估计每年雇主对计划基金应缴的供款。养老金计划的资金主要是来自雇主的(有时也包括雇员的)缴费和计划基金的投资回报,通过长时期的累积来支付计划的养老金给付以及所有相关的行政管理费用。

我们将在本章中讨论一些北美洲公认的、应用于确定给付养老金计划的精算原则。

10.2 养老金计划筹资建议

在为养老金计划筹资提建议时,精算师需要遵守其所属国家的精算专业团体所制定的精算专业准则。著名的精算专业团体包括美国精算师学院(American Academy of Actuaries)、英国精算师学会(Institute and Faculty of Actuaries)、加拿大精算师学会(Canadian Institute of Actuaries)等。

一般来说,如果精算师为一个养老金计划的资金状况(funded status)或筹资(funding)提供建议,则他需要考虑下列几个项目:

- 为养老金计划提供建议的具体工作情况，包括① 建议是否涉及计划的资金状况或筹资，或两者兼有；② 指导该项工作的合约条款；③ 应用于该项工作中的法律规定。
- 选择一种适合于该工作情况的精算成本法。
- 选择一种适合于该工作情况的资产评估方法。
- 在评估日时的养老金给付条款以及待修正的给付改变。
- 预计从养老金计划的资产中支出的行政管理费用。
- 筹资建议必须适用于本次及下次评估日之间的时间范围内。

适当的工作合约条款会特别地指出计划赞助者的筹资目标，其中应该包括一份正式的或非正式的筹资政策(funding policy)。筹资的目标可以依据一些特定因素制定，比如给付的保障程度、成本的有序和合理分配、代际间的公平性(intergenerational equity)等。

当为养老金计划的资金状况或筹资给出建议时，精算师会根据实际情况对计划进行一种或多种评估。在加拿大，精算师常用的评估方法有下列几种：

- 持续经营评估(going concern valuation)。该方法是在假设计划会无止境地存续的情况下，来评估其资金状况。
- 假设清盘评估(hypothetical wind-up valuation)。该方法是在假设计划会在评估日清盘的情况下，来评估其资金状况。
- 偿付能力评估(solvency valuation)。该方法是法定的假设清盘评估方法的一种形式。

本章的重点内容将放在持续经营评估上。

10.3 持续经营评估

在对一个养老金计划进行持续经营评估时，精算师应该考虑到该计划提供的所有给付以及在计划持续经营的情况下支付此等给付的条件；但某些被法律或合约条款排除的给付则可以不予考虑。

从长远的角度看，精算师需要选择适当的精算假设和成本法来估计计划的给付成本及雇主应缴供款。雇主的实际成本受计划的未来实际经历影响，它只能通过事后回顾才可以确定。事实上，计划的最终成本只能在计划结束及所有给付支付完毕后才能确定。

为养老金计划筹资的方法是通过雇主对计划基金的长期供款(也包括捐纳型计划的雇员供款)来积累所需要的资金。计算雇主的缴费必须基于适当的精算假设，而所选的假设必须通过长时间的定期测试来验证,以确保假设的持续有效性。

精算师不仅需要进行精算评估,还需要定期监测评估结果,并不时对精算假设提出修订意见。通过计算和分析精算损益,精算师可以评定所用的精算假设是否恰当,并且对它们作出及时而合适的调整。如果精算师选择了过于乐观的假设,那么,所得出的缴费额度可能会出现不足的情况,这将令计划产生精算损失,从而增加后来年份的应纳缴费;相反,如果精算师选择了较为保守的假设,那么,实际的情况可能会比预期中的好,精算收益将会出现,从而减少后来年份需要的缴费。

投资回报的波动对于计划供款的稳定性有着决定性的影响。精算师会利用一些精算技巧来降低市场波动对应纳缴费的影响,比如用一些资产评估方法把投资收益或损失分配到未来的一段时间内予以确认、对未纳基金精算负债进行分期摊销。

在公认的精算实务中,我们有时会接触到"精算稳健性"(actuarial soundness)这个术语。在应用于养老金计划筹资时,这个术语包含了以下的意义:

(1) 计划成本及应纳缴费基于公认的精算成本法及资产评估法计算得出;

(2) 计划有一个既定的筹资政策,规定了未纳基金精算负债的摊销及筹资盈余的使用法则;

(3) 精算师定期测试精算假设以确保其持续适用性,并且依据实际经验不时对假设进行修订。

10.4 养老金基金管理

养老金计划的资金来自雇主的(有时也包括雇员的)定期缴费,而养老金基金是一个由雇主建立的工具,用来统筹组织计划资金的投资以及满足给付义务。这个基金是一种资产组合,通过长期的投资积累来提供雇员养老给付所需要的资金。

养老金基金可以投资于多种不同的金融工具,如股票、债券等,甚至可以直接持有实质资产。养老金基金的资产组合取决于雇主的投资政策(investment policy),它反映了雇主能够承受投资风险的程度。计划成员的特征也会影响投资政策的制定;总的来说,如果计划只有少数的退休成员而活跃成员也比较年轻,则计划所能承受的投资风险程度也会较高。

在提供筹资建议时,精算师需要知道并理解养老金计划的投资政策。典型的养老金基金资产种类包括:

- 股票;

- 固定收益投资，如债券、房屋抵押贷款等；
- 不动产；
- 现金或现金等价物。

从过往历史看，早期的养老金计划赞助者主要把基金投放于政府债券、保险公司年金等。随着20世纪六七十年代通货膨胀的急剧增长，雇主发现固定收益金融产品的低收益率和日益增长的工资，使养老金计划的成本大增。于是他们转而把基金投放于较高风险的资产（如股票等）中，希望能够增加投资收益来减轻计划的成本负担。一些比较进取的雇主则将基金投放于不动产、风险资本以及房屋抵押贷款产品中。到了80年代，一些养老金基金更开始使用另类投资工具，如杠杆收购（LBOs）、对冲基金、基础设施、衍生投资工具等，甚至直接持有私人公司。

10.4.1 基金管理由谁负责

养老金计划的策略性投资决定一般是由计划管理人或受托人负责制定的，此类决定必须符合信托文件、投资政策陈述书（statement of investment policy）和计划的筹资政策（只适用于确定给付计划）的相关条款。然而，他们可以把基金管理的部分职能（如日常的投资决定）委托给个别投资基金经理，基金经理会向计划管理人定时报告基金投资情况。不过，当管理人需要作决策性的投资决定时，他们会求助于投资顾问。

管理人对养老金计划的成员负有信托上的责任（fiduciary duties）。他们在投资基金时应该遵守"谨慎人规则"（prudent person rule），该规则大致可用下面的宽泛准则来陈述：

> 在有相似特征和目标的事业上，受托人必须像另外一个拥有相似职能和谨慎的人那样，用他的细心、专业、谨慎和勤勉来履行他的职责。

10.4.2 基金管理事项

基本的基金管理事项包括：

- 决策性的资产配置（即资产组合）——决定了养老金基金以何种比例投资于各种资产类别（如股票、债券、不动产等）。
- 每一类资产中的具体分配（如国内股票与国外股票的投资比例）。
- 采用主动式或被动式管理的投资模式。
- 拟定投资政策陈述书以及基金经理的投资权限。
- 战术性的资产配置以及个别的股票选择，这关系到各类资产中的具体选择。

管理人或受托人主要负责决定前四项管理事项,而最后一项的责任可能委托给个别基金经理。

10.4.3 主要资产种类的特点

下面,我们简单地介绍养老金基金主要资产类别的关键特点,并于表 10-1 作总结。

1. 股票

- 在四类主要资产(即股票、债券、不动产和现金)中,此类资产的投资回报最不稳定。
- 亏损的风险比其他种类高,但预期回报也较高。
- 属于增长型的资产(即具有资本增值的潜力)。
- 流动性高,可以在公开股票市场快速地交易买卖。

2. 固定收益投资

- 固定收益资产的流动性高,回报较股票稳定。
- 与股票相比,它的风险较低但回报率也较低。
- 它提供固定的或与通货膨胀挂钩的现金流。与通货膨胀挂钩的固定收益投资适合于满足依通货膨胀率调整的养老给付义务。
- 债券可由公营或私营机构发行。政府债券的收益率比公司债券低,但资本的安全性则较高。
- 尽管债券能提供固定收入,但它的价格仍会跟随市场利率变动。当利率升高时,债券的价格则降低。
- 如果市场投资者认为某个债券发行者有违约的风险,则该发行者的债券市场价格也可能因此而受压。

3. 不动产

- 从过往的历史看,不动产比股票有较为稳定的回报。
- 与债券相比,它的风险和回报率都较高。
- 流动性相对较低。
- 属于增长型资产。

4. 现金或现金等价物

- 它的风险最低。
- 回报率很低但非常稳定。
- 流动性极佳。
- 不属于增长型资产。

表 10-1 主要资产类别的特点

	股票	固定收益投资	不动产	现金或现金等价物
不稳定性	＊＊＊	＊	＊＊	极低
风险	＊＊＊	＊	＊＊	＊
回报	＊＊＊	＊＊	＊＊	＊
流动性	＊＊	＊＊	＊	＊＊＊
增长型	是	否	是	否

注：＊＊＊高，＊＊中，＊低。

10.4.4 资产配置的含义

资产配置是确定各主要资产类别之间的恰当组合比例的过程。这一决定需要考虑到养老金计划赞助人的投资目标及其所能承受的风险程度。

确定给付计划的筹资水平取决于计划资产和计划负债的比例，两者都具有不确定性。资产和负债受到以下经济因素的影响：

- 利率（同时影响资产和负债）；
- 通货膨胀率（同时影响资产和负债）；
- 股票市场价格波动（只影响资产价格）；
- 汇率（除非规避了汇率风险，否则，汇率的变动会影响国外资产的价格）。

除此之外，计划负债也受到参加者的人口因素的影响（如长寿风险，即领取养老金者的实际寿命比预期寿命更长的风险）。

在作养老金基金投资的策略性决定时，管理人需要了解计划负债的性质（即在职参加者与非在职参加者的分布状况），以及持有不同资产类别可能对计划资金状况的影响。接下来我们简要地讨论这一点。

即时养老金领取者

主要考虑的是养老金领取者的预期寿命与养老金的增长率。固定收益的债券比较适合于满足固定的或以固定增长率调整的养老给付。而与通货膨胀挂钩的给付则由与通货膨胀挂钩的债券来匹配最为合适(但应该注意的是,此类债券往往由于供应量少而导致价格偏高)。

延期养老金领取者(即保留领取养老金权利的退保参加者)

与即时养老金领取者一样,延期养老金领取者的负债也受到相同的因素影响,即领取者的寿命长短和养老金增长率。由于延期领取者有较长的投资年限,因此一般认为增长型的资产(例如股票、不动产等)会适用于满足与通货膨胀挂钩的延期养老金负债。

在职参加者

影响即时或延期养老金领取者的负债的因素,同样会影响在职参加者的负债。除此以外,在职参加者的负债还可能受到工资增长的影响(假如养老给付是与工资挂钩的话)。对于在职参加者,由于投资期限比较长,养老金计划一般会考虑投资于较高风险的资产,以增加未来的预期投资收益。

另外,在职参加者越年轻,未来死亡率改善的可能性也会越大;也就是说,他们的实际平均寿命可能比现时预期中的更长。目前还没有通用的资产可以作规避此类风险之用,但是增长型的资产也许可以提供足够的收益来缓和这个问题。

除了计划负债的性质外,计划管理人还需要考虑其他因素,以确定计划的投资目标。包括以下几点:

雇主契约

在很大程度上,投资目标取决于计划管理人对于雇主满足养老给付的能力有多大的信心,而这又取决于雇主的财务健康状况以及其承诺支持养老金计划的力度。

收入的确定性

固定收益的资产能提供比较确定的收入;但是,所提供的收入未必能足够支付到期的养老金给付。由于养老金给付一般会在很久的未来才到期,因此计划管理人可能倾向于投资增长型的资产,以增加计划的预期投资收益,从而减轻最终的成本负担。

长期投资策略

计划管理人对投资风险的态度往往会影响基金长期投资策略的选择。保守的管理人可能会选择一种去风险化策略(de-risking strategy),这是一种随时间的推移而降低养老金基金风险的投资策略。例如,他们可以将基金内的风险资产逐渐转移到一些与计划负债相匹配的资产(如长期债券)上,或者以资产互换协议的方法来抵消通货膨胀或长寿的风险。更进一步,他们可以从保险公司买入与养老给付相关的年金,从而卸载一部分或全部计划负债。

资产配置的重要考量

总而言之,计划管理人在作投资决策时,需要协调他们对资产回报的期望,以及计划参加者所能承受的风险。他们需要考虑以下几点:

回报要求。管理者可以根据他们对投资回报的要求来选择资产,以达到该计划需要的筹资水平。如果对回报要求较低,他们可以选择低风险资产,如政府或公司债券。如果要求较高,则可以选择增长型资产如股票等;但他们必须意识到,在这种情况下,计划的参加者会面对较高的给付违约风险。

雇主契约。如果雇主满足契约的能力薄弱,管理者可能会怀疑雇主弥补未来筹资短缺的能力。在这种情况下,有两种截然不同的投资选择可能发生:① 管理者可能倾向于较低风险的债券,以便达到与计划负债相匹配的目的。② 管理者可能投资于较高风险的股票,以便达到较高预期收益的目的。因为如果高收益得以实现,就将会提高计划的筹资水平。

风险态度。倾向于风险规避的保守管理者会选择投资于低风险、低回报的资产。但这将会增加雇主的应纳缴费而不受他们欢迎。

最终调和。管理者需要调和计划对投资收益的要求和他们可以承受的风险程度。这是一个艰难的决定,特别是在雇主满足契约能力薄弱的情况下,更加难以取舍。

10.4.5 固定收益投资的久期

在金融数学中,我们常常会接触到久期这个概念。对于一个提供固定现金流的金融资产集合(例如债券),它的久期等于那些未来现金流支付时间的加权平均数,即所有延后支付期限按支付现值加权的平均值。当资产的价格是收益率的函数时,久期可以用来测量资产价格对收益率的敏感度,即测量收益率变化(因收益率曲线平行移动而产生的)对资产价格的影响。

严格来说,麦考利久期(Macaulay duration)是指现金流支付时间(按年数计算)的加权平均数。修正久期(modified duration)则是测量资产价格对收益率的敏感度,即每单位收益率变化所产生的价格变动百分比。当收益率是基于定期复利计算的时,两者会有轻微差异。在一般的应用中,修正久期比麦考利久期更常用一些。

虽然麦考利久期和修正久期都被冠以"久期"的名称,并且有着相同(或近似相同)的数值,但是一定要记住两者之间的概念区别。麦考利久期是以时间为单位的度量指标,它只对提供固定现金流的资产具有意义。标准债券的麦考利久期是介于零与债券到期时间之间的数值。只有当债券为零息债券时,它才与到期时间相等。然而修正久期是一次价格导数(或者叫价格敏感度),它测量的是价格因收益率变化而变动的百分比。修正久期的概念可以用于对利率敏感并且没有固定现金流的资产,因此比麦考利久期的适用范围更为广泛。

修正久期以线性逼近的方式来测量资产价格对收益率变化的敏感度。对于较大的收益率变动,我们可以加入凸性(convexity)度量指标来作二次逼近。凸性可以用来测量修正久期如何随收益率的变化而变动。在余下的讨论,我们将忽略凸性的影响。

久期在养老金中的应用

养老金计划负债的"久期"可被定义为负债对利率求导的负数,再除以负债数额。

$$\mathrm{Dur}(\mathrm{AL}) = -\frac{\partial \mathrm{AL}/\partial i}{\mathrm{AL}}$$

此处 Dur(AL)指负债的久期,i 是评估利率,AL 是指负债。负债的变化与久期和利率变化的乘积成反比。一种简单而实际计算负债久期的方法是假设利率有微量的变化,如 0.0001,然后用下面的公式计算 $\partial \mathrm{AL}/\partial i$ 的近似值:

$$\frac{\partial \mathrm{AL}}{\partial i} \approx \frac{\mathrm{AL}(i+0.0001) - \mathrm{AL}(i)}{0.0001}$$

在使用此近似方法时,精算师需要考虑利率变化对用于计算负债的其他假设有什么影响。例如,当未来工资增长率 s 也用于计算负债时,精算师可以假设 s 会随着 i 的上升或下降而发生同等变化。

我们可以粗略地定义养老金计划负债的久期如下:当用于估测负债的贴现利率变化 1% 时,久期负债数值变化的百分比。计划负债的久期被计算出来以后,精算师便很容易根据贴现率的变动去估计负债的变化。例如,假设贴现率为 8% 时,退休人员的负债比贴现率为 7% 时的负债低了 7.5%,那么他们的负债久期等于 7.5。如果我们已计算出贴现率为 7% 时的负债值,便可以估计到贴现率为 6% 时的负债值。因为负债久期等于 7.5,所以贴现率为 6% 的负债将比贴现率为 7% 的负债高出 7.5%(即 7.5×1%)。

一般来说,退休人员和延期养老金领取者的负债久期往往比在职成员的负债久期短一些。

养老金计划赞助人一般希望能够尽量地降低计划各种财政项目的波动性。这些项目包括雇主应纳缴费、养老金会计成本、计划的财务状况等。为了降低这些项目对利率变化造成的波动性，精算师首先要知道：

- 养老金计划的负债久期。
- 基金内各种资产的久期。资产久期反映了资产价值和资本市场收益率或利率之间的关系。
- 精算评估的假设利率和资本市场利率之间的关系。

利用这些久期和关系数据，计划管理人可以制定一个适当的投资政策，以达到降低或消除财政项目波动性的目的。下面，我们举出两个例子。

 方格 1

保存筹资盈余实例

在某评估日，养老金计划的筹资评估结果如下：

精算成本法	单位信用成本法	
资产的市场价值(F)	300 000 元	
精算负债	金额	久期
• 退休成员(AL_r)	100 000 元	6.0
• 在职成员(AL_a)	150 000 元	14.0

筹资盈余(FS)等于资产值与精算负债之差，即 $FS = F - AL_r - AL_a$。

如果计划赞助人想要尽量地减小筹资盈余因利率变化而波动的范围，那么资产的久期应该是多少？

解：

假设评估利率和资产的预期回报率都反映长期政府债券的收益率。为使筹资盈余最小化，我们求解令 $\dfrac{\partial FS}{\partial i} = 0$ 的资产久期 $[Dur(F)]$：

$$\frac{\partial FS}{\partial i} = \frac{\partial F}{\partial i} - \frac{\partial AL_r}{\partial i} - \frac{\partial AL_a}{\partial i} = 0$$

$$\frac{\partial F}{\partial i} = \frac{\partial AL_r}{\partial i} + \frac{\partial AL_a}{\partial i}$$

$$(-F)Dur(F) = (-AL_r)Dur(AL_r) + (-AL_a)Dur(AL_a)$$

$$Dur(F) = \frac{(AL_r)Dur(AL_r) + (AL_a)Dur(AL_a)}{F}$$

代入右边项的相应数值可得：

$$\mathrm{Dur}(F) = \frac{1}{300\,000}(100\,000 \times 6 + 150\,000 \times 14) = \frac{2\,700\,000}{300\,000} = 9.0$$

因此，资产的久期应该等于 9.0。

 方格 2

稳定雇主应纳缴费实例

一个养老金计划的评估结果如下：

精算成本方法	聚合法	
资产的市场价值(F)	300 000 元	
在职参加者的工资总额(S)	300 000 元	
未来给付现值(PVFB)	金额	久期
• 退休参加者	94 000 元	5.8
• 在职参加者	400 000 元	19.5
未来工资现值(PVFS)	3 000 000 元	9.0

在聚合法下，雇主应纳缴费（记为 Cont）的计算公式如下：

$$\mathrm{Cont} = S\left(\frac{\mathrm{PVFB}_r + \mathrm{PVFB}_a - F}{\mathrm{PVFS}}\right)$$

如果计划赞助人想要尽量地减小雇主缴费因利率变化而波动的范围，那么资产的久期应该是多少？

解：

令 Cont 对利率 i 求导等于零。

$$\frac{\partial \mathrm{Cont}}{\partial i} = S\left[\frac{1}{\mathrm{PVFS}}\left(\frac{\partial \mathrm{PVFB}_r}{\partial i} + \frac{\partial \mathrm{PVFB}_a}{\partial i} - \frac{\partial F}{\partial i}\right) - \left(\frac{\mathrm{PVFB}_r + \mathrm{PVFB}_a - F}{\mathrm{PVFS}^2}\right)\left(\frac{\partial \mathrm{PVFS}}{\partial i}\right)\right]$$
$$= 0$$

则：

$$\frac{\partial F}{\partial i} = \frac{\partial \mathrm{PVFB}_r}{\partial i} + \frac{\partial \mathrm{PVFB}_a}{\partial i} - \left(\frac{\mathrm{PVFB}_r + \mathrm{PVFB}_a - F}{\mathrm{PVFS}}\right)\left(\frac{\partial \mathrm{PVFS}}{\partial i}\right)$$

> 根据久期定义,代入上面的公式,求得以下结果:
> $$(-F)\text{Dur}(F) = (-\text{PVFB}_r)\text{Dur}(\text{PVFB}_r) - (\text{PVFB}_a)\text{Dur}(\text{PVFB}_a)$$
> $$+ (\text{PVFB}_r + \text{PVFB}_a - F)\text{Dur}(\text{PVFS})$$
> $$\text{Dur}(F) = \frac{(\text{PVFB}_r)\text{Dur}(\text{PVFB}_r) + (\text{PVFB}_a)\text{Dur}(\text{PVFB}_a) - (\text{PVFB}_r + \text{PVFB}_a - F)\text{Dur}(\text{PVFS})}{F}$$
> $$\text{Dur}(F) = \frac{94\,000 \times 5.8 + 400\,000 \times 19.5 - (94\,000 + 400\,000 - 300\,000) \times 9.0}{300\,000}$$
> $$= \frac{6\,599\,200}{300\,000} = 21.997$$
> 因此,为使雇主缴费波幅最小化,资产久期应该等于22。

实际应用时的考虑

久期只能近似地反映资产和负债的可能变化幅度。此外,我们应该记住,计算养老金计划的筹资成本或会计成本所用的贴现率,与基金的投资回报率之间并没有精确的关系。

久期不是一个恒常值,它也会随着利率的变化而改变,我们称这种性质为"凸性"。资产和负债可能有不同的凸性;因此,如果利率变化较大,之前计算出的资产久期与负债久期之间的关系可能不再成立。

最后要指出存在于现实中的不连续性。例如,对于带有提前赎回条款的资产,要计算它们的久期会比较困难。另外,用来评估负债的贴现率不是持续变动的,而是以 0.1 或 0.25 个百分点为单位变动。因此,关于久期的任何计算都有可能会出现误差。

尽管久期有其局限性,但对于估计资产和负债的变动、选择投资策略、理解资产与养老金负债之间的关系等,它还是有一定的作用的。

10.4.6 养老金计划负债的免疫

基于以下一条或多条原因,一些养老金计划管理人会考虑为计划负债作"免疫"(immunization)处理,以便协调资产价格和负债值的变动:

- 卸载所有或部分养老金计划的负债(例如与退休人员相关的部分);
- 保存为养老金计划作清盘评估时所揭示的盈余;
- 降低雇主应纳缴费可能急剧增长的风险;
- 如果预期在不久的将来,养老金计划的一部分会被转移出去,管理者可以为负债作对冲投资,以达到维持计划目前的资金状况的目的。

协调资产与负债价格变动的方法有以下几种：
- 购买年金(annuitization)；
- 现金流匹配（cash flow matching）；
- 久期匹配（duration matching）；
- 现金流和久期匹配相结合。

现在，我们简单地介绍以上各种方法。

购买年金

计划管理人可向财务评级较高的保险公司购入非分红型的年金合同(non-participating annuity contract)，来满足计划中部分或全部养老给付义务。一般来说，此方法能提供资产和债务之间最紧密的匹配。然而一旦实施，过程便不可逆转，而且成本也会很高。

现金流匹配

通过建立一个高质量的债券组合，来提供养老金计划预期需要的现金流。当计划实际需要的现金流完全符合预期时，这个方法能降低或完全消除利率变化对计划筹资的影响。然而，未来现金流不匹配的风险仍然存在，这是因为退休人员的生存年限可能与计划评估所用的假设不一致，所以实际现金流与预期现金流便会出现偏差。另一个原因是组合中的债券有可能会出现违约的情况。

实施这个方案一般需要较高的成本，这是因为我们需要购买适当数量和种类的债券，来提供与给付支出相匹配的现金流。当现金流匹配需要延伸至更长期限时，我们可能无法建立一个适当的固定收益投资组合，来达到现金流匹配的目的。

久期匹配

此方法反映了各段现金流对利率变动的价格敏感度。它利用传统麦考利久期、修正久期、凸性或高阶导数的非平行久期分析等，构建一个固定收益投资组合来达到匹配的目的。当利率变化时，该组合与计划负债会产生相同或近似的价格变化。此方法比现金流匹配法较为灵活而且成本也较低，比较适用于较长期限债务的匹配。

然而，如果我们使用传统久期的度量来进行匹配，某些利率变化（例如非平行收益率曲线移动）仍会令资产无法与负债相匹配。为了减少无法匹配的情况出现，我们需要时常进行检测及重新平衡计划的资产组合。

前期现金流匹配和后期久期匹配相结合

此方法旨在建立这样一个固定收益投资组合：组合的一部分用来匹配计划初期的现金流，余下的部分则与计划中较长期的负债作久期匹配。由于初期的现金流需求得到充分的覆盖，因此，此方法能令小规模利率变动所产生的风险降低。

在此方法下，一般会持续地滚动组合中与现金流匹配的部分，从而使久期匹配的部分相对地减少。应该注意的是，不匹配的风险依然存在，因此仍有必要定期重新平衡投资组合。

总的来说，在为计划提供免疫处理建议时，精算师应该考虑到养老金计划中各个利益相关者可能面对的风险，然后帮助其客户选择一个适当的免疫方法来达到为计划去风险化的目标。

10.4.7 养老金基金回报的度量

养老金基金管理人需要时常依据精算评估中的利率假设来监测基金的实际表现，这涉及测量养老金基金的回报率。一般来说，有两种测量回报率的方法。

货币加权回报率

货币加权回报率（dollar-weighted rate of return）是养老金基金投资组合的内部收益率（internal rate of return，简称IRR）。该方法同时考虑现金流的时间及金额。如果在投资市场表现较好（较差）时注入资金，货币加权回报率便会上升（下降）。

设现金流分布如下：

金额	F_0	C_1	C_2	⋯	C_n
时间	0	t_1	t_2	⋯	t_n

现金流在 $t(\geqslant t_n)$ 时刻的未来值将等于：

$$\text{FV} = F_0(1+i)^t + \sum_{j=1}^{n} C_j(1+i)^{t-t_j}$$

利用泰勒一阶展开 $(1+i)^t$，即得 $1+it$，以上等式可写成以下的近似等式：

$$\text{FV} \approx F_0(1+it) + \sum_{j=1}^{n} C_j[1+i(t-t_j)]$$

从以上等式解出的利率 i 被称为货币加权回报率：

$$i = \frac{\text{FV} - F_0 - \sum_{j=1}^{n} C_j}{F_0 t + \sum_{j=1}^{n} (t-t_j) C_j}$$

其中，F_0 是账户中的初始余额，C_j 是在 t_j 时刻存入的金额（如为负值则是支出），FV 是账户在 t 时刻的最终余额。所以，$\text{FV} - F_0 - \sum_{j=1}^{n} C_j$ 是账户在 0 时刻到 t 时刻之间产生的利润，而 $F_0 t + \sum_{j=1}^{n} (t-t_j) C_j$ 是存入金额乘以其在账户中的时限并求和。

例 10-1

资产市场价值测度时间	价值
2010 年 1 月 1 日	1 000 000 元
2010 年 6 月 30 日	1 025 000 元
2010 年 9 月 30 日	1 550 000 元
2010 年 12 月 31 日	1 500 000 元
在 2010 年 7 月 1 日的雇主缴费	500 000 元
在 2010 年 10 月 1 日的给付支出	100 000 元

利用近似公式：$(1+i)^t = 1+it$，其中 $i<1$，计算出 2010 年资产的货币加权回报率。

解：

求解以下关于 i 的方程（这里，我们删除了每个数字的最后三个零）：

$$1\,000 \times (1+i) + 500 \times \left(1+\frac{1}{2}i\right) - 100 \times \left(1+\frac{1}{4}i\right) = 1\,500$$

可得：
$$i = 0.0816$$

时间加权回报率

时间加权回报率（time-weighted rate of return）测量的是单位投资在测量期内的复利增长率。此方法不受现金流的时间影响，因此是评估投资组合投资表现的首选方法。

假设我们不时地向基金注入资金，并且我们知道在每次存入或支出之前的基金余额。设基金内的最初余额为 B_0，t_j 时间点之前的基金余额为 B_j，其中 $1 \leqslant j \leqslant n$。令在 t_j 时间点每笔存入或支出的金额为 W_j（存入则 $W_j>0$，支出则 $W_j<0$）。

时刻	0	t_1	t_2	...	t_{n-1}	t_n
存入/支出前的余额	—	B_1	B_2	...	B_{n-1}	B_n
存入/支出金额	—	W_1	W_2	...	W_{n-1}	W_n
存入/支出后的余额	B_0	B_1+W_1	B_2+W_2	...	$B_{n-1}+W_{n-1}$	W_n

在第 j 段时间内，基金的余额从 $B_{j-1}+W_{j-1}$ 变成了 B_j。所以在第 j 段时间内的回报率为 $1+i_j = \dfrac{B_j}{B_{j-1}+W_{j-1}}$，其中 i_j 是 $[t_{j-1}, t_j]$ 时期内的实际回报率。假设每年的有效息率均为 i，则从 t_{j-1} 到 t_j 时间内的利率因子为 $(1+i)^{t_j-t_{j-1}}$。由此可得：

$$(1+i_1)(1+i_2)\cdots(1+i_n) = (1+i)^{t_1}(1+i)^{t_2-t_1}\cdots(1+i)^{t_n-t_{n-1}} = (1+i)^{t_n}$$

时间加权年度利率 i 可由以下方程解得：

$$(1+i)^{t_n} = \frac{B_1}{B_0} \cdot \frac{B_2}{B_1+W_1} \cdot \frac{B_3}{B_2+W_2} \cdots \frac{B_n}{B_{n-1}+W_{n-1}}$$

例 10-2

养老金基金在 2009 年 1 月 1 日至 2011 年 1 月 1 日的现金流如下：

日期	雇主缴费	养老给付	交易后的基金余额
2009 年 1 月 1 日	1 000 元		1 000 元
2009 年 7 月 1 日	500 元		1 525 元
2010 年 4 月 1 日		1 000 元	550 元
2010 年 7 月 1 日	2 000 元		2 575 元
2011 年 1 月 1 日		2 500 元	0 元

在 2009 年 1 月 1 日至 2011 年 1 月 1 日期间的时间加权回报率是多少？

解：

交易前的基金余额如下：

日期	交易前的基金余额
2009 年 1 月 1 日	0 元
2009 年 7 月 1 日	1 025 元
2010 年 4 月 1 日	1 550 元
2010 年 7 月 1 日	575 元
2011 年 1 月 1 日	2 500 元

时间加权回报率 i 可由如下公式求得：

$$(1+i)^2 = \frac{1\,025}{0+1\,000} \times \frac{1\,550}{1\,025+500} \times \frac{575}{1\,550-1\,000} \times \frac{2\,500}{575+2\,000}$$

$$i = 0.0283$$

10.5 精算假设的选择

为了估计养老金计划的负债及成本，精算师需要在评估中选择恰当的精算假设。养老金计划的评估需要用到的假设主要有两大类：

（1）经济假设。包括预期投资回报率、工资增长率、影响给付的其他外部指标（例如消费者物价指数、行业综合工资指数）以及雇员的工作时数等。

- 投资回报率。未来给付可以通过雇主的（有时也包括雇员的）缴费以及基金的投资回报而得到满足。投资收入越高，雇主缴费就可以相对地减少。投资回报假设反映了精算师对养老基金投资回报的合理预测，我们称之为评估利率（valuation interest rate）或贴现率（discount rate）。我们用这个假设来贴现未来给付，以确定未来给付的精算现值。一般来说，评估利率反映了计划所采取的特有投资政策以及对未来回报率的预测；较低的评估利率会增加精算负债，并且意味着，由于资产的预期回报较低，更多的资金需求必须来自雇主的（或包括雇员的）缴费。

- 工资增长率。如果计划提供的给付是基于成员未来工资计算的话，我们用这个假设来预测计划的未来给付。一般来说，它反映了预期的通货膨胀率、生产力的提高、员工年资及晋升以及其他可能影响工资增长的因素如集体谈判协议等。较高的工资增长率会产生较高的预期未来给付，因而产生较高的精算负债和正常成本。

- 通货膨胀。这个假设是用来预测根据消费物价指数增长而作调整的养老金给付。

（2）人口（或衰减）假设。是用来预测计划成员的预期寿命和就业模式。精算师用概率方法来模拟成员的就业模式与死亡率。典型的人口假设有：

- 死亡率。这个假设是用来预测养老金计划成员的未来寿命。由于预期人类的寿命会逐渐延长，所以这一假设往往也包含对死亡率改善的预期。死亡率假设越低，成员的预期寿命就越长，这将产生更高的精算负债和正常成本。

- 退休年龄。计划的退休条款一般是基于成员的到达年龄、服务年数或两者皆有。如果计划提供有利的提早退休福利，且预期更多的成员会选择提早退休的话，计划的精算负债和正常成本便会较高。

- 终止或退保。这个假设预测的是成员在退休之前，终止参加计划的可能性。退保率取决于年龄、工作年限或者两者皆有。一般来说，如果预计较多的成员会在退休之前退保，计划的精算负债及正常成本会较低。

除了以上的假设之外，养老金计划的评估也可能需要设置一些与成员相关的特殊假设，例如家庭组成、婚姻状况、成员和配偶之间的年龄差距等。

10.5.1 评估利率

精算评估中所用的评估利率（或贴现率）对计划精算负债的计量有重大的影响。一般而言，我们可以用两种不同的方法来设置这个假设：

- 预期回报法（expected return approach）。此方法是基于养老金基金的投资政策(即资产投资组合)以及在评估日期后的预期回报率。

• 固定收益投资收益法(fixed income yield approach)。此方法不考虑计划中实际持有的资产类别。相反,它反映了一个假想固定收益投资组合的收益率,这个假想投资组合的预期收入与计划未来给付相匹配。

下面我们详细阐述预期回报法。"搭积木法"(building block approach)是最常用的一种预期回报法,它包括下列步骤:

首先,对养老金计划基金中各种资产种类作出最佳长期投资回报率的预计;

然后,依计划的资产配置,把各种资产的最佳预计回报率结合起来,并考虑到资产多元化(diversification)和再平衡(rebalancing)的效应;

最后,为投资费用作适当的拨备。

通常,每种资产的预期回报率都有其合理的假设区间。选取区间中最高点或最低点都不是恰当的做法。高风险资产(如股票)的回报率可能包含一个"风险溢价"(risk premium),即资产的预期回报超出"无风险资产"(例如政府债券)预期回报的部分。从长期来看,加拿大股票的股权风险溢价(equity risk premium)为4%左右;然而这个溢价在未来是否仍然有效,我们是无法确定的。一般来说,加拿大的精算师会假设2%—4%的股权风险溢价来设置未来长期回报率的假设。

资产再平衡和多元化的影响

一般来说,计划中的资产必须充分多元化,并定期重新再作平衡以避免偏离"目标"资产组合太远。对于一个多元化的投资组合,用几何平均计算的长期平均回报率,将会超过根据资产组合比例以算术加权平均计算的回报率。该超额部分就是所谓"多元化回报"(diversification return),它是通过在再平衡过程中的资产买卖交易而实现的。在通常的情况下,多元化回报年率应在0.3%至0.5%的范围内。

主动式管理与被动式管理的投资策略(active management vs. passive management)

相对于依据投资指数而投资的策略(即所谓被动式管理投资策略),我们可以合理地假设主动式管理的投资策略会带来增值回报。然而,我们必须为主动管理带来的额外费用作适当的拨备。

实例:

某养老金计划有以下目标资产组合:

资产种类	目标资产组合
短期和现金等价物	5.0%
加拿大债券(短期、中期)	17.5%
加拿大债券(长期、多元化)	17.5%
加拿大股票	32.0%
美国股票	14.0%
国际股票	14.0%

其投资政策要求定期再平衡资产,使资产组合保持在政策目标的合理范围内。精算师利用"搭积木"法,计算出贴现率的最佳估值如下:

长期加拿大政府债券(Government of Canada bonds)的市场回报率(属低风险资产类)	4.00%
长期几何风险溢价(相对于长期加拿大政府债券)	
短期/现金等价物	−0.8%
加拿大债券(短期、中期)	0.2%
加拿大债券(长期、多元化)	0.8%
加拿大股票	3.0%
美国股票	3.0%
国际股票	3.0%
算术加权平均风险溢价率	1.94%
多元化回报率	0.40%
投资费用拨备(被动管理投资成本)	−0.25%
投资回报率的最佳估值	6.09%
以四舍五入取 0.25%	6.00%

10.5.2 人口及其他假设

在这一小节中,我们列出在选择人口假设及其他假设时应考虑的因素。这些假设包括:

- 退休年龄;
- 死亡率及死亡率的改善;
- 雇佣关系的终止或退保;
- 残疾及残疾的康复;
- 给付可选形式的选择;
- 其他假设如计划的行政管理费用、婚姻状况、工作时数等。

在决定使用何种假设时,精算师通常会考虑以下的项目:

- 影响给付支付时间和价值的养老金计划条款；
- 造成给付增加或损失的可能因素；
- 各个假设的重要性；
- 计划参加者的特征。

与人口假设相关的信息资源包括人口经验的研究报告、计划的过去经验、计划设计的效应、影响计划的具体事件（如公司厂房关闭）、社会经济状况、计划参加者的特征、其他总体趋势的研究或报告（如死亡率的改善趋势）等。表 10-2 列出了精算师在选择人口及其他假设时需要考虑的具体因素。

表 10-2　选择人口假设的考虑因素

人口及其他假设	考虑因素
终止或退保	- 与雇主或职业相关的因素如职业类别、雇佣政策、工作环境、就业地点等 - 计划条款如受领权条件、给付形式的选择等
退休年龄	- 计划设计：具体的激励提早退休条款（即提前退休补贴）会影响参加者选择的退休年龄
死亡率及死亡率改善	- 退休前后可能使用不同的死亡假设；对于小型的养老金计划，一个合理的假设是退休前无死亡发生 - 对于残疾人士，可采用与健康人士不同的死亡率假设 - 对于不同的群体（如蓝领或白领），可选择不同的死亡假设 - 可以包含死亡率改善的假设
给付可选形式的选择	- 养老金给付形式、开始支付日期 - 有关于可选形式选择的过去和预期经验
行政管理费用	- 与计划管理、投资管理、精算服务、法律服务、信托服务相关的费用支出 - 费用的拨备可以是固定金额、资产的某一特定百分比或是从投资回报假设中扣减一个特定百分率
结婚、离婚及再婚概率	- 在某些养老金计划中，成员结婚、离婚或再婚可能会影响支付给他们的给付金额及延续性 - 除了假设成员结婚、离婚或再婚的概率外，还需要对成员配偶的年龄作假设

10.5.3　其他考虑因素

在选择精算假设时，精算师还需要考虑以下其他因素：

1. 假设的重要性

- 精算师应该在精算假设的细化选择及其重要性之间寻求适当的平衡。如果退保率是基于年龄和服务年限两个因变量，但它所产生的结果和只根据年龄或服务年限其中一个指标的退保率所产生的结果并无显著差异，那么就没有必要采用前者。
- 不一定需要对每一个可能发生的事件作独立的假设。如果一个计划提供相同的退保、残疾、死亡给付,精算师便可以使用单一假设来反映以上所有事件可能发生的概率,而不必对每一个事件作独立的假设。

2. 成本有效性

和重要性一样,精算师应该在细化的选择和成本效益之间取得适当的平衡。

3. 认知基准

• 所选假设应该反映精算师在进行评估时的认知,并且应该考虑到在评估日后的后续事件对评估结果可能产生的影响。

4. 专家建议

• 人口数据和分析可以从多个不同的来源获得,这些来源包括计划赞助人或管理人、人口学家、经济学家、会计师以及其他专业人士。

• 在选择精算假设时,精算师可能需要寻求一些外部专家的意见。不过,所选择的假设仍然应该反映精算师的专业判断。

变动一个计划的精算假设可能会对该计划的财务状况、雇主应纳缴费的估计等产生很大的影响。一般来说,计划赞助人都希望能保持一个相对稳定的缴费水平,因此,如果没有充分的理由,不宜对精算假设作重大而频繁的改变。

10.6 精算成本法的选择

正如我们在前几章中已讨论过的,精算成本法大致可以分成两大类:成本分配法与给付分配法。成本分配法将未来给付的精算现值直接分配到各个时间段中,它包括进入年龄正常成本法、个体均衡保费成本法、冻结初始负债成本法、到达年龄正常成本法、个体聚合成本法和聚合法等。此外,给付分配法是先把未来给付分配到各个时间段内,然后再计算它们的精算现值,它包括传统单位信用成本法和规划单位信用成本法。

一般来说,成本分配法所产生的正常成本会比较恒定(或为固定金额,或为工资的固定百分比),因此,它们有时又被称为水平成本法(level cost methods)。此外,由于"年龄偏差"的效应,给付分配法所产生的年度正常成本往往会随着计划的日渐成熟而按年递增。但应该注意的是,由于计划的实际经验与精算假设往往不会完全吻合,因此,这些成本累计模式很可能随着实际情况的变化而发生改变。

在为养老金计划进行精算评估时,精算师所使用的精算方法必须与公认的精算实务相一致。一般情况下,一个可接受的精算成本法应该符合下列条件:

• 个别参加者的成本分配期限,其起始日期不应早于参加者的受雇日期,也不应晚于参加者进入计划的日期(例如,计划可能规定参加者要完成一年的服务后才可以加入计划),而其结束日期则不应晚于最后的假设退休年龄。成本可以依据个体的形式或聚合的形式来进行分配。

• 成本分配的比例基准应该和计划给付公式中的某些元素有逻辑联系。这些元素包括服务年限、薪酬、应计给付或其他合理因素。

精算成本法的选择可能受下列因素影响:

• 给付的计算公式,如固定金额给付、职业平均薪金、最终服务期间平均薪金等;
• 预期的计划成员增长率;
• 给付保障程度的要求;
• 雇主缴费的可预测性或可承受性;
• 计划规模的大小,即计划中参加者的人数或资产规模;
• 计划参加者的特征,如年龄、性别、服务年限等;
• 赞助人的财务状况及其业务对现金的需求;
• 养老金法律规定的筹资要求;
• 计划文件的条款以及相关的合同,包括计划赞助人和计划参加者之间的劳资合同。

以下,我们用几个例子来说明选择成本法的考虑因素。

1. 已冻结了的养老金计划

在这种计划下,参加者的应计给付金额已被冻结。对于他们未来的服务,计划不再提供任何给付,因此计划的未来年度正常成本为零。在任何时刻,计划的筹资目标都应等于冻结了的应计给付的精算现值,所以我们应当选择传统单位信用成本法来进行精算评估。一些最终服务期间平均薪金的计划可能只冻结参加者的服务年限,所以参加者的应计给付仍可以随着他们未来工资的增长而增加。在这种情况下,我们应该采用与工资增长假设结合的规划单位信用成本法。

2. "非均匀的"参加者团体

一些少数人持股的企业或者专业服务公司提供了涵盖管理层和基层员工的养老金计划。计划中大部分的未来给付现值可能归属于一小群高收入的、年龄较大的主管。这些管理人员的离职率一般会比基层员工低,而他们的给付成本相对较高。在聚合成本法(如聚合法、冻结初始负债成本法、到达年龄正常成本法)下,每个在职参加者的正常成本都是相同的(或为固定金额,或为工资的固定百分比);这意味着当高收入参加者退休时,计划累积到的资金可能不足以支付他们的退休给付。因此,聚合成本法一般不适用于此类计划。比较恰当的成本方法应该是把每个参加者的未来给付现值在他们各自的未来服务年限内摊销,所以我们应该选择个体均衡保费成本法或个体聚合成本法。

3. 定期改善的固定金额给付计划

这类计划在一些员工有集体谈判权的公司非常普遍。通过劳资谈判,计划的给付水平会定期被调高,每一次给付增加都会增加计划负债。如果新增的负债不在短时期内偿付,频密的给付改善会导致计划筹资不足的情况出现。由于劳资谈判的压力,筹资策略往往不能适时地反映未来给付的预期增长。造成这种情况的原因有两点:① 雇主不愿意对员工未来给付的改善作预先的拨备。② 代表员工的工会则希望把现时的计划给付成本降到最低水平,以免影响薪酬及其他福利的劳资谈判。其结果是,许多这类计划都出现长期筹资不足的现象,即计划资产值远低于应计给付的精算现值。此时,选用传统单位信用成本法尤其不适合,因为在这种方法下,正常成本会随着计划的日渐成熟而递增,这将令筹资不足的问题更难得到解决。对于这类计划,选择预期给付增加的成本法会比较合适,例如,可以选用进入年龄正常成本法、冻结初始负债成本法、规划单位信用成本法等。由于这些成本法产生的评估结果可能不会有太大的差异,因此选择哪一种主要受精算师个人的偏好影响。

4. "均匀的"参加者团体

这些团体的特点是参加者团体比较庞大、人口特征稳定、收入水平均匀、归属于高收入者的给付比重相对较小。一般来说,此类计划会提供与雇员薪酬挂钩的养老金给付。精算师一般不会选择个体均衡保费成本法,因为这种方法需要保存庞大的成员过去的数据,应用起来会比较繁复。传统单位信用成本法也不太适用,因为年度成本会以高于工资增长的速率递增。对于这样的计划,精算师可以选用进入年龄正常成本法、冻结初始负债成本法、到达年龄正常成本法、聚合法或规划单位信用成本法等。如果计划生效时没有未纳基金精算负债,则使用聚合法会比较方便。

在很多情况下,给付的安全性取决于计划资产积累的充足程度。在为计划筹资而选择精算成本法时,给付的安全性往往是一个重要的考虑因素。

养老金基金的投资收益、利率变动及其他因素都可能引起计划筹资需求的变动。一般来说,计划赞助人都希望能够精确地预测每年的筹资要求;大型公共部门的养老金计划一般会倾向于采用进入年龄正常成本法而舍弃传统单位信用成本法,主要原因是前者的正常成本具有较高的可预测性。

如果计划赞助人的商业业务有可观的收入和充足的现金流,则他们可能会倾向于选择较高前期筹资水平的成本方法(如进入年龄正常成本法),以便尽早向计划注入较多的资金。此外,那些当下业务对现金有较高需求的雇主,则可能会倾向于选择前期筹资水平较低的成本方法(如传统单位信用成本法)。

在大多数情况下,精算成本法只会影响给付成本的分配,但不能确定计划的筹资策略。例如,一个精算成本法可能会确定在计划初始时的未纳基金精算负债,但它不会确定这个负债如何被摊销;该摊销方法将由计划赞助人的筹资政策、养老金法律规定的筹资要求等来决定。

一般来说,一个国家普遍采用的精算实务以及养老金法规,对精算成本法的选择有很大的影响。例如,美国的精算师特别强调正常成本的稳定性,因此他们一般倾向于选择进入年龄正常成本法。而在加拿大,由于养老金法规中最低筹资的要求,那里的精算师则倾向于选择传统单位信用成本法或规划单位信用成本法。

10.7 资产评估方法的选择

养老金计划的筹资水平,即基金资产的市场值和计划负债的比例,直接受到金融市场回报率以及长期利率的影响。这两个因素的波动性导致筹资水平和筹资要求无法长期地维持稳定。由于养老金计划的成本难以精确地被预测,因此这为雇主的预算编制带来了困难。

1. 为什么不使用资产的市场价值作精算评估

对于一个持续经营的养老金计划,我们需要一并考虑其资产与负债的相互关系。如果用来测量负债的评估利率比养老金基金的预期投资回报率高出很多的话,这将是不恰当的。所有的筹资方法都必须反映计划中资产的价值,以确定雇主的缴费需求。从表面上看,使用计划资产的公平市场价值似乎具有一定的逻辑性,但它不是在任何情况下都是最恰当的。这里,我们举出两个例子来说明:

- 一些资产没有一个可确定的公平市场价值。
- 在成熟的计划中,市场价值的波动会导致缴费需求的波动。计划赞助人一般都希望尽量避免这种情况出现。

如果我们采用了一个忽略后市短期变动的评估利率来测算负债,则选择忽略短期市场波动的资产评估方法也许是恰当的。精算师已开发出各种产生不同于市场价值的资产估值方法,它们被称为资产评估方法(asset valuation methods),所产生的结果被称为资产精算值(actuarial value of assets)。所有合理的资产评估方法都有一个共同的目标,那就是降低资产价格波动对所需缴费的影响。合理的资产评估方法会力求将投资收益(或损失)"平滑化",以降低筹资水平及应纳缴费的波动性。

2. 可接受的资产评估方法

资产评估方法所产生的资产值应该具有以下的特点:

(1) 它在合理的时间内趋近于市场价值。

(2) 它不会过度偏离市场价值。

(3) 它没有系统性的偏差(free of bias):相对于市场价值,应该避免系统性高估或低估资产价值。

- 不能接受的偏差包括：① 资产值等于市场价值的固定百分比；② 资产值长期不趋近于市场价值；③ 使用一个上限高于下限的差值区间（corridor）来限制资产价值。
- 但在某种情况下，例如，当投资市场连续走高（或走低）时，一个评估方法产生的资产值可能会持续低于（或高于）资产的市场价值，这种偏差则不算是系统性偏差。

(4) 资产评估不能对投资交易决策有不适当的影响。反之，交易决策也不应对资产评估有不适当的影响。例如，使用一个对资产周转敏感的评估方法是不适当的。

(5) 所选用的资产评估方法应该与经济周期长度（一般不超过五年）相一致。如果在一个资产评估方法下，投资收益或损失不在五年内确认，则这种方法是不适当的。

在选择资产评估方法时，精算师还应该考虑下列因素：

(1) 保守性。关乎计划的筹资目标，精算师可能特意选用一个保守的资产评估方法。例如，评估方法可能会特意保留一个保守边际（conservative margin），使实际投资收益不被完全反映到资产值中。

(2) 差值区间。精算师可以使用一个差值区间来限制资产值，如限制资产值于市场价值的 $\pm x\%$ 之内。

(3) 应用性。资产评估方法可以应用于基金内的个别投资组合或是某个资产类别。

(4) 改动评估方法。如果精算师改动了应用中的资产评估方法，则他必须提出改动的充分依据。

3. 资产评估方法示例

有一类方法被称为计划认可法（scheduled recognition method）。这类方法将每一年的资产市场价值变化（但不包括缴费或给付支出）分成两部分：一部分即时在资产精算值中确认，另一部分则按固定时间表逐渐被确认。

方法一：平均价值法（average value method）——无分段式引入（without phase-in）

在这种方法下，所有非源于资本升值或贬值（无论是已实现的或仍未实现的）的资产市场价值变动，会即时被确认于资产值中。该资产值的计算方法如下（我们称之为"第一算法"）：

(1) 先设定一个平均周期（最多为五年）。

(2) 确定在评估日时的资产公平市值。计算在平均周期内，评估日前每一个周年日期的"调整资产值"；评估日前周年日期的"调整资产值"等于该日期的资产公平市值，加上或减去后续至评估日时的所有现金流（包括缴费、利息收入及分红）。但对后续的资本升值或贬值则不作调整。

（3）求第（2）条中的所有资产值（即评估日的资产公平市值、评估日前的所有调整资产值）的平均数。

以下我们考虑一个"四点平均值"的例子。表中的数字均以元为单位。

	第一年	第二年	第三年
在 1 月 1 日的公平市值	150 000	196 500	238 000
该年度的现金流			
缴费	65 000	62 000	66 000
给付支出	22 000	24 000	25 000
管理及其他费用	6 500	7 000	7 500
利息和分红	8 000	7 500	7 000
净现金流	44 500	38 500	40 500
该年度的资本收益（损失）			
已实现的	(2 000)	6 000	(8 000)
未实现的	4 000	(3 000)	(42 500)
总资本收益（损失）	2 000	3 000	(50 500)
在 12 月 31 日的公平市值	196 500	238 000	228 000

平均市场价值法				
	第一年	第二年	第三年	第四年
在 1 月 1 日的公平市值	150 000	196 500	238 000	228 000
净现金流：				
第三年				40 500
第二年			38 500	38 500
第一年		38 500	40 500	40 500
调整后的资产值	273 500	275 500	278 500	228 000
资产平均值=(273 500+275 500+278 500+228 000)÷4				263 875

注意：

• 资产平均值等于(第一年调整值+第二年调整值+第三年调整值+第四年公平市值)÷4；

• 第一年的净资本收益已包含于第二年和第三年的资产调整值中（因为这些调整值分别由第二年年初和第三年年初的资产市场值得出），同时也包含于第四年的资产市场值中；

• 第二年的净资本收益包含于第三年的资产调整值以及第四年的资产市场值中；

第 10 章 公认精算实务

- 第三年的净资本损失包含于第四年的资产市场值中。

因此,资产平均值包含了 3/4 的第一年净资本收益、1/2 的第二年净资本收益、1/4 的第三年净资本损失。

上面的资产平均值(263 875 元)也可以用以下的算法得出(我们称之为"第二算法")。从评估日的资产公平市值(它包括所有以前年度的投资损益)中,减去之前一年(即第三年)的资本收益的 3/4、之前两年(即第二年)的资本收益的 1/2、之前三年(即第一年)的资本收益的 1/4。

注意:负的资本收益代表资本损失。

评估日的资产公平市值	228 000 元
未确认的收益(损失):	
第一年(2 000×25%)	500 元
第二年(3 000×50%)	1 500 元
第三年(−50 500×75%)	(37 875 元)
资产平均值	263 875 元

在此例中,每一年份已实现和未实现的基金资本收益(损失),以直线分配方法被确认到当年以及后续三年的资产值中。

方格 3

第一算法与第二算法的"等价"证明

$$\mathrm{MV}_t = \mathrm{MV}_0 + \sum_{i=0}^{t-1}(\mathrm{MV}_{t+1} - \mathrm{MV}_t)$$

$$\mathrm{MV}_t = \mathrm{MV}_0 + \sum_{i=0}^{t-1} C_i - \sum_{i=0}^{t-1} B_i + \sum_{i=0}^{t-1}(\mathrm{ImmRec}_i + \mathrm{DefRec}_i)$$

其中,MV_t 代表资产在 t 时刻的公平市值,C_i 是起始于 i 时刻年度的缴费,B_i 是起始于 i 时刻年度的给付和费用支出,而 ImmRec_i、DefRec_i 分别是起始于 i 时刻年度的投资回报被即时确认(如利息及分红)和延迟确认(如资本升值或贬值)的部分。

根据第一算法,每一个周年日期的调整资产值等于该日的资产公平市值,加上或减去起始于该日至评估日期间的所有缴费、给付、费用支出和投资回报中被即时确认的部分。

$$\mathrm{AdjVal}^t_{t-s} = \mathrm{MV}_{t-s} + \sum_{i=0}^{s-1} C_{t-s+i} - \sum_{i=0}^{s-1} B_{t-s+i} + \sum_{i=0}^{s-1} \mathrm{ImmRec}_{t-s+i}, \quad s \geqslant 1$$

> 经过演算可得：
> $$\text{AdjVal}_{t-s}^t = \left[\text{MV}_t - \sum_{i=0}^{s-1} C_{t-s+i} + \sum_{i=0}^{s-1} B_{t-s+i} - \sum_{i=0}^{s-1} (\text{ImmRec}_{t-s+i} + \text{DefRec}_{t-s+i}) \right]$$
> 故 n 点平均值可表示为：
> $$+ \sum_{i=0}^{s-1} C_{t-s+i} - \sum_{i=0}^{s-1} B_{t-s+i} + \sum_{i=0}^{s-1} \text{ImmRec}_{t-s+i} = \text{MV}_t - \sum_{i=0}^{s-1} \text{DefRec}_{t-s+i}, \quad s \geqslant 1$$
>
> $$\text{AVA}_t(n \text{ 点平均值}) = \frac{1}{n} \sum_{z=t-n+1}^{t} \text{AdjVal}_z^t$$
> $$= \frac{1}{n} \sum_{z=t-n+1}^{t} \left(\text{MV}_t - \sum_{i=z}^{t-1} \text{DefRec}_i \right)$$
> $$= \text{MV}_t - \sum_{i=1}^{n-1} \left(\frac{n-i}{n} \right) \text{DefRec}_{t-i}$$
>
> 最后的表达式是资产平均值的第二算法。证明完毕。

方法二：平滑市场价值法（smoothed market value method）——无分段式引入

对于平均周期中的每个周年日（包括当下的评估日期），我们计算一个预期资产市场值，然后将它与实际资产市场值进行比较。这两者的差额以线性分配方法，被确认到当年以及后续年份的资产值中。

每个周年日的预期资产价值等于前一周年日的实际资产市场值，加上缴费及减去给付，并根据评估利率假设作调整。① 利息调整需要适当地反映现金流的时间。

接续上例，假设评估利率为 7%，而每年的现金流在年中发生。 （下表中的数字以元为单位）	第一年	第二年	第三年	第四年
在 1 月 1 日的实际资产市场值	150 000	196 500	238 000	228 000
在 1 月 1 日的预期资产市场值		204 980	249 563	297 071
实际市场值与预期市场值之差额		(8 480)	(11 563)	(69 071)
评估日的资产市场值（即第四年的 1 月 1 日）				228 000
减去未被确认的差额：				

---

① 这里，我们不将"管理及其他费用"作为基金支出的一部分，而是将它们视为投资损失的一部分。故第二年年初的预期资产市场值等于：$150\,000 \times 1.07 + (65\,000 - 22\,000) \times 1.07^{\left(\frac{1}{2}\right)} = 204\,980$(元)。表中其他预期资产市场值的计算方法相同。

(续表)

第一年	$(8\,480) \times \left(\dfrac{1}{4}\right) =$	(2 120)
第二年	$(11\,563) \times \left(\dfrac{2}{4}\right) =$	(5 781)
第三年	$(69\,071) \times \left(\dfrac{3}{4}\right) =$	(51 803)
平滑后的资产市场值		287 704

评估日的平滑资产市场值等于：①该日的实际资产市场值，减去②评估日前投资"收益"未被确认的部分，加上③评估日前投资"损失"未被确认的部分。

方法一和方法二都是把每年投资回报的一部分，平均地分摊至从该年开始的固定年限中。然而，两种方法的区别在于它们如何定义投资回报被延迟确认的部分。在方法一中，延期的部分是基于资本收益或亏损；而在方法二中，延期的部分是基于实际资产市场值与预期资产市场值的差额，其中预期资产市场值是以评估利率假设作基准的。

其他资产评估方法包括：

(1) 期望值法(expected value method)。该方法假设资产的初始成本以 $x\%$ 的特定假设速率增长。所采用的 $x\%$ 的因子反映资产价格的合理预期变化。

(2) 基于预期收入的差值区间法(corridor based on expected income)。该方法假设资产公平市值在每个年度内以某个年率 $x\%$ 增长，并对年度内的缴费和给付支出进行适当调整，然后将调整后的资产值限制在一个预先设定的差值区间(如 $\pm 5\%$)内。

(3) 单元法(unit method)。在该方法下，基金被视为一个由一定数量"单元"组成的投资组合。缴费会增加单元数目而给付支出则会减少单元数目。单元的价值由基金的投资表现决定。在评估日时，基金资产精算值被定义为基金内的单元数目，乘以在设定的平均周期中的单元平均值。

$$\mathrm{AVA}_t = 单元数目\ s_t \times \left(\frac{1}{n}\sum_{i=t-n+1}^{t} 单元值\ i\right)$$

(4) 现值法(present value method)。资产精算值被定义为资产的预期未来现金流的现值。该现值是基于假设评估利率计算的。

第11章
养老金计划的会计处理

11.1 引言

养老金计划的会计处理有以下几个主要目的:
- 将养老金计划的成本确认于计划参加者的服务年限中;
- 比较不同时期、不同企业之间的财务状况;
- 将养老金计划的资产及负债披露于企业的财务报表中。

企业的财务报表是为了向投资者、债权人、金融分析员以及其他有关人士提供以下各项有关企业的财务信息:① 企业的财务状况(即资产负债表);② 经营业绩(利润或亏损);③ 股东权益的变动;④ 现金状况的变动(即现金流)。养老金计划的财务表现对这四项中的任何一项都有影响。

如前所述,养老金给付可被看作一种由雇主提供给雇员的延期补偿酬金。为了对延期补偿酬金作会计处理,雇主需要:
- 估计未来给付的支付时间和金额。
- 将未来给付折现,以反映其时间价值。一般使用的贴现利率是基于优质企业债券(如穆迪长期债务评级(Moody's long-term obligation ratings)[①]Aa 级或以上)在财务报表日期当天的收益率。
- 把上述所得的折现金额——延期补偿的成本——分配至与未来给付承诺相应的雇员服务年限中。

根据权责发生制会计准则,未来养老金给付的成本必须在雇员向公司提供服务期间被确认。原则上,当雇员退休时,公司对该雇员的养老金给付承诺应该完全被确认于公司的应计费用之中。

养老金计划的会计处理,受到计划赞助人开展业务所在地的会计准则规范。例如,

---

① 参见 Moody (2009). Moody's Rating Symbols & Definitions. Moody's Investors Service. https://www.moodys.com/sites/products/AboutMoodysRatingsAttachments/MoodysRatingsSymbolsand%20Definitions.pdf。

- 美国的一般公认会计准则(GAAP)——FAS 87/88/132R/158 条;
- 英国的财务报告准则(FRS)——FRS 17 条;
- 国际通用的国际财务报告准则(IFRS)——IAS 19 条。

每个国家的会计准则都可能随时间的推移而被修改。普遍的预期是,全球国家的会计标准将会逐渐趋于一致。在本章,我们将重点讨论适用于确定给付养老金计划的美国一般公认会计准则(US GAAP)。

11.2 资产和负债的计量

在任何时刻,确定缴费计划的负债都与计划基金的资产等值。至于确定给付计划,它的负债则等于计划成员应计给付的精算现值;这里,我们只能使用精算假设来估计该负债值。精算假设包括贴现利率、与雇员相关的离职率、退休率、死亡率等不确定因素。

对于确定给付计划,一般公认会计准则有两个不同的负债测量:① 规划给付义务(projected benefit obligation, PBO);② 累积给付义务(accumulated benefit obligation, ABO)。规划给付义务等于计划成员在测量日时的应计给付的精算现值,该应计给付基于计划成员至当日为止的服务年期以及他们的预期未来工资水平计算(这里,我们假设养老金给付基于雇员未来的工资水平确定)。累积给付义务的计算方法与规划给付义务基本相同,所不同的是,它是基于雇员目前的工资水平而非未来的工资水平。

养老金计划赞助者必须将计划的资金状况反映到他们的资产负债表中。计划的资金状况是通过比较规划给付义务与计划资产的公平价值而得出的。在一般公认会计准则FAS 158 条发布之前,累积给付义务是一个重要的会计测量,但如今它仅仅在财务报表的附注中被披露,而且不会影响雇主的资产负债表(balance sheet)或收入表(income statement)。图 11-1 显示了累积给付义务、规划给付义务与规划未来给付现值之间的关系。

测量日

规划未来给付现值				
规划给付义务=至今为止的服务年限所对应的给付的现值		未来预期赚取的给付的现值		
累积给付义务——基于过去服务年限和目前的工资	未来工资的影响	年度服务成本		

图 11-1 会计测量

规划给付义务的计量

依据养老金计划的给付公式计算出的雇员未来给付,首先被分配到他们各自的服务年限中。对于最终工资养老金计划或职业生涯平均工资养老金计划,我们所用的给付分配法是规划单位信用成本法。对于固定金额养老金计划,我们用的是传统单位信用成本法。

在假设养老金计划继续存在的情况下,每一个用于计算规划给付义务的精算假设都必须反映雇主当前的最佳估计:

- 假设的贴现率必须反映结算养老金给付的有效利率。当进行这个假设时,雇主可以参考当前投资市场的优质固定收益投资的收益率。
- 如果养老金给付公式是基于未来的工资水平(如最终工资计划或职业生涯平均工资计划),规划给付义务必须反映预期的未来工资水平。

所有经济假设都必须与预期的未来经济情况相一致。例如,假设贴现率应该与未来通货膨胀的预期一致。

规划给付义务的变化有以下几个原因:

- 它的增加是因为利息随着支付日期日渐临近而累积;
- 它的增加是因为雇员当年服务赚取的额外养老金给付;
- 它的变化是因为雇员流失率、死亡率以及其他因素的实际经验与评估所用的假设不同,或者是因为所用的精算假设被更改而引起的。

这些变化可以表示如下:

	期初规划给付义务
+	由利息导致的规划给付义务增加
+	由该时期雇员服务导致的规划给付义务增加
−	向退休者或其他受益人支付的养老金给付
+/−	精算收益或损失
=	期末规划给付义务

计划资产的计量

计划资产必须以计量日当天的公平价值进行计价。一项资产的公平价值是指:在买卖双方都自愿的情况下,买家愿意支付给卖家购入该资产的金额。如果存在一个活跃的投资市场,那么,资产的公平价值应该按照市场价格来计量。如果不存在活跃的投资市场,但有与该资产相类似的活跃投资市场,后一市场中的买卖价格将有助于估计该资产的公平价值。如果没有适当的市场价格可以利用,资产的现金流预测将有助于估计其公平价值,前提是我们所用的贴现率必须反映该资产的潜在风险。

养老金计划资产在每个时期的变化可以表示如下：

	期初资产公平价值
+/−	养老金计划投资的实际收益（或损失）
+	雇主的缴费（如适用的话，也包括雇员的缴费）
−	向退休者或其他受益人支付的养老金给付
−	其他支出的管理费用
=	期末资产公平价值

11.3　雇主养老金费用的计量

确定给付养老金计划的年度费用，被称为养老金定期净成本（收入）（net periodic pension cost (income)），它由下列五项组成：

(1) 年度服务成本（service cost）；

(2) 利息成本（interest cost）；

(3) 计划资产的预期回报（expected return on plan assets，简称 EROA）；

(4) 与计划生效日前或修订前服务有关的成本/收益（prior service cost/credit）的摊销；

(5) 未被确认的净损益的摊销。

前三项反映了规划给付义务和计划资产从年初至年末的预期增长；总的来说，它们代表了资金状况在一年之内发生的预期变化（缴费的影响除外）。后两项衡量了与过去事件有关的养老金成本（但仍未在收入表中被确认）的摊销。现在，我们对上述各项逐一说明：

• 年度服务成本是指因当年雇员服务而产生的新增规划给付义务，它等于对应于当年服务的养老金给付的现值。这些新增的给付加大了养老金给付义务，因而降低了计划资金状况的充裕程度。

• 利息成本反映了因货币的时间价值而导致的规划给付义务增长。规划给付义务按利率逐年递增，此处的利率是用于估计该义务的贴现率，增长的金额则被称为利息成本。

• 计划资产的预期回报反映了计划资产因预期的投资回报而导致的增长。它是计划资产的市场相关价值与假设的资产回报率的乘积；这里，市场相关价值可以是公平市场值也可以是平滑市场值[①],而假设的资产回报率必须反映资产的预期长期收益率。

许多公司在计算计划资产的预期回报时都会使用平滑市场值,以此降低养老金成本的波动。这是养老金会计处理中比较混乱的一点:

首先,假设的资产回报率是基于资产的市场值推导出来的,但在计算计划资产的预期回报时,我们却把它应用于资产的市场相关价值。

其次,在计算定期净成本时,我们扣减了计划资产的当年预期回报,而非实际回报。因此,即使计划资产实际上有投资损失,预期回报(EROA)总是作为一项收入计入养老金定期净成本中。计划资产的实际回报和预期回报的差值则被列入计划未被确认的净损益中。该项损益在公司的资产负债表中会即时被确认,但在收入表中则会被延迟确认。

- 与计划生效日前或修订前服务有关的成本(收益)是指因追溯计划生效日前或修订前的雇员服务年限而导致规划给付义务的增加或减少。它通常被摊销至雇员平均剩余工作年限中。

- 收益或损失的产生是由于实际发生的经验(包括投资回报)与之前会计评估中所用的假设不同或是由于所用的假设被更改所致。美国一般公认会计准则允许计划赞助者在立即确认损益和延迟确认损益两种做法中选择一项。如果选择延迟确认的做法,得先建立一个如下的区间(一般俗称"走廊",corridor):先计算规划给付义务和计划资产的市场相关价值两者之最大值,该最大值的±10%分别被设为区间的上限和下限。如果累积而未被确认的净损益(但不包括资产的市场相关价值与实际市场价值之差额)落于规定区间之内,雇主可以不予确认;落于区间之外的部分则被摊销至在职雇员的平均剩余工作年限中。以下的例子说明了净损益如何被确认。

 方格 1

净损益的确认

ABC 公司每年年初的规划给付义务和计划资产的市场相关价值(以元为单位)如下表所示:

---

① 平滑市场值是一个通过一个系统而合理的方法来逐渐确认资产市场价格每年的变动(确认时期一般不超过五年)的计算值。对于不同的资产类别,我们可以用不同的方法来计算其市场相关价值。例如,对于定息债券类别,可以用它们的公平市值;而对于股票类别,则可以用五年移动平均市场值。如果股票投资在一段时期内遭受重大损失,市场相关价值将会高于资产的公平市值;而当股票投资显著获利时,相反的情况则会出现。

第 11 章
养老金计划的会计处理

年初	规划给付义务	计划资产的价值
2009	2 000 000	1 900 000
2010	2 400 000	2 500 000
2011	2 900 000	2 600 000
2012	3 600 000	3 000 000

2009 年和 2010 年，雇员的平均剩余工作年限是 10 年，而 2011 年和 2012 年则为 12 年。各年发生的净损益（但仍未被确认）如下：2009 年净损失为 280 000 元；2010 年净损失为 90 000 元；2011 年净损失为 10 000 元；2012 年净收益为 25 000 元。试计算这四年中每年被摊销并确认于养老金费用中的净损益。

解：

年份	规划给付义务	计划资产	10%"走廊"	当年发生的收益（损失）	未被确认的净损益—年初结余	剩余年期	摊销金额	未被确认的净损益—年末结余
2009	2 000 000	1 900 000	200 000	(280 000)	—	10	—	(280 000)
2010	2 400 000	2 500 000	250 000	(90 000)	(280 000)	10	(3 000)	(367 000)
2011	2 900 000	2 600 000	290 000	(10 000)	(367 000)	12	(6 417)	(370 583)
2012	3 600 000	3 000 000	360 000	25 000	(370 583)	12	(882)	(344 701)

当以上各项确定后，我们便可以进行养老金定期净成本的计算，如下所示：

	净损失的摊销
	与计划生效日前或修订前服务有关的给付成本摊销
＋	利息成本
	年度服务成本
	计划资产的预期回报
－	与计划生效日前或修订前服务有关的收益摊销
	净收益的摊销

除了以上讨论的会计规则以外，也有一些特殊的规则应用于特定的事件中，比如对养老金计划义务进行部分或全部的结算、雇主大幅度地减少雇员人数、雇主减少养老金

计划的给付承诺、一次性的离职福利、收购或资产剥离等。通常，这些规则会加速确认先前被延迟确认的养老金成本。由于这些事件的会计处理细节超出了本章简略介绍的范围，我们将予以省略。

11.4　养老金计划对公司财务报表的影响

在一个计量日，养老金计划的资金状况是当天规划给付义务和计划资产公平价值之间的差值：

$$养老金赤字（盈余）＝规划给付义务－计划资产的公平价值$$

根据 FAS 158 条的规定，一家公司的养老金计划的资金状况会直接影响该公司的财务报表，计划资金状况的变化必须即时反映于公司的资产负债表中。然而，这种变化不一定会立即被反映到公司的收入表里。要清楚地了解资金状况的变化怎样反映到公司的收入表中，我们首先要把资金状况的变化分成两个部分，即预期变化和非预期变化：

- 资金状况的预期变化等于年度服务成本，加上利息成本，减去计划资产的预期回报；
- 资金状况的非预期变化是由经验损益、假设变化或计划修订而引起的。

计划资金状况的预期变化（因缴费而引起的变化除外）是养老金年度服务成本（或收入）的一部分，它直接地影响公司收入表中的营运利润和损失（profit & loss 或 P&L）。同时，它会立即被确认于公司的资产负债表中。

资金状况的非预期变化是由年内发生的经验损益、假设变化或计划条款的改变而引起的。尽管计划资金状况的一些非预期变化可以立即被确认并反映到公司的收入表中，但大多数公司会选择使用一些特定的会计规则，以延迟确认非预期变化对公司收入的影响。如果选择这类会计规则，非预期的资金状况变化一般会通过其他综合收入（other comprehensive income，简称 OCI）被确认于公司的资产负债表中；OCI 以递延成本（deferred costs）或递延收入（deferred income）的形式认列于资产负债表中，直到它们被摊销为养老金成本的一部分，并反映到公司的收入表中为止。摊销的过程会影响公司的收入，但不影响公司的资产净值。这是因为摊销的 OCI 仅仅是从公司资产负债表中的累积其他综合收入（accumulated other comprehensive income，简称 AOCI）项转移到自留收益（retained earnings）项中，而这两项都是公司资产净值的组成部分。这个过程通常被称为再循环（recycling）过程。

我们用以下的例子，来说明养老金计划的财务状况与公司财务报表之间的关系。

**方格 2**

养老金计划的财务状况与公司财务报表之间的关系

ABC 公司赞助的养老金计划,在年初时有赤字 500 000 元(其中,规划给付义务为 9 000 000 元,计划资产市值为 8 500 000 元,故两者之差恰等于 500 000 元)。在年内,计划的资金状况下降了 2 000 000 元,故年终的赤字为 2 500 000 元,如下所示:

年内养老金计划资金状况的变化(所有数字均以元为单位)			
计划资产		计划负债	
年初市值	8 500 000	年初规划给付义务	9 000 000
年中变化	(1 500 000)	年中变化	500 000
年终市值	7 000 000	年终规划给付义务	9 500 000
		资金状况	
		年终资金状况	(2 500 000)

资金状况变化,即 2 500 000−500 000=2 000 000(元)的来源归因可表述如下:

来源	损失(收益)金额
资金状况的预期减少(=服务成本+利息成本−资产预期回报)	150 000
经验和假设变化	2 050 000
计划给付改善	100 000
雇主缴费	(300 000)
资金状况净减少	2 000 000

这些养老金计划损益对公司的资产负债表(见下文第二张表格)有以下的影响:

资金状况预期减少了 150 000 元

此金额是该年度公司养老金成本的一部分。它被反映到公司财务报表中的下列各项中:① 增加公司的负债;② 减少公司的年度收入;③ 减少(经税收调整后)公司的自留收益。

经验和假设变化而引起的损失 2 050 000 元

此金额立即被确认到公司的资产负债表中:增加公司负债和减少其他综合收入(OCI),因而导致(经税收调整后)累积其他综合收入(AOCI)的减少。尽管该金额并不立即影响公司的收入,但会被确认到未来的定期净成本中。

计划给付改善增加规划给付义务 100 000 元

同样,此金额被确认于公司的资产负债表中:增加公司的负债和减少其他综合收入（OCI），因而导致（经税收调整后）累积其他综合收入（AOCI）的减少。增加的计划给付义务将会于来年开始被确认到养老金成本中；在确认的同时，累积其他综合收入（AOCI）会相应地增加。

雇主缴费 300 000 元

此金额增加了养老金计划的资产，因此降低了计划的赤字。然而，该缴费并不影响公司的股权权益，这是因为公司资产的现金部分被用来对计划缴费从而相应地有所减少。由于缴费增加了计划的资产，因此来年的资产预期回报会较高，从而减少了来年的养老金成本，增加了公司的收入。然而，用现金为计划缴费可能会令公司的资本成本（cost of capital）增加，又或者需要放弃其他投资机会，这将会全部地或部分地抵消之前所述的因缴费而增加公司收入的效果。

假设计划因往年递延收益的摊销而得到 50 000 元的收入。该收入将会增加公司的自留收益，但同时也会减少累积其他综合收入（即所谓再循环过程），因此，它不会影响公司的资产净值。

总的来说，养老金计划对公司财务报表的综合影响，以及公司的年终资产负债表可以表示如下：

对公司财务报表的影响—增加（减少）	收入表	公司资产净值	现金流量表
计划资金状况的预期变化	(150 000)	(150 000)	—
影响收益的其他项目（往年递延收益的摊销）	50 000	—	—
小计	(100 000)	(150 000)	—
计划经验和假设变化	—	(2 050 000)	—
雇主缴费	—	—	(300 000)
计划给付改善	—	(100 000)	—
总计	(100 000)	(2 300 000)	(300 000)

ABC 公司资产负债表			
资产		负债和权益	
养老金计划盈余	无	养老金计划赤字	2 500 000
公司其他资产	12 000 000	公司其他负债	8 000 000
公司总资产	12 000 000	**公司总负债**	10 500 000
		其他权益	1 000 000
		自留收益	2 500 000
		累积其他综合收入	(2 000 000)
		公司资产净值	1 500 000

11.5 美国一般公认会计准则和国际财务报告准则的比较

在本节中,我们将美国一般公认会计准则(FAS 87/88/132R/158 条)及国际财务报告准则(IAS 19 条)中有关养老金计划的关键条款进行比较,并于表 11-1 中详细列出。这两套会计准则之间有许多相似之处,例如,两者都要求:

- 使用规划单位信用成本法来分配养老金给付成本;
- 制定的假设贴现利率必须基于优质企业债券的收益率;
- 所使用的精算假设必须内部一致(即不能互相矛盾)。

然而,两者之间也存在一些重要的差异。例如,IAS 19 条(依 2008 年的修订)与 US GAAP 的不同之处有:

- 它不允许使用资产的平滑值;
- 与过去服务有关的给付成本需要更快地被确认;
- 对于确定给付养老金计划的盈余,它设定了一个可被确认的上限;
- 计划给付的减缩和结算的处理方法比较简单。

表 11-1 会计准则条款比较

确定给付养老金计划	IAS 19 条(依 2008 年的修订)	FAS 87/88/132R/158 条
给付义务的计量		
成本归属法(即精算成本法)	规划单位信用成本法	规划单位信用成本法
精算假设	假设应该是无偏差的、互相兼容的;假设由雇主设定	每个假设应该代表公司管理层对于该假设的最优估计;相关的假设必须内部一致
贴现率	基于优质公司债券的收益率,债券的到期日期必须与给付义务的久期相一致;如果没有此类债券的公开市场,则使用政府债券的收益率	基于结算给付义务的有效利率;通常,可以使用与给付义务久期相符的优质固定收益投资的收益率
计划资产的回报率	基于当前市场对计划资产的预期回报、预测期间与给付义务的年限相一致	基于计划资产的预期长期回报率、预测期间与给付义务的年限相一致

(续表)

确定给付养老金计划	IAS 19 条（依 2008 年的修订）	FAS 87/88/132R/158 条
财务报表的确认		
资产负债表中的资产及其限制	与养老金计划相关的资产，可确认的上限不能超过下面的金额：计划盈余的经济利益①的现值＋未被确认的精算损失＋未被确认的过去服务给付成本	计划的盈余，即计划资产的公平价值减去规划给付义务（如果大于零的话），属于资产负债表中的资产的一部分。没有可确认的上限
资产负债表的负债	计划的应计负债（即累计的养老金定期净成本超出累计缴费的部分）属于资产负债表中的负债的一部分	计划的负债等于规划给付义务减去资产公平价值（如果大于零的话），属于资产负债表中的负债的一部分
资产负债表——其他项目		累积其他综合收入（AOCI）反映了未被确认于养老金定期净成本的项目（经税务调整后），包括精算损益、过去服务给付成本/收益以及过渡义务/资产②等
被确认的养老金成本	年度服务成本＋利息成本－计划资产的预期回报＋/－被确认的净损益＋/－被确认的过去服务成本（收入）＋/－计划缩减和结算的效果	年度服务成本＋利息成本－计划资产的预期回报＋/－被确认的净损益＋/－被确认的过去服务成本（收入）＋/－计划缩减和结算的效果
损益的确认	立即或延迟确认③于养老金定期净成本中。如果选择延迟确认，需先设定一个"走廊"区间：取确定给付义务（DBO）④和计划资产公平价值（FV）之间的最大值，乘以 10%。然后将未确认的净损益落于区间外的部分摊销至在职雇员的平均剩余服务年限中	立即或延迟确认于养老金定期净成本中。如果选择延迟确认，需先设定一个"走廊"区间：取规划给付义务（PBO）和计划资产市场相关价值（MRV⑤）之间的最大值，乘以 10%。然后将未确认的净损益落于区间外的部分摊销至在职雇员的平均剩余服务年限中；如果大部分或全部计划成员为非在职成员，则将他们的平均剩余寿命作为摊销期。尚未被确认于定期净成本的损益则被包括在累积其他综合收入内

---

① 盈余的经济利益是指在计划的资金盈余中，可以无条件地退还给雇主（扣除费用及税项后）或是可以用来扣减未来缴费的部分。
② 过渡义务/资产指的是在新的会计准则生效日时已存在的义务或资产。
③ 如果公司选择立即确认方法，可以通过收入表确认损益，也可以通过其他综合收益（OCI）来确认。
④ IAS 19 条中的确定给付义务（DBO）等同于 FAS 87 条中的规划给付义务（PBO）。
⑤ 资产的市场相关价值可以是资产的市场公平值或者是平滑市场值。

(续表)

确定给付养老金计划	IAS 19 条（依 2008 年的修订）	FAS 87/88/132R/158 条
过去服务给付成本的确认（即计划给付改善的成本）	对已有受领权的参加者，他们的过去服务给付成本会即时被确认。至于无受领权的参加者，他们的过去服务给付成本则被摊销至他们的平均剩余服务年限中，直至他们获得受领权为止	摊销至在职成员的平均剩余服务年限中。如果大部分或全部计划成员为非在职成员，则将他们的平均剩余寿命作为摊销期。尚未被确认于定期净成本的过去服务给付成本则被包括在累积其他综合收入内
过去服务给付的负成本（即因计划给付减少而产生的负成本）	处理方法与改善给付的成本相同	首先抵消源自给付改善而未被确认的过去服务给付成本，余下部分的摊销方法与改善给付的摊销方法相同。尚未被确认于定期净成本的过去服务给付的负成本则被包括在累积其他综合收入内
计划资产的预期回报	基于当前的资产公平价值和市场预期的回报率；回报反映年内实际的缴费和给付支付	基于资产的预期长期回报率和市场相关价值；回报反映年内预期的缴费和给付支付
计划资产的评估	资产的公平价值（一般是反映资产的市场价值）	为确定计划的资金状况，采用资产的公平价值（并减去出卖资产的相关估计费用）。为确定资产的预期回报，采用资产的市场相关价值
确定给付养老金计划的资料披露		
一般性的披露	计划的特点，以及为测量确定给付义务而采用的任何非正式惯例	
给付义务	对给付义务的变化进行账目调节	• 对给付义务的变化进行账目调节 • 累积给付义务（ABO） • 规划给付义务（PBO）
计划资产	• 对计划资产公平价值的变化进行账目调节 • 资产配置	• 对计划资产公平价值的变化进行账目调节 • 资产配置 • 资产投资策略
资金状况	对资金状况的变化进行账目调节	披露测量日的资金状况
资产负债表		• 资产负债表的详细分类（分为当前的与非当前的） • 在资产负债表中已被确认的养老金费用，包括被确认于累积其他综合收入的金额 • 累积其他综合收入的变化，它反映了年内产生的损益、与过去服务给付成本或收入被延迟确认的部分，并对年内被确认的其他综合收入作调整
现金流	下一个财政年度的预期雇主缴费	• 下一个财政年度的预期雇主缴费 • 在接下的五年中，每年预期需要支付的养老金给付

（续表）

确定给付养老金计划	IAS 19 条（依 2008 年的修订）	FAS 87/88/132R/158 条
养老金成本	• 列出定期净成本及其组成成分 • 如果损益被包含于其他综合收入内，列出当年度被确认于其他综合收入内的净损益、可被确认的盈余上限，以及确认于定期净成本中的累积其他综合收入	• 列出定期净成本及其组成成分 • 如果损益的确认政策与会计准则所定的最低要求不同，应描述所用的政策 • 估计来年摊销于定期净成本中的金额 • 过去服务给付成本的确认政策
评估假设	• 列出关键假设，例如贴现率、资产预期回报率、工资增长率等 • 确立资产预期回报假设的基准，包括资产类别的考虑 • 有关于假设敏感度的信息	• 列出关键假设，例如贴现率、资产预期回报率、工资增长率等 • 确立资产预期回报假设的基准 • 有关假设敏感度的信息
过去会计资料	提供过去五年有关以下各项的信息： • 确定给付义务 • 计划资产价值 • 资金状况 • 与负债相关的经验损益 • 与资产相关的经验损益	

经修订后的 IAS 19 条

经过了长时间的考虑和磋商，负责制定国际财务报告准则的专业团体于 2011 年修订了 IAS 19 条。修订后的准则有效日期为以 2013 年 1 月 1 日及以后日期为起点的财政年度。与之前的 IAS 19 条相比，最关键的变化有以下几点：

（1）所有年内发生的精算损益会立即被确认于其他综合收入（OCI）中。先前 IAS 19 条中允许使用的"走廊"方法被废除。

（2）计划资产的预期回报不再是养老金定期净成本的组成部分。先前 IAS 19 条中的利息成本项和资产预期回报项被一个净利息项代替。净利息的计算方法如下：净确定给付负债或净确定给付资产（net defined benefit liability/asset）[①]乘以用来计量确定给付义务（DBO）的贴现率。

（3）在修订后的准则下，确定给付养老金计划所要求披露的信息也有所改变。披露的信息分为以下三个组别：

• 确定给付养老金计划的特点以及相关的风险；

---

① 净确定给付负债等于确定给付义务与资产的公平价值之差额；负数则为净确定给付资产。

- 鉴定并解释财务报表中的各个金融项目；
- 预测计划未来现金流(包括缴费、给付支出及其他开销)的金额和时间,并描述它们的不确定性。

依据修订后的 IAS 19 条,养老金定期净成本可以分解为如下各个部分：

利润或损失(P&L)	1. 服务成本	年度服务成本＋过去服务给付成本＋非例行给付结算而产生的成本
	2. 净利息成本	净利息成本＝贴现率乘以净确定给付负债(资产) 净确定给付资产不能超出规定的上限
其他综合收入(OCI)	3. 再次计量成本	包括所有精算损益、例行给付结算而产生的成本、资产上限的变化等

第 *12* 章
养老金成本预测

12.1 引言

在之前的章节中,我们介绍了应用于确定给付养老金计划的精算评估概念和方法。一般来说,为养老金计划筹资或作会计处理,精算师需要对养老金计划当年的资金状况和正常成本进行定期的评估(例如,每年一次)。此外,养老金成本预测(pension cost forecast)则涉及估计当前年度和未来多年(例如,5年、10年或更长的时期)中,养老金计划的负债和正常成本。它需要利用以下方法来预测在一段特定时间内的计划成员人数和特征、养老金计划的负债和成本等。

• 首先,要作出计划成员预测的假设,包括在预测期内的每一年,在职成员死亡、离职、变为残疾或退休的人数,新参加计划的成员人数,延迟和立即领取养老金的退休成员在每年内死亡的人数等。

• 如养老金给付是基于雇员的未来工资,那么我们需要预测在职成员在预测期内的工资增长。一般来说,工资增长率反映了通货膨胀、一般生产力的提高以及雇员的绩效等。

• 估计预测期内的雇主缴费(如适用的话,也包括雇员缴费)、给付支出、计划管理费用、投资回报等,来预测计划的资产值。

• 基于所预测的计划成员分布和资产状况,对计划进行每年一次的精算评估,以估计预测期内的计划资金状况、对计划需要缴纳的供款等。

需要注意的是,预测期内所用的人口假设或经济假设,不一定与每年精算评估所用的假设相同。同时,根据研究的目的,我们可以选择开放型团体(open group)或封闭型团体(closed group)中的一种基准对计划成员进行预测。

12.2 决定性的预测和随机性的预测

养老金成本预测提供了许多有关评估日之后年份内的预期筹资进程的信息;同时,

在开放型团体的情景下,我们可以对未来的新加入者作出明确的假设。

养老金成本预测可以是决定性的,也可以是随机性的:

- 决定性的预测(deterministic forecast)。基于一系列预先设定的假设,如应用于预测期内的死亡率、衰减率、工资增长率、投资回报率等。这些假设不一定每年都相同,但它们必须是既定的。
- 随机性的预测(stochastic forecast)。利用一系列预先设定的分布参数,建立起代表计划各种经验因子的随机变量。比如说,某年的投资回报率可以是一个正态分布(normal distribution)的随机变量,它的平均值(mean value)为8%而标准偏差(standard deviation)为11%。

在选定的计划成员动向和经济情景下,决定性的预测可以推测出养老金计划的财务信息,但它并不能提供有关该计划的随机动态信息。例如,它不能解决以下类型的问题:在随机浮动的资产回报和通货膨胀的环境下,养老金计划的财务状况将会如何表现?

随机性的预测使用建模技术(例如,应用蒙特卡罗模拟方法,Monte Carlo simulation)来生成上千种可能的情景,每一个情景会产生某一种有关计划的财务信息(例如,资金状况、每年应纳缴费等),并且有它自己可能发生的概率。某一结果的概率是指,在模拟实验的多种情景下,发生该特定结果的比例。这种建模方法的一大优点,在于它不仅能让我们审视所有可能产生的结果(当然,这只是基于模型的假设),还可以对一个或一系列结果赋予可能发生的概率。

当应用于养老金成本预测的时候,随机模型会产生关于该计划的未来资金状况和所需供款的概率分布,我们可以根据这些分布求得置信区间(confidence intervals)及作概率性的结论。在不确定的经济环境下,这使我们对养老金计划的基本动态有了更为深入的了解。

在实际应用中,养老金成本的预测会混合使用决定性的假设和随机性的假设,以预测计划的未来成员组成和资金分布状况。例如,有关成员的假设,如死亡率、退保率、退休年龄等,都是预先设定的,亦即是决定性的;而经济参数(如投资回报率和通货膨胀率等)则是随机性的。

12.3　养老金成本预测的应用

养老金成本预测可应用于下列各项研究中:

- 评估计划的给付变化带来的长期财务影响;

- 评估精算假设的变化对计划的现金流和资金状况的影响；
- 监控由于计划经验与评估精算假设之间的偏差所带来的财务影响；
- 提供计划的预期现金流信息，以协助计划赞助人制定投资政策和预算开支；
- 通过比较计划资产与计划偿付能力负债（或计划清盘负债），以监测计划给付承诺的保障程度；
- 指导计划筹资政策的制定，并通报筹资政策可能对计划产生的长期财务影响；
- 评估不同的成员增长模式（如稳定、增加、减少等）对计划产生的财务影响。

特别的是，我们可以利用随机性的预测对确定给付养老金计划进行动态分析。从以下几个例子中，我们可以看出怎样利用这种分析来强化养老金计划的风险管理：

- 通过对养老金计划进行随机预测，我们可以发现计划的精算成本既不是持平的，也不是稳定的。即使是精算评估中的假设投资回报率与随机模拟中所有试验的回报率的几何平均值相符，这种情形仍会出现。鉴于投资的不确定性可能带来的成本变化，计划赞助人应该在精算师计算得出的精算成本外，加上一笔额外的缴费为投资风险进行拨备。
- 更具风险性的投资会带来更大的成本变化，特别是当计划达到或者接近充分筹资水平的时候，成本的不确定性会更高。就像2000年和2008年发生的经济衰退那样，由于投资的严重亏损，一些计划的筹资盈余在很短的时间内消失，从而导致它们的筹资成本激增。因此，当计划达到或者接近充分筹资水平的时候，计划管理人更需要对投资风险加强警惕和监测。
- 养老金计划赞助人需要作出两项重要的决定，其中一项是计划的投资政策，亦即计划的资产配置（另一项是计划所提供的给付水平）。通过使用随机模拟模型，我们可以发现，高风险的投资能降低计划的预期成本，但会增加成本的不确定性。赞助人可以选择低风险/低回报的投资策略（如投资于固定收入的债券），这会产生较高的、比较稳定的成本；或者选择高风险/高回报的投资策略（如投资于较高风险的股票等），这会产生较低的、可变性较高的成本。理解这个风险与回报的权衡，对制定适当的投资策略至关重要。

12.4 预测筹资方法

在这一节中，我们介绍两种预测筹资方法（forecast funding methods）。

1. 预测精算成本法

除了之前章节所讨论的成本分配法和给付分配法的类别，还存在另一种类别的精算成本法,我们称之为预测精算成本法(forecast actuarial cost method)[①]。这种方法把一个预计给付精算现值分配至一个设定的、以评估日为起点的预测期(一般不超过 10 年)内。该预计给付精算现值等于 $a-b+c$,其中:

a 是预测期末尾的预计给付在评估日当天的精算现值。该预计给付包含了那些预期在预测期内参加计划的新成员的预计给付。

b 是评估日当天的预计给付的精算现值。

c 是预期在预测期内支付的养老金给付在评估日当天的精算现值。

把上面计算的精算现值,以固定金额或固定工资百分比的形式摊销至预测期内的每一年中,这便是计划的年度精算成本。在计算 a 和 b 中的精算现值时,我们可以采用假设清盘评估或持续经营评估中的其中一种角度来进行。

2. 随机筹资法

传统的养老金筹资方法是基于养老金给付的期望值计算,但有一种与之不同的方法称为随机筹资法(stochastic funding method)[②]。这种方法利用随机模拟来反映资产和负债的"盯市"(mark-to-market)价值的不确定性,并基于雇主的筹资政策来确定计划的年度缴费。

随机筹资法可以简略地描述如下:

首先,选择一种传统的精算成本法(如进入年龄正常成本法),以计量养老金计划在某一时间点的精算负债。

然后,设定一个以评估日为起点的筹资区间(比如 10 年),对计划成员和资产进行随机模拟(可以采用蒙特卡罗模拟方法),由此而得出精算负债于区间末尾的分布情况。一般来说,精算负债是基于模拟的长期债券收益率计算得出的。

接着,对随机模拟中的每一次试验,确定区间内的年度缴费(一般为工资的固定百分比),使计划资产于区间内的积累达到区间末尾的精算负债水平。如果在蒙特卡罗模拟中有一万次试验,那么该方法将会算出一万个不同的年度缴费金额。

最后,精算师根据计划赞助人的筹资政策,从模拟的缴费金额中,选择一个与所需的置信水平相一致的缴费水平。例如,计划赞助人可能会觉得选择 75% 的置信水平是合适的。

[①] 参见 Canadian Institute of Actuaries (2014a). Standards of Practice-Pensions. Canada: Canadian Institute of Actuaries 第 3210 部分。

[②] 参见 Winklevoss H., Ruloff M. & Strake S. (2005). Managing Volatility in a Mark-to Market World: The Stochastic Funding Method. Schaumburg: Society of Actuaries。

随机筹资法有两个与传统的精算成本法不同的特点：

第一，为降低筹资成本的波动性，传统精算成本法会避免采用市场计价为资产和负债作估值。随机筹资法则允许使用市场计价，但所产生的筹资成本却不会出现过大的波动性。

第二，通过选择超过50%的置信水平，随机筹资法已经把投资的"风险溢价"隐含于年度缴费的计算中。换言之，如果养老金计划采取了一个高风险的投资政策，它的缴费水平便会相应地被提高，为未来可能的投资损失作风险拨备。

附录 1
养老金评估应用表示例

1. 衰减率表

死亡率基于 UP 1994@2011[①]表(男性)			
衰减率			
x	$q'^{(w)}_x$	$q'^{(r)}_x$	$q'^{(d)}_x$
20	14.90%	0.00%	0.04%
21	13.90%	0.00%	0.04%
22	12.90%	0.00%	0.04%
23	11.90%	0.00%	0.05%
24	10.90%	0.00%	0.05%
25	9.90%	0.00%	0.06%
26	9.30%	0.00%	0.07%
27	8.70%	0.00%	0.07%
28	8.10%	0.00%	0.07%
29	7.50%	0.00%	0.08%
30	6.90%	0.00%	0.08%
31	6.50%	0.00%	0.08%
32	6.10%	0.00%	0.08%
33	5.70%	0.00%	0.08%
34	5.30%	0.00%	0.08%
35	4.90%	0.00%	0.08%
36	4.50%	0.00%	0.09%
37	4.10%	0.00%	0.09%
38	3.70%	0.00%	0.09%
39	3.30%	0.00%	0.10%
40	2.90%	0.00%	0.10%
41	2.68%	0.00%	0.11%
42	2.46%	0.00%	0.11%
43	2.24%	0.00%	0.12%

---

① UP 1994 死亡表及死亡率改善量表 AA 发表于 *Transactions of the Society of Actuaries*,Volume XLVII (1995)。这里 UP 1994@2011 代表预期改善至 2011 年的 UP 1994 死亡表。

(续表)

死亡率基于 UP 1994@2011 表（男性）

衰减率

x	$q'^{(w)}_x$	$q'^{(r)}_x$	$q'^{(d)}_x$
44	2.02%	0.00%	0.13%
45	1.80%	0.00%	0.14%
46	1.58%	0.00%	0.15%
47	1.36%	0.00%	0.16%
48	1.14%	0.00%	0.17%
49	0.92%	0.00%	0.19%
50	0.70%	0.00%	0.20%
51	0.56%	0.00%	0.22%
52	0.42%	0.00%	0.25%
53	0.28%	0.00%	0.27%
54	0.14%	0.00%	0.30%
55	0.00%	5.60%	0.34%
56	0.00%	5.60%	0.39%
57	0.00%	5.60%	0.45%
58	0.00%	5.60%	0.51%
59	0.00%	5.60%	0.58%
60	0.00%	16.00%	0.65%
61	0.00%	16.00%	0.75%
62	0.00%	16.00%	0.84%
63	0.00%	16.00%	0.97%
64	0.00%	16.00%	1.09%
65	0.00%	100.00%	—

2. 换算函数表

利率：每年 6%
工资增长率：每年 4%

x（年龄）	D'_x（只有死亡衰减）	D_x	N_x	TA_x	s_x	$s_x D_x$	$^s N_x$	$^s TA_x$	$C^{(w)}_x$
20	311 805	311 805	2 057 666	6.5893	1.0000	311 805	2 971 217	9.4712	43 821
21	294 040	250 228	1 745 861	6.9647	1.0400	260 237	2 659 413	10.1498	32 806
22	277 280	203 166	1 495 633	7.3464	1.0816	219 744	2 399 176	10.8358	24 719
23	261 468	166 867	1 292 467	7.7270	1.1249	187 702	2 179 431	11.5149	18 729
24	246 547	138 620	1 125 601	8.0977	1.1699	162 166	1 991 729	12.1707	14 251
25	232 467	116 457	986 980	8.4485	1.2167	141 688	1 829 563	12.7852	10 873
26	219 177	98 929	870 524	8.7682	1.2653	125 177	1 687 876	13.3397	8 677
27	206 631	84 592	771 595	9.0848	1.3159	111 318	1 562 699	13.8759	6 940

附录 1
养老金评估应用表示例

（续表）

		利率：每年 6%							
		工资增长率：每年 4%							
x（年龄）	D'_x（只有死亡衰减）	D_x	N_x	TA_x	s_x	$s_x D_x$	^sN_x	^sTA_x	$C_x^{(w)}$
28	194 795	72 809	687 002	9.3932	1.3686	99 644	1 451 381	14.3844	5 562
29	183 632	63 077	614 193	9.6882	1.4233	89 778	1 351 737	14.8553	4 461
30	173 104	55 001	551 116	9.9639	1.4802	81 415	1 261 959	15.2785	3 579
31	163 176	48 269	496 115	10.2140	1.5395	74 308	1 180 544	15.6440	2 959
32	153 815	42 543	447 846	10.4543	1.6010	68 112	1 106 235	15.9762	2 447
33	144 988	37 655	405 303	10.6814	1.6651	62 699	1 038 123	16.2693	2 024
34	136 667	33 471	367 648	10.8917	1.7317	57 961	975 425	16.5175	1 673
35	128 823	29 878	334 177	11.0814	1.8009	53 808	917 464	16.7150	1 381
36	121 429	26 783	304 299	11.2463	1.8730	50 164	863 656	16.8567	1 137
37	114 458	24 109	277 517	11.3825	1.9479	46 962	813 492	16.9376	932
38	107 884	21 793	253 407	11.4861	2.0258	44 148	766 530	16.9535	760
39	101 685	19 781	231 614	11.5529	2.1068	41 675	722 381	16.9004	616
40	95 838	18 028	211 834	11.5788	2.1911	39 501	680 707	16.7753	493
41	90 322	16 498	193 806	11.5601	2.2788	37 594	641 205	16.5755	417
42	85 119	15 131	177 308	11.5142	2.3699	35 858	603 611	16.3296	351
43	80 209	13 907	162 178	11.4391	2.4647	34 277	567 753	16.0367	294
44	75 578	12 811	148 271	11.3327	2.5633	32 837	533 476	15.6959	244
45	71 209	11 826	135 460	11.1928	2.6658	31 527	500 638	15.3069	201
46	67 087	10 941	123 634	11.0173	2.7725	30 334	469 111	14.8695	163
47	63 197	10 144	112 693	10.8046	2.8834	29 249	438 778	14.3841	130
48	59 526	9 425	102 549	10.5528	2.9987	28 262	409 529	13.8515	101
49	56 060	8 775	93 124	10.2604	3.1187	27 365	381 267	13.2725	76
50	52 788	8 187	84 349	9.9257	3.2434	26 552	353 902	12.6483	54
51	49 699	7 654	76 163	9.5474	3.3731	25 816	327 349	11.9804	40
52	46 781	7 164	68 509	9.1316	3.5081	25 131	301 533	11.2797	28
53	44 025	6 713	61 345	8.6771	3.6484	24 493	276 402	10.5474	18
54	41 419	6 298	54 632	8.1829	3.7943	23 898	251 908	9.7851	8
55	38 956	5 916	48 334	7.6478	3.9461	23 344	228 010	8.9939	0
56	36 625	5 562	42 418	7.0710	4.1039	22 824	204 666	8.1757	0
57	34 417	5 226	36 856	6.4605	4.2681	22 306	181 842	7.3424	0
58	32 323	4 908	31 630	5.8142	4.4388	21 787	159 536	6.4935	0
59	30 337	4 607	26 722	5.1294	4.6164	21 266	137 748	5.6281	0
60	28 454	4 321	22 115	4.4027	4.8010	20 744	116 482	4.7446	0
61	26 668	4 050	17 794	3.6305	4.9931	20 220	95 738	3.8416	0
62	24 970	3 792	13 745	2.8094	5.1928	19 690	75 518	2.9181	0
63	23 358	3 547	9 953	1.9342	5.4005	19 156	55 828	1.9716	0
64	21 822	3 314	6 406	1.0000	5.6165	18 612	36 672	1.0000	0
65	20 362	3 092	3 092	0.0000	5.8412	18 061	18 061	0.0000	

注释：

1. 换算函数

$$D_x = v^x l_x; \quad N_x = \sum_{t=0}^{\omega-x-1} D_{x+t}$$

$$^sD_x = s_x D_x; \quad ^sN_x = \sum_{t=0}^{\omega-x-1} {}^sD_{x+t}$$

$$C_x^{(w)} = v^{x+1} d_x^{(w)}$$

2. 限期年金

$$\text{TA}_x = \ddot{a}_{x:\overline{65-x}|} = \frac{N_x - N_{65}}{D_x}$$

3. 基于工资的限期年金

$$^s\text{TA}_x = {}^s\ddot{a}_{x:\overline{65-x}|} = \frac{^sN_x - {}^sN_{65}}{^sD_x}$$

4. 在构造以上的换算函数表时，我们假设以下的退休率：如果 $x=65$，则 $q_x'^{(r)}=100\%$；如果 $x<65$，则 $q_x'^{(r)}=0\%$。其他的衰减率假设则与上面衰减率表所列相同。

附录 2
练习题

第 3 章

3-1

养老给付:	
正常退休给付	每服务一年,月给付 10 元
精算成本法	单位信用成本法
精算假设:	
• 年利率	6%
• 退休前除死亡以外的退保终止	无
• 退休年龄	65 岁
2010 年 1 月 1 日参加者状况	100 个在职参加者,年龄均为 60 岁
2010 年 1 月 1 日计划的年度正常成本	100 000 元
选定死亡率	$q_{60} = 0.04$

针对以下的情况,计算在 2011 年 1 月 1 日:
(1) 每个在职参加者的年度正常成本;
(2) 若 92 个参加者仍然在职,整个计划的年度正常成本;
(3) 若 96 个参加者仍然在职,整个计划的年度正常成本;
(4) 若所有参加者仍然在职,整个计划的年度正常成本。

3-2

精算成本法	单位信用成本法
精算假设:	
年利率	6%
2010 年 1 月 1 日的评估结果:	
• 精算负债	100 000 元
• 资产价值	50 000 元
于 2010 年 12 月 31 日的年度正常成本	10 000 元
2011 年 1 月 1 日的评估结果:	
• 精算负债	115 000 元
• 资产价值	70 000 元
缴费日期及金额:	
• 2010 年 12 月 31 日	13 910 元
• 2011 年 12 月 31 日	15 587 元
试问 2010 年的经验收益(或损失)是多少?	

3-3

养老金计划条款：	
正常退休给付	• 每服务一年,月给付 10 元
受领权	• 服务 5 年后得到 100% 的应计退休给付。如果服务在 5 年内终止,参加者不享有退休给付。
退休前死亡给付	• 无
精算成本法	单位信用成本法
精算假设：	
• 年利率	7%
• 退休前衰减	在年末（EOY）发生 $q_x^{(d)} = q_x'^{(d)}$; $q_x^{(T)} = q_x^{(d)} + q_x^{(w)}$
• 退休年龄	65 岁
• 选定年金因子	$\ddot{a}_{65}^{(12)} = 8.736$
唯一参加者资料：	
• 出生日期	1948 年 1 月 1 日
• 受雇日期	2006 年 1 月 1 日
• 2011 年 1 月 1 日时的状态	仍在职

选定概率	x	$q_x^{(T)}$	$q_x^{(d)}$
	63	0.069	0.019
	64	0.081	0.021
	65	0.023	0.023

试问在 2011 年 1 月 1 日时的年度正常成本是多少？

提示：

$$\sum_{x}^{y-1}\left(\frac{C_z^{(w)}}{D_x}\right)\left(\frac{D_y'}{D_{z+1}'}\right)+\frac{D_y}{D_x}=\frac{D_y'}{D_x}; \quad NC_x = \Delta B \left(\frac{D_y'}{D_x}\right)\ddot{a}_y^{(12)}$$

3-4

正常退休给付	每服务一年,给付为最后一年工资的 1%
精算成本法	规划单位信用成本法
精算假设：	
• 利率	每年 8%
• 工资增长率	每年 6%
• 退休前死亡或终止	无
• 退休年龄	65 岁
• 选定年金因子	$\ddot{a}_{65}^{(12)} = 8.33$

2011 年 1 月 1 日参加者资料：	陈先生	李先生
• 出生日期	1951 年 1 月 1 日	1951 年 1 月 1 日
• 受雇日期	1991 年 1 月 1 日	1984 年 1 月 1 日
• 2011 年的工资	72 000 元	24 000 元

试问在 2011 年 1 月 1 日时的年度正常成本是多少？

3-5

正常退休给付	每服务一年,年给付为最后三年平均年工资的 1%
精算成本法	规划单位信用成本法
精算假设:	
• 利率	每年 7%
• 工资增长率	每年 5%
• 退休前死亡以外的退保终止	无
• 退休年龄	65 岁
• 选定死亡率	$q_{55} = 0.009$
唯一参加者资料:	
• 出生日期	1945 年 1 月 1 日
• 在 2000 年 1 月 1 日与 2001 年 1 月 1 日时的状态	仍在职

2000—2001 年,参加者的工资增长了 8%

试问 2001 年 1 月 1 日的年度正常成本比 2000 年 1 月 1 日的年度正常成本高出了多少个百分点?

3-6

正常退休给付	每服务一年,年给付为最后三年平均年工资的 2%
正常退休年龄	65 岁
提早退休资格	60 岁或以上
提早退休给付	每提前一年退休,应计给付被扣减 1/15
精算成本法	规划单位信用成本法
精算假设:	
• 利率	每年 7%
• 工资增长率	每年 5%
• 退休前死亡和终止	无
• 退休年龄	2011 年前:65 岁;2010 年后:62 岁
• 选定年金因子	$\ddot{a}_{62}^{(12)} = 9.40$;$\ddot{a}_{65}^{(12)} = 8.75$
唯一参加者资料:	
• 出生日期	1971 年 1 月 1 日
• 受雇日期	2009 年 1 月 1 日
• 2011 年薪酬	21 000 元

试问在 2011 年 1 月 1 日时,由假设年龄改变而引起的精算负债的变化是多少?

3-7

正常退休给付	每服务一年,月给付 20 元
正常退休年龄	65 岁
提早退休给付(于 2010 年 1 月 1 日时修订)	2010 年前:每提前一年退休,应计给付扣减 6% 2009 年后:全额应计给付,加补充给付(直至 65 岁为止)。补充给付为每服务一年,月给付 6.67 元

（续表）

精算成本法	单位信用成本法
精算假设： • 利率 • 退休前除死亡以外的退保终止 • 退休年龄	每年 8% 无 2010 年前：65 岁；2009 年后：60 岁
2010 年 1 月 1 日唯一参加者资料： • 出生日期 • 受雇日期	1960 年 1 月 1 日 1990 年 1 月 1 日
选定换算函数： $D_{50} = 202 \quad D_{55} = 133 \quad D_{60} = 86 \quad D_{65} = 54$ $N_{50}^{(12)} = 2\,162 \quad N_{55}^{(12)} = 1\,330 \quad N_{60}^{(12)} = 787 \quad N_{65}^{(12)} = 440$	
试问在 2010 年 1 月 1 日时，由计划修订和假设变动两者引起的精算负债的增加是多少？	

3-8

正常退休给付 提早退休给付	每服务一年，月给付 20 元 60 岁或以后，全额应计给付
精算评估日	2010 年 1 月 1 日
精算成本法	单位信用成本法
精算假设： • 年利率 • 退休前衰减率 • 2010 年 1 月 1 日前的退休年龄	7% 0% 61 岁

在 2010 年 1 月 1 日时，退休年龄假设变化如下：

退休年龄	退休概率
61	0.4
62	0.6
63	1.0

假设退休在年初发生

选定年金因子	$\ddot{a}_{61}^{(12)} = 8.333;\ \ddot{a}_{62}^{(12)} = 8.167;\ \ddot{a}_{63}^{(12)} = 8.000$
唯一参加者资料： • 出生日期 • 受雇日期	1970 年 1 月 1 日 2000 年 1 月 1 日

在 2010 年 1 月 1 日时，由退休年龄假设变化而引起的精算负债变化的绝对值是多少？
[A] 少于 295 元
[B] 295 元或以上，但少于 310 元
[C] 310 元或以上，但少于 325 元
[D] 325 元或以上，但少于 340 元
[E] 340 元或以上

3-9

正常退休给付	每服务一年,月给付 20 元
正常退休年龄	65 岁
提早退休给付	退休年龄每提前一年,应计给付扣减 5%
正常给付形式	月初支付的终身年金
精算评估日	2010 年 1 月 1 日
精算成本法	单位信用成本法

选定换算函数:

年龄 x	D_x	N_x
40	652	8 761
50	322	3 902
60	151	1 547
65	99	904

假设退休年龄为 65 岁

唯一参加者资料:

出生日期	1950 年 1 月 1 日
受雇日期	1990 年 1 月 1 日
退休日期	2010 年 1 月 1 日

在 2010 年 1 月 1 日时,由参加者退休而引起的精算损失(收益)的范围是多少?

[A] 损失 6 000 元或以上
[B] 损失少于 6 000 元
[C] 无损益或收益少于 6 000 元
[D] 收益 6 000 元或以上,但少于 12 000 元
[E] 收益 12 000 元或以上

3-10

计划生效日	2008 年 1 月 1 日
正常退休给付	每服务一年,月给付 30 元
精算评估日	2010 年 1 月 1 日
精算成本法	单位信用成本法
精算假设:	
• 年利率	8%
• 退休前衰减	无
• 退休年龄	65 岁

2008 年 1 月 1 日选定评估结果:

精算负债	50 000 元
正常成本	4 000 元

在 2008 年 7 月 1 日时,为 2008 计划年度缴付 6 000 元。
在 2009 年 1 月 1 日时,为 2009 计划年度缴付 6 200 元。
自 2008 年 1 月 1 日以来,没有一个参加者退休,亦无新成员加入。在计划生效日时,所有参加者的年龄都在 62 岁以下。

（续表）

2009 年的投资回报为 9.5%，而其他经验与精算假设相一致。

在 2010 年 1 月 1 日时，未纳基金精算负债的范围是多少？
[A] 少于 48 000 元
[B] 48 000 元或以上，但少于 50 000 元
[C] 50 000 元或以上，但少于 52 000 元
[D] 52 000 元或以上，但少于 54 000 元
[E] 54 000 元或以上

3-11

正常退休给付	每服务一年，月给付 20 元
正常退休年龄	65 岁
提早退休给付	退休年龄每提前一个月，应计给付扣减 0.5%
正常给付形式	终身年金，每月初支付
精算评估日	2010 年 1 月 1 日
精算成本法	单位信用成本法
精算假设：	
• 利率	每年 7%
• 退休前衰减	无

退休概率（假设退休在年初发生）：

年龄	概率
60	50%
62	75%
65	100%

选定年金因子：

年龄 x	$\ddot{a}_x^{(12)}$
60	10.248
62	9.849
65	9.206

唯一参加者资料（2010 年 1 月 1 日时仍在职）：	
出生日期	1951 年 1 月 1 日
受雇日期	1990 年 1 月 1 日

在 2010 年 1 月 1 日时，精算负债范围是多少？
[A] 少于 31 300 元
[B] 31 300 元或以上，但少于 32 250 元
[C] 32 250 元或以上，但少于 33 200 元
[D] 33 200 元或以上，但少于 34 150 元
[E] 34 150 元或以上

3-12

正常退休给付	最初 15 年：每服务一年，为最后一年薪酬的 2%
	15 年以后：每服务一年，为最后一年薪酬的 1%
正常退休年龄	65 岁
最早退休年龄	55 岁
提早退休给付	每提前一年退休，应计给付扣减 3%
精算评估日	2010 年 1 月 1 日
精算成本法	规划单位信用成本法（基于给付应计率分配）
精算假设：	
• 利率	每年 7%
• 薪酬增加率	每年 4%
• 65 岁前的衰减因素	除退休以外，无其他衰减

选定退休概率（年初发生）：

退休年龄	$q_x^{(r)}$
55	0.25
56	0.10
65	1.00

选定年金因子：$\ddot{a}_{56}^{(12)} = 12.4$

在职参加者资料：	
• 出生日期	1965 年 1 月 1 日
• 受雇日期	2000 年 1 月 1 日
• 2009 年薪酬	50 000 元

在 2010 年 1 月 1 日的正常成本中，归因于参加者预期 56 岁时退休的部分是多少？
[A] 少于 400 元
[B] 400 元或以上，但少于 440 元
[C] 440 元或以上，但少于 480 元
[D] 480 元或以上，但少于 520 元
[E] 520 元或以上

3-13

正常退休给付	每月月初支付 1 000 元
正常退休年龄	65 岁
正常给付形式	确定 15 年期终身年金
退休后死亡给付支付形式	确定年期的剩余期限年金
精算成本法	单位信用成本法
精算假设：	
• 利率	每年 7%
• 除死亡以外的退休前衰减因素	无

（续表）

选定换算函数：		
x	D_x	$N_x^{(12)}$
69	64 805	507 631
80	17 392	91 357

参加者资料：	
出生日期	1940 年 1 月 1 日
退休日期	2005 年 1 月 1 日
死亡日期	2009 年 12 月 31 日

在参加者死亡时，受益人选择一次性领取死亡给付。整付在 2010 年 1 月 1 日时支付，并依年利率 5%计算。

2009 年内，因参加者死亡和受益人选择的支付形式而引起的经验收益的范围是多少？
[A] 少于 12 000 元
[B] 12 000 元或以上，但少于 14 000 元
[C] 14 000 元或以上，但少于 16 000 元
[D] 16 000 元或以上，但少于 18 000 元
[E] 18 000 元或以上

第 4 章

4-1

计划给付：	
正常退休给付	每服务一年，月给付 100 元
精算成本法	进入年龄正常成本法
精算假设：	
年利率	8%
退休前死亡以外的终止或退保	无
退休年龄	65 岁

2010 年 1 月 1 日参加者		出生日期	受雇日期
	陈	1980 年 1 月 1 日	2010 年 1 月 1 日
	梁	1970 年 1 月 1 日	2000 年 1 月 1 日
	王	1960 年 1 月 1 日	1990 年 1 月 1 日

选定年金因子	$\ddot{a}_{65}^{(12)} = 8.0$		
选定换算函数	x	N_x	D_x
	30	12 570	980
	40	5 485	450
	50	2 255	200
	65	465	55

试问 2010 年 1 月 1 日时，计划的精算负债是多少？

4-2

退休给付	每服务一年,为最后一年工资的 1%
精算成本法	进入年龄正常成本法
精算假设:	
• 退休年龄	65 岁
• 退休前除死亡以外的退保终止	无

2010 年 1 月 1 日时,参加者资料和选定换算函数:

进入年龄	到达年龄	参加者数目	每个参加者年工资	$\dfrac{s_{64}}{s_x}$	${}^sD_x$	${}^sN_x - {}^sN_{65}$
30	30	2	20 000 元	4.0	560	5 000
—	40	0	0	2.5	325	3 000
40	50	3	30 000 元	2.0	240	1 550
—	60	0	0	1.3	143	500
—	65	0	0	1.0	10	0
选定年金因子			$\ddot{a}_{65}^{(12)} = 10.0$			

试问 2010 年 1 月 1 日时,计划的正常成本是多少?

4-3

计划给付:	
正常退休给付	每服务一年,为最后一年工资的 1%
精算成本法	进入年龄正常成本法
精算假设:	
• 年利率	6%
• 每年(1 月 1 日时生效)工资增长率	5%
• 退休年龄	65 岁
• 退休前死亡以外的退保终止	无
2010 年 1 月 1 日唯一参加者资料:	
• 受雇年龄	25 岁
• 到达年龄	35 岁
• 2010 年工资	24 000 元

x	$\dfrac{{}^sD_x}{{}^sN_x - {}^sN_{65}}$	${}_{65-x}|\ddot{a}_x^{(12)}$	$\ddot{a}_x^{(12)}$	x	$\dfrac{{}^sD_x}{{}^sN_x - {}^sN_{65}}$	${}_{65-x}|\ddot{a}_x^{(12)}$	$\ddot{a}_x^{(12)}$
25	0.07	0.4	19	50	0.09	4.0	14
30	0.07	0.7	18	55	0.12	5.4	13
35	0.08	1.0	17	60	0.22	7.4	11
40	0.08	1.7	16	65	—	—	10
45	0.08	2.6	15	70	—	—	8

试问在 2010 年 1 月 1 日时,计划的正常成本是多少?

4-4

计划生效日	2010 年 1 月 1 日
正常退休给付	最后一年工资的 40%
精算成本法	进入年龄正常成本法
精算假设： • 年利率 • 工资增长率 • 退休年龄	 5% 0% 65 岁

所有参加者都在 35 岁时受雇

2010 年 1 月 1 日的参加者资料和评估结果：

到达年龄	在职参加者数目	65 岁的预计年养老金	未来工资现值	未来给付现值
35	1	4 800 元	180 000 元	4 000 元
45	1	4 560 元	100 000 元	7 600 元
55	1	6 000 元	85 000 元	20 000 元
总数	3	15 360 元	365 000 元	31 600 元

试问在 2010 年 1 月 1 日时，计划的精算负债是多少？

注意：因为所有参加者均在 35 岁时受雇，所以他们有相同的正常成本率 U。

4-5

计划生效日	2010 年 1 月 1 日
正常退休给付	最后一年工资的 60%
精算成本法	进入年龄正常成本法
精算假设： 利率 工资增长率 退休前死亡或退保终止 退休年龄	 每年 7% 每年 5% 无 65 岁
参加者资料： 受雇时年龄 2010 年 1 月 1 日时的年龄 2010 年 1 月 1 日时的年工资	 55 岁 56 岁 100 000 元
选定年金因子	$12\ddot{a}_{65}^{(12)} = 100$

试问 2010 年 1 月 1 日时的正常成本是多少？

4-6

正常退休给付	每服务一年,月给付 10 元
正常退休年龄	65 岁
提早退休给付	每提前一个月退休,应计给付扣减 2/3%
精算成本法	进入年龄正常成本法
假设退休年龄	65 岁

在 2010 年 1 月 1 日时,受雇于 2001 年 1 月 1 日的 64 岁参加者退休并开始领取养老金。

选定换算函数:

$D_{64} = 110$	$N_{64}^{(12)} = 1\,110$	$N_{55} = 3\,000$
$D_{65} = 101$	$N_{65}^{(12)} = 1\,003$	$N_{65} = 1\,050$

试问归因于提早退休的收益是多少?

4-7

评估日	2010 年 1 月 1 日
精算成本法	进入年龄正常成本法
精算假设: 退休前衰减因素 退休年龄 工资增长率	只有死亡因素 58 岁 每年 4%
选定换算函数	$D_{55} = 16\,393, D_{56} = 15\,709, D_{57} = 15\,035$
参加者资料: 出生日期 受雇日期	1955 年 1 月 1 日 2009 年 12 月 31 日

令 $X =$ 参加者在 2010 年 1 月 1 日的正常成本;其中,正常成本确定为工资的均衡比例。
令 $Y =$ 参加者在 2010 年 1 月 1 日的正常成本;其中,正常成本确定为均衡货币。

$X \div Y$ 的范围是多少?
[A] 小于 0.9620
[B] 0.9620 或以上,但小于 0.9810
[C] 0.9810 或以上,但小于 1.0000
[D] 1.0000 或以上,但小于 1.0190
[E] 1.0190 或以上

4-8

正常退休给付 正常退休给付形式	每年 50 000 元 若未婚:终身年金 若已婚:100% 联生遗属年金
精算成本法	进入年龄正常成本法

（续表）

精算假设：	
• 利率	每年 7%
• 退休前衰减因素	无
• 退休后死亡	基于无性别差异的死亡率
• 退休年龄	65 岁
• 婚姻状况	与评估日时的婚姻状况相同
选定年金因子	$\ddot{a}_{65}^{(12)} = 8.74$, $\ddot{a}_{65,65}^{(12)} = 6.90$
唯一参加者资料：	
• 出生日期	1946 年 1 月 1 日
• 受雇日期	1986 年 1 月 1 日
• 参加计划日期	1986 年 1 月 1 日

参加者于 2009 年 7 月 1 日结婚，配偶的出生日期为 1946 年 1 月 1 日。

在 2010 年 1 月 1 日时，由于参加者的婚姻状况变化而引起的正常成本增加的范围是多少？
[A] 少于 1 500 元
[B] 1 500 元或以上，但少于 3 500 元
[C] 3 500 元或以上，但少于 5 500 元
[D] 5 500 元或以上，但少于 7 500 元
[E] 7 500 元或以上

4-9

评估日	2010 年 1 月 1 日
正常退休给付	每服务一年，月给付 25 元
精算成本法	进入年龄正常成本法
精算假设：	
• 利率	每年 7%
• 除死亡以外的退休前减因	无
• 退休年龄	65 岁
选定的评估资料：	
• 2009 年 1 月 1 日时的基金资产值	3 000 元
• 2009 年 12 月 31 日时的雇主缴付金额	934 元
• 2010 年 1 月 1 日时的基金资产值	4 234 元
参加者资料：	
• 出生日期	1969 年 1 月 1 日
• 受雇日期	2004 年 1 月 1 日
• 2010 年 1 月 1 日时的状态	仍在职

选定换算函数：

年龄 x	D_x	N_x
35	894 190	12 364 661
40	632 275	8 452 737
41	589 655	7 820 462
65	94 414	868 053

(续表)

选定年金因子：$\ddot{a}_{65}^{(12)} = 8.736$

试问在评估日测算的 2009 年经验损益的绝对值的范围是多少？
[A] 少于 65 元
[B] 65 元或以上，但少于 75 元
[C] 75 元或以上，但少于 85 元
[D] 85 元或以上，但少于 95 元
[E] 95 元或以上

4-10

正常退休给付	2010 年前：最后三年平均年薪的 50% 2009 年后：最后一年年薪的 60%
精算成本法	进入年龄正常成本法（依薪酬均衡百分比）
精算假设： 利率 工资增加率 退休前减因 退休年龄	 每年 7% 每年 5% 无 65 岁
2010 年 1 月 1 日唯一参加者资料： 出生日期 受雇日期 2005 年 1 月 1 日的年度正常成本	 1955 年 1 月 1 日 2005 年 1 月 1 日 10 000 元
自 2005 年以来，计划无经验损益	

在 2010 年 1 月 1 日时，由于计划给付修订而导致的精算负债增加的范围是多少？
[A] 少于 15 000 元
[B] 15 000 元或以上，但少于 17 000 元
[C] 17 000 元或以上，但少于 19 000 元
[D] 19 000 元或以上，但少于 21 000 元
[E] 21 000 元或以上

4-11

正常退休给付： 2010 年 1 月 1 日前 2009 年 12 月 31 日后 提早退休给付	 每服务一年，月给付 20 元 每服务一年，月给付 25 元 无扣减应计给付
精算成本法： 2010 年 1 月 1 日前 2009 年 12 月 31 日后	 单位信用成本法 进入年龄正常成本法
精算假设： 利率 退休前减因 退休年龄	 每年 7% 无 62 岁

（续表）

唯一参加者评估资料：	2010年1月1日时仍在职
出生日期	1955年1月1日
受雇日期	1990年1月1日
2009年1月1日选定评估结果：	
精算负债	24 910元

在2010年1月1日时，由于给付修订而引起的精算负债（基于进入年龄正常成本法）增加的范围是多少？

[A] 少于7 000元
[B] 7 000元或以上，但少于7 500元
[C] 7 500元或以上，但少于8 000元
[D] 8 000元或以上，但少于8 500元
[E] 8 500元或以上

4-12

计划生效日	1990年1月1日
正常退休给付	最后五年平均年薪的50%
精算成本法	进入年龄正常成本法
精算假设：	
利率	每年7%
薪酬增加率	0%
除死亡以外的退休前减因	无
退休年龄	65岁

2010年1月1日参加者资料：

	李先生	陈先生
出生日期	1970年1月1日	1952年1月1日
受雇日期	2005年1月1日	1992年1月1日
月薪酬	2 500元	3 500元

选定换算函数：

年龄 x	D_x	N_x
35	920	12 727
40	651	8 701
58	174	1 862
65	97	893

选定年金因子：$\ddot{a}_{65}^{(12)} = 8.748$

在2010年1月1日时，精算负债的范围是多少？

[A] 少于97 000元
[B] 97 000元或以上，但少于100 000元
[C] 100 000元或以上，但少于103 000元
[D] 103 000元或以上，但少于106 000元
[E] 106 000元或以上

4-13

评估日	2011年1月1日
正常退休给付	每服务一年,为最后三年平均年薪的2%
精算成本法	进入年龄正常成本法
精算假设:	
利率	每年7%
工资增加率	每年5%
除死亡以外的退休前减因	无
退休年龄	65岁

唯一参加者的评估资料:

出生日期	1950年1月1日
受雇日期	1985年1月1日
2010年薪酬	50 000元
状态	仍在职

选定换算函数:

年龄 x	D_x	^sD_x	N_x	^sN_x
35	894 190	4 932 364	12 364 650	138 500 016
60	144 405	2 697 364	1 483 514	42 615 152
61	133 046	2 609 460	1 339 110	39 917 788
65	94 414	2 250 810	868 052	30 013 858

选定年金因子: $\ddot{a}_{65}^{(12)} = 8.7358$

由于参加者生存至2011年1月1日,2010年的死亡经验损失是多少?
[A] 少于2 150元
[B] 2 150元或以上,但少于2 400元
[C] 2 400元或以上,但少于2 650元
[D] 2 650元或以上,但少于2 900元
[E] 2 900元或以上

第 5 章

5-1

计划生效日	2009年1月1日
正常退休给付	最后三年平均年工资的50%
精算成本法	个体均衡保费成本法
精算假设:	
利率	每年7%
工资增长率	无
退休前死亡和终止	无
退休年龄	65岁

（续表）

| 唯一参加者资料：
• 出生日期
• 2009 年 1 月 1 日的年工资 | 1959 年 1 月 1 日
25 000 元 |

2009 年 1 月 1 日，正常成本：4 032 元
2010 年 1 月 1 日，资产精算值：5 000 元
2010 年 1 月 1 日，参加者的年工资增加至 50 000 元

2010 年 1 月 1 日时的正常成本的范围是多少？
[A] 少于 8 100 元
[B] 8 100 元或以上，但少于 8 300 元
[C] 8 300 元或以上，但少于 8 500 元
[D] 8 500 元或以上，但少于 8 700 元
[E] 8 700 元或以上

5-2

计划生效日	2000 年 1 月 1 日
正常退休给付	每月 500 元
精算成本法	个体均衡保费成本法
精算假设： 利率 退休前除死亡外的减因 退休年龄	每年 8% 无 65 岁

2010 年 1 月 1 日时，参加者资料和选定换算函数：

受雇年龄	到达年龄 x	雇员数量	D_x	$N_x - N_{65}$	$N_x^{(12)}$
—	25	0	265	3 390	3 355
25	35	1	125	1 455	1 485
25	45	2	55	570	630
—	55	0	25	170	245
—	65	0	10	0	80

计划于 2010 年 1 月 1 日修订，正常退休给付增加至每月 550 元。

在 2010 年 1 月 1 日时，由于计划修订带来的 2010 年度正常成本增加的范围是多少？
[A] 少于 50 元
[B] 50 元或以上，但少于 150 元
[C] 150 元或以上，但少于 250 元
[D] 250 元或以上，但少于 350 元
[E] 350 元或以上

5-3

计划生效日	2009 年 1 月 1 日
正常退休给付	最后三年薪酬平均值的 40%
精算成本法	个体均衡保费成本法
精算假设：	
• 利率	每年 6%
• 薪酬增加率	0%
• 退休前死亡或退保终止	无
• 退休年龄	65 岁
唯一参加者资料：	
• 出生日期	1966 年 1 月 1 日
• 受雇日期	2009 年 1 月 1 日
• 2009 年薪酬	200 000 元
• 2010 年薪酬	170 000 元

选定年金因子：$\ddot{a}_{65}^{(12)} = 9.35$

于 2010 年 1 月 1 日的评估中，2010 年度正常成本的范围是多少？
[A] 少于 14 100 元
[B] 14 100 元或以上，但少于 14 600 元
[C] 14 600 元或以上，但少于 15 100 元
[D] 15 100 元或以上，但少于 15 600 元
[E] 15 600 元或以上

5-4

计划生效日	2005 年 1 月 1 日
正常退休给付	每服务一年，月给付 15 元
精算成本法	个体均衡保费成本法
精算假设：	
• 利率	每年 6%
• 除死亡外的退休前减因	无
• 退休年龄	65 岁
唯一参加者资料：	
• 出生日期	1960 年 1 月 1 日
• 受雇日期	2000 年 1 月 1 日

选定换算函数和年金值：

年龄 x	D_x	N_x
40	941	13 971
45	694	9 789
50	508	6 712
55	366	4 472
65	178	1 741

$\ddot{a}_{65}^{(12)} = 10$

2010 年 1 月 1 日时的精算负债的范围是多少？
[A] 少于 4 000 元
[B] 4 000 元或以上，但少于 6 000 元
[C] 6 000 元或以上，但少于 8 000 元
[D] 8 000 元或以上，但少于 10 000 元
[E] 10 000 元或以上

5-5

计划生效日	2005 年 1 月 1 日
正常退休给付	每服务一年，为最后一年薪酬的 2%
精算成本法	个体均衡保费成本法
精算假设： 利率 薪酬增加率 退休前减因 退休年龄	 每年 7% 无 无 65 岁
唯一参加者资料： 出生日期 受雇日期	 1980 年 1 月 1 日 2005 年 1 月 1 日
月薪酬：	
2005	3 500 元
2006	3 500 元
2007	3 500 元
2008	4 000 元
2009	4 000 元
2010	4 000 元

2010 年 1 月 1 日的状态：仍在职

选定年金因子：$\ddot{a}_{65}^{(12)} = 9.345$

2010 年 1 月 1 日时的精算负债的范围是多少？
[A] 少于 9 600 元
[B] 9 600 元或以上，但少于 9 800 元
[C] 9 800 元或以上，但少于 10 000 元
[D] 10 000 元或以上，但少于 10 200 元
[E] 10 200 元或以上

5-6

计划生效日	2001 年 1 月 1 日
正常退休给付 退休前死亡或退保给付	每服务一年,月给付 25 元 无
精算成本法	个体均衡保费成本法
精算假设: • 利率 • 除死亡以外的退休前减因 • 退休年龄	 每年 7% 无 65 岁
唯一参加者资料: • 出生日期 • 受雇日期 • 2010 年 1 月 1 日的状态	 1969 年 1 月 1 日 2000 年 1 月 1 日 仍在职

选定换算函数和年金值:

年龄 x	D_x	N_x
31	1 540	25 240
32	1 500	24 000
41	900	13 050
42	860	12 150
65	200	1 792

$\ddot{a}_{65}^{(12)} = 8.5$

在 2010 年 1 月 1 日时,未来正常成本现值的范围是多少?

[A] 少于 8 800 元
[B] 8 800 元或以上,但少于 9 100 元
[C] 9 100 元或以上,但少于 9 400 元
[D] 9 400 元或以上,但少于 9 700 元
[E] 9 700 元或以上

第 6 章

6-1

计划生效日	2009 年 1 月 1 日
正常退休给付	最后一年工资的 60%
精算成本法	聚合法
精算假设: • 利率 • 工资增长率 • 退休前死亡和终止 • 退休年龄	 每年 7% 每年 5% 无 65 岁

(续表)

唯一参加者资料：	
• 出生日期	1964年1月1日
• 2008年的年工资	50 000元

2009年1月1日雇主缴付确定于该日的正常成本金额
2009年内的计划经验：
投资回报：10%
工资增长：7%
选定年金因子：$\ddot{a}_{65}^{(12)} = 8.736$

在2010年1月1日时，正常成本的范围是多少？
[A] 少于10 750元
[B] 10 750元或以上，但少于10 980元
[C] 10 980元或以上，但少于11 210元
[D] 11 210元或以上，但少于11 440元
[E] 11 440元或以上

6-2

计划生效日	2009年1月1日
正常退休给付	50%乘以最后三年的平均年薪，减去来自先前计划的年金
精算评估日	2010年1月1日
精算成本法	个体聚合（均衡货币）成本法
精算假设：	
• 利率	每年7%
• 薪酬增加率	每年3.5%
• 退休前减因	无
• 退休年龄	65岁
唯一参加者资料：	
• 出生日期	1960年1月1日
• 受雇日期	2005年1月1日
• 2009年薪酬	50 000元
• 来自先前计划的已缴年金（paid-up annuity）	每月1 250元（于65岁时开始支付）

2010年1月1日时的资产精算值：7 500元
选定年金因子：$\ddot{a}_{65}^{(12)} = 8.736$

2010年1月1日时的正常成本的范围是多少？
[A] 少于6 600元
[B] 6 600元或以上，但少于7 400元
[C] 7 400元或以上，但少于8 200元
[D] 8 200元或以上，但少于9 000元
[E] 9 000元或以上

6-3

精算成本法	个体聚合成本法 基金资产根据前一个评估日的正常成本和已分配资产的总额,按比例分配给每个在职参加者
精算假设: 利率 退休前减因 退休年龄	每年 6% 无 65 岁

2009 年 1 月 1 日时,选定的评估结果:

	正常成本	分配资产
张先生	1 705 元	30 000 元
李先生	858 元	4 000 元

2010 年 1 月 1 日时的参加者资料:

	年龄	预计月给付
张先生	55	700 元
李先生	40	600 元
陈小姐(新参加者)	55	200 元

2010 年 1 月 1 日时,资产精算值等于 40 000 元
$\ddot{a}_{65}^{(12)} = 10$

2010 年 1 月 1 日时的总正常成本的范围是多少?

[A] 少于 4 100 元
[B] 4 100 元或以上,但少于 4 150 元
[C] 4 150 元或以上,但少于 4 200 元
[D] 4 200 元或以上,但少于 4 250 元
[E] 4 250 元或以上

6-4

计划生效日	2010 年 1 月 1 日
正常退休给付	每服务一年,月给付 20 元
精算成本法	冻结初始负债成本法
精算假设: • 退休前利率 • 退休后利率 • 退休前死亡或退保终止 • 退休年龄	每年 8% 每年 7% 无 65 岁
2010 年 1 月 1 日唯一参加者资料(仍在职): • 出生日期 • 受雇日期	1950 年 1 月 1 日 2000 年 1 月 1 日

在 2010 年 1 月 1 日时,单位信用成本法下的应计负债(基于年利率 7% 计算)等于 14 900 元。

（续表）

于 2010 年 1 月 1 日时计算的年度正常成本的范围是多少？
[A] 少于 1 100 元
[B] 1 100 元或以上，但少于 1 200 元
[C] 1 200 元或以上，但少于 1 300 元
[D] 1 300 元或以上，但少于 1 400 元
[E] 1 400 元或以上

6-5

正常退休给付	每服务一年，月给付 15 元
精算成本法	冻结初始负债成本法
精算假设： 利率 退休前减因 退休年龄	 每年 7% 无 65 岁

唯一参加者资料：
出生日期：1958 年 1 月 1 日
2010 年 1 月 1 日状态：仍在职

选定评估结果：

	评估日期	
	2009 年 1 月 1 日	2010 年 1 月 1 日
未来给付现值	122 000 元	
资产价值		27 500 元
未纳基金精算负债		48 500 元
资产价值与未纳基金精算负债之和	65 000 元	76 000 元

试问 2009 年的投资经验损益的范围是多少？
[A] 损失 200 元或以上
[B] 损失少于 200 元
[C] 收益 0 元或以上，但少于 200 元
[D] 收益 200 元或以上，但少于 400 元
[E] 收益 400 元或以上

6-6

正常退休给付： 2010 年以前 2009 年以后	 每服务一年，月给付 10 元 每服务一年，月给付 15 元
精算成本法	到达年龄正常成本法
精算假设： 利率 除死亡以外的退休前减因 退休年龄	 每年 6% 无 65 岁

(续表)

2010 年 1 月 1 日参加者资料：

	张先生	李先生	陈先生
出生日期	1980 年 1 月 1 日	1970 年 1 月 1 日	1960 年 1 月 1 日
受雇日期	2010 年 1 月 1 日	2000 年 1 月 1 日	1990 年 1 月 1 日

选定换算函数和年金值：

年龄 x	D_x	N_x
30	16 721	266 509
40	9 205	136 705
50	4 968	65 680
65	1 738	17 040

$\ddot{a}_{65}^{(12)} = 9.345$

在 2010 年 1 月 1 日时，由于正常退休给付变化而引起的未纳基金精算负债增加的范围是多少？

[A] 少于 5 000 元
[B] 5 000 元或以上，但少于 6 000 元
[C] 6 000 元或以上，但少于 7 000 元
[D] 7 000 元或以上，但少于 8 000 元
[E] 8 000 元或以上

6-7

假设计划一直使用 FIL 法，且在时刻 t 计划的未纳精算负债恰为零。

(1) 在时刻 t，聚合法和 FIL 法下的正常成本是相同的吗？

(2) 若在 t 至 $t+1$ 年间，雇主没有对计划缴费，那么在时刻 $t+1$，FIL 法和聚合法的正常成本的差额是多少？

(3) 在 FIL 法下，若雇主决定在时刻 $t+1$ 时缴付一笔等值于正常成本加上 $UAL_{t+1}/\ddot{a}_{\overline{n}|}$ 的钱，其中后面一项为未纳基金精算负债在 n 年内摊销的金额。那么，$\ddot{a}_{\overline{n}|}$ 必须等于多少才能使得总缴付金额等于在聚合法下时刻 $t+1$ 的正常成本（我们假设在 FIL 法下，时刻 $t+1$ 的未纳基金精算负债大于零）？

第 7 章

7-1 某公司赞助了一个非捐纳型的确定给付养老金计划，而你是该计划的精算师。已知：

计划条款：	
退休给付	最后一年工资的 2% 乘以服务年数
正常退休年龄	65 岁
提早退休年龄	满 55 岁
提早退休减额给付	每提前一个月退休，给付扣减 0.25%
其他附属给付	无
正常给付形式	终身年金，每月月初支付

(续表)

精算假设：	
利率	每年 6%
工资增长率	每年 4%
退休前减因	无
退休年龄	60 岁
精算成本法	规划单位信用成本法
基金资产精算值	资产市场价值
筹资政策	正常成本加上未纳基金负债分三年摊销的金额，并于年初支付
$\ddot{a}_{60}^{(12)} = 12$	

财务信息：	
2010 年 1 月 1 日基金资产市场价值	150 000 元

2010 年 1 月 1 日参加者资料：

雇员	2010 年工资	年龄	服务年限
A	50 000 元	50 岁	20 年
B	30 000 元	30 岁	5 年

(1) 计算 2010 年度雇主的应纳缴费。
(2) 于 2010 年内，基金获利 4% 而雇员的工资无增长。在 2011 年 1 月 1 日时，精算成本法被更换为聚合法。计算 2010 年损益及 2011 年雇主应缴纳的金额。
详细写出所有步骤。

7-2 你是某公司的精算师。该公司赞助了一个非捐纳型确定给付养老金计划。已知：

计划规定：	
退休给付	每服务一年，月给付 100 元
正常退休年龄	65 岁
提早退休年龄	55 岁
提早退休给付	每提前一个月退休，给付扣减 0.25%
其他附属给付	无
正常给付形式	终身年金，每月月初支付

精算假设：	
利率	每年 6%
退休前减因	无
退休年龄	58 岁
精算成本法	进入年龄正常成本法
基金资产精算值	资产市场价值
未纳基金精算负债	分 10 年摊销，并于每年年初支付
$\ddot{a}_{58}^{(12)} = 12$	

财务信息：	
2010 年 1 月 1 日的基金资产市场价值	70 000 元

2010 年 1 月 1 日参加者资料：	
年龄	40 岁
服务年限	12 年

（续表）

(1) 计算 2010 年的雇主应缴金额。
(2) 公司于 2010 年 1 月 1 日只缴纳正常成本，而基金在 2010 年内获利 2%。计划于 2011 年 1 月 1 日被修订，退休月给付提高至每服务一年 110 元。按照损益来源，计算 2011 年 1 月 1 日未纳基金精算负债的变化。
(3) 计算 2011 年度的雇主缴费金额。
(4) 公司希望将 2011 年度的缴费金额降至最低。请建议一种新的精算成本法，并确定在该成本法下的雇主缴费金额。
详细写出所有步骤。

7-3 你是某公司的精算师，该公司赞助了一个非捐纳型确定给付养老金计划。已知：

计划规定：	
退休给付	最后一年工资的 2% 乘以服务年数
正常支付形式	终身年金，每月月初支付
正常退休年龄	60 岁
精算假设：	
利率	每年 6.0%
工资增长率	每年 2.0%
退休前减因	无
退休年龄	60 岁
精算成本法	聚合法
$\ddot{a}_{60}^{(12)} = 12.2$	

2010 年 1 月 1 日参加者资料：

雇员	年龄	服务年数	2010 年工资
A	30 岁	2 年	25 000 元
B	50 岁	15 年	40 000 元

在 2010 年 1 月 1 日时，年度正常成本等于 15 000 元，未来工资现值等于 792 000 元。若工资增长假设为每年 3%，则未来工资现值等于 863 000 元。

若假设工资增长率改变为每年 3%，试确定 2010 年的正常成本。
写出所有步骤。

7-4 你的客户在 2010 年 1 月 1 日时设立了一个非捐纳型确定给付养老金计划。已知：

计划规定：	
退休给付	每服务一年，月给付 60 元
正常给付形式	终身年金，每月月初支付
正常退休年龄	60 岁

（续表）

精算假设：	
利率	每年 6.0%
退休前减因	无
退休年龄	60 岁
精算成本法	个体均衡保费成本法（均衡货币）
资产评估法	资产市场价值
$\ddot{a}_{60}^{(12)} = 13.0$	

2010 年 1 月 1 日参加者资料：

雇员	年龄	服务年数
A	50 岁	20 年
B	35 岁	5 年

计划基金信息：
2011 年 1 月 1 日的资产市场价值：30 000 元

(1) 计算 2010 年 1 月 1 日的计划正常成本。
(2) 2010 年 12 月 31 日时，月退休给付率由 60 元增至 70 元。试计算 2011 年 1 月 1 日时，计划的精算负债和正常成本。
(3) 试用聚合法重新计算 2011 年 1 月 1 日时的计划正常成本。
(4) 试比较在个体均衡保费成本法和聚合法下，2011 年 1 月 1 日时的正常成本和精算负债，并阐释导致两者正常成本差异的原因。
详细写出所有步骤。

7-5 你的客户赞助了一个非捐纳型确定给付养老金计划。已知：

计划规定：	
退休给付	每服务一年，月给付 100 元
正常给付形式	终身年金，每月月初支付
正常退休年龄	65 岁
最早退休年龄	55 岁
提早退休给付	每提前一年退休，给付扣减 3%
养老金可选形式	确定 15 年期终身年金，每月月初支付。给付金额为正常给付形式的 98%

精算假设：	
利率	每年 6.0%
退休前减因	无
退休年龄	60 岁
精算成本法	进入年龄正常成本法
资产评估法	资产市场价值
$\ddot{a}_{60}^{(12)} = 12.2$	

年金因子：

$\ddot{a}_{65}^{(12)} = 10.9$	$\ddot{a}_{60}^{(12)} = 12.2$	$\ddot{a}_{58}^{(12)} = 12.7$
$\ddot{a}_{\overline{65:15|}}^{(12)} = 12.0$	$\ddot{a}_{\overline{60:15|}}^{(12)} = 12.9$	$\ddot{a}_{\overline{58:15|}}^{(12)} = 13.2$

(续表)

2010年1月1日唯一参加者资料：
年龄：57岁
服务年限：24年

财务信息：
2009年12月31日时，基金资产市场价值为250 000元

(1) 计算2010年1月1日时的未纳基金精算负债及正常成本。
(2) 在2010年内，计划基金收到雇主缴付的金额10 000元（缴付时间为2010年1月1日），基金获利10%。计划成员于2011年1月1日退休，并选择确定15年期终身年金。请按照损益来源，计算2010年的经验损失或收益。

详细写出所有步骤。

第8章

8-1 你的客户为雇员提供一个新的捐纳型确定给付计划。已知：

计划条款：	
退休给付	每服务一年，可得年给付1 200元
正常退休年龄	65岁
正常支付形式	确定5年期终身年金，每年年初支付
其他附属给付	无
雇员缴费率	每年1 000元，年初支付
精算假设：	
评估利率	每年6.5%
雇员捐纳入账利率	每年0%
退休前减因	无
退休年龄	65岁
筹资政策	正常成本加上未纳基金精算负债分15年摊销的金额，并于年初支付
选定年金因子	$\ddot{a}_{65}=10.80; \ddot{a}_{70}=9.60; {}_5p_{65}=0.93$
评估日	2010年1月1日

2010年1月1日参加者资料：

雇员	年龄	服务年限
A	35岁	5年
B	45岁	10年

依据以下精算成本法，确定2010年1月1日时雇主的应缴金额：
(1) 进入年龄正常成本法
(2) 个体均衡保费成本法
(3) 冻结初始负债成本法
详细写出所有步骤。

8-2 某新成立公司于 2001 年 1 月 1 日设立一个捐纳型养老金计划。已知：

计划规定：	
退休给付	取以下两者中的较大值： (1) 职业生涯平均工资的 2%，或 (2) 以基金回报率累积的雇员缴费金额的两倍的精算等价值
正常退休年龄	65 岁
正常支付形式	确定 5 年期终身年金，月初支付
雇员缴费	年工资的 4%，年初支付
终止或死亡给付	以基金回报率累积的雇员缴费金额的两倍，一次性支付
精算等价	依照评估假设计算
精算假设：	
利率	每年 6.5%
雇员缴费入账利率	每年 6.5%
退休年龄	65 岁
退保终止率	

到达年龄	年末终止率
34 岁或以下	10%
35 岁或以上	0%

其他退休前减因	无
精算成本法	传统单位信用成本法
资产精算值	市场价值
$\ddot{a}^{(12)}_{65:\overline{5}|} = 10.4$	

参加者资料：

	一组	二组
雇员数目	30	30
2001 年 1 月 1 日时的到达年龄	30	50
每个雇员 2001 年的工资	40 000 元	60 000 元

(1) 计算 2001 年度雇主的正常成本。
(2) 2001 年 1 月 1 日时，雇主缴纳其正常成本。基金于 2001 年内获利 8%。2001 年 12 月 31 日时，6 名一组雇员退保，1 名二组雇员死亡。请确定在 2002 年 1 月 1 日时，计划的资产价值及精算负债。
(3) 按照损益来源，计算 2001 年的经验收益与损失。

第 9 章

9-1

假设年利率	7%
退休参加者资料：	
• 退休者的年龄	记为 x
• 配偶的年龄	记为 y
• 养老金给付	每年 10 000 元,年初支付
• 支付形式	50%联生遗属年金(退休者死亡后,其尚存配偶领取原来给付的 50%的终身年金)

选定年金因子：$\ddot{a}_x = 8.157$；$\ddot{a}_y = 10.301$；$\ddot{a}_{xy} = 7.281$；$\ddot{a}_{x+1} = 7.915$；$\ddot{a}_{y+1} = 10.059$

若退休者及其配偶在第一年年末仍然存活,则由于死亡经验而产生的损失的范围是多少？
[A] 少于 1 350 元
[B] 1 350 元或以上,但少于 1 425 元
[C] 1 425 元或以上,但少于 1 500 元
[D] 1 500 元或以上,但少于 1 575 元
[E] 1 575 元或以上

9-2

提早退休给付	与正常退休养老金精算等价
退休前死亡给付	无
养老金正常形式	终身年金,月初支付
养老金可选形式	确定 120 个月终身年金,月初支付 与正常形式的养老金精算等价

以因子 $F(x)$ 乘以从 65 岁开始的正常形式的养老金金额,便可以得到从 x 岁开始的可选形式的养老金金额。

下列哪个公式准确地表达了 $F(55)$？

[A] $\dfrac{D_{65}}{D_{55}} \ddot{a}^{(12)}_{\overline{10}|} + \dfrac{N^{(12)}_{65}}{N^{(12)}_{55}}$

[B] $\dfrac{D_{65} \ddot{a}^{(12)}_{\overline{10}|} + N^{(12)}_{75}}{D_{65}} \cdot \dfrac{N^{(12)}_{65}}{N^{(12)}_{55}}$

[C] $\dfrac{D_{55} \ddot{a}^{(12)}_{\overline{10}|} + N^{(12)}_{65}}{N^{(12)}_{65}}$

[D] $\dfrac{D_{65} \ddot{a}^{(12)}_{\overline{10}|} + N^{(12)}_{75}}{D_{55} \ddot{a}^{(12)}_{\overline{10}|} + N^{(12)}_{65}} \cdot \dfrac{N^{(12)}_{65}}{N^{(12)}_{55}}$

[E] $\dfrac{N^{(12)}_{65}}{D_{55} \ddot{a}^{(12)}_{\overline{10}|} + N^{(12)}_{65}}$

9-3

应计给付	每服务一年,月给付 15 元
给付受领权	如服务年期超过 6 年,每多出一年可得应计给付的 25%,最高可达 100% 的应计给付
假设退休年龄	65 岁
退休前退保或终止	在年初发生
精算成本法	聚合法
2010 年 1 月 1 日唯一参加者资料:	
• 到达年龄	40 岁
• 受雇年龄	35 岁

依据在职雇员服务表,q_x^w 是 x 岁雇员在 $(x+1)$ 岁前退保的概率,而 l_x 是 x 岁雇员的数目。所有换算函数只基于假设死亡率和利率计算。

下列哪个表达式是 2010 年 1 月 1 日时,参加者在 65 岁前获得受领权的退保给付的精算现值?

[A] $\left[180 N_{65}^{(12)} \div D_{40}\right]\left[0.25 \sum_{42}^{44} q_t^w (t-35)(t-40) + \sum_{45}^{64} q_t^w (t-35)\right]$

[B] $\left[180 N_{65}^{(12)} \div D_{40}\right]\left[0.25 \sum_{42}^{44} q_t^w (t-35)(t-41) + \sum_{45}^{64} q_t^w (t-35)\right]$

[C] $\left[180 N_{65}^{(12)} \div D_{40}\right]\left[0.25 \sum_{42}^{44} q_t^w (t-35)(t-40) v^{t-40} + \sum_{45}^{64} q_t^w (t-35) v^{t-40}\right]$

[D] $\left[180 N_{65}^{(12)} \div l_{40}\right]\left[0.25 \sum_{42}^{44} q_t^w (t-35)(t-40) v^{t-40} l_t/D_t + \sum_{45}^{64} q_t^w (t-35) v^{t-40} l_t/D_t\right]$

[E] $\left[180 N_{65}^{(12)} \div l_{40}\right]\left[0.25 \sum_{42}^{44} q_t^w (t-35)(t-41) v^{t-40} l_t/D_t + \sum_{45}^{64} q_t^w (t-35) v^{t-40} l_t/D_t\right]$

关键概念:这是一道使用精算符号的练习。必须先计算出 x 岁 $(x \geqslant 42)$ 的应计给付现值,再贴现至 40 岁。

9-4

正常退休给付	每年 1 月 1 日支付 12 000 元
退休后死亡给付	退休者死亡后一年的 1 月 1 日开始,生存配偶每年可得 6 000 元
假设利率	每年 6%
唯一参加者资料:	
• 出生日期	1944 年 1 月 1 日
• 退休日期	2007 年 1 月 1 日
• 配偶出生日期	1949 年 1 月 1 日
参加者的配偶于 2009 年 7 月 1 日死亡	

选定的年金值与概率(男女适用):

$\ddot{a}_{60} = 10.15$	$\ddot{a}_{65} = 8.95$	$\ddot{a}_{60:65} = 8.05$
$\ddot{a}_{61} = 9.80$	$\ddot{a}_{66} = 8.60$	$\ddot{a}_{61:66} = 7.70$
$p_{60} = 0.99$	$p_{65} = 0.98$	

（续表）

在 2010 年 1 月 1 日的评估中，2009 年的死亡经验收益的范围是多少？
[A] 少于 10 000 元
[B] 10 000 元或以上，但少于 11 500 元
[C] 11 500 元或以上，但少于 13 000 元
[D] 13 000 元或以上，但少于 14 500 元
[E] 14 500 元或以上

9-5

正常退休给付	每服务一年，月给付 20 元
正常退休年龄	65 岁
提早退休给付	每提前一年退休，应计给付扣减 5%
退休前死亡给付	配偶可得参加者在死亡日时的提早退休给付的 50%，以终身年金形式支付

精算假设：	
• 利率	每年 6%
• 退休前死亡减因	2%（于年初发生）
• 退休前死亡以外的退保或终止	无
• 退休年龄	65 岁
• 参加者死亡时的婚姻状况	90% 已婚；配偶与参加者同龄

唯一参加者资料：	
出生日期	1947 年 1 月 1 日
受雇日期	1980 年 1 月 1 日

选定年金因子：
$\ddot{a}_{63}^{(12)} = 9.85$
$\ddot{a}_{64}^{(12)} = 9.60$
$\ddot{a}_{65}^{(12)} = 9.35$

在 2010 年 1 月 1 日的评估中，退休前死亡给付现值的范围是多少？
[A] 少于 1 135 元
[B] 1 135 元或以上，但少于 1 145 元
[C] 1 145 元或以上，但少于 1 155 元
[D] 1 155 元或以上，但少于 1 165 元
[E] 1 165 元或以上

9-6

正常退休给付	月给付 1 000 元
正常给付形式	终身年金
正常退休年龄	65 岁
提早退休给付	与正常退休给付精算等价
可选形式给付	与正常形式给付精算等价

(续表)

唯一参加者资料：	
• 出生日期	1955 年 1 月 1 日
• 退休日期	2010 年 1 月 1 日
• 配偶的出生日期	1958 年 1 月 1 日
选定支付形式	50% 联生遗属年金，配偶为受益人

选定换算函数：

年龄 x	N_x	$N_{x:x-3}$
51	377	3 234
52	345	2 935
53	316	2 659
54	289	2 403
55	263	2 168
56	240	1 951
61	147	1 106
62	132	978
63	119	862
64	106	757
65	95	661
66	85	575

如果参加者在退休后先死亡，配偶月给付的范围是多少？
[A] 少于 164 元
[B] 164 元或以上，但少于 165 元
[C] 165 元或以上，但少于 166 元
[D] 166 元或以上，但少于 167 元
[E] 167 元或以上

9-7

退休给付	在退休者的生存年限内，每年 1 月 1 日支付 10 000 元
假设利率	每年 7%

在 2010 年 1 月 1 日时，唯一退休成员的年龄为 70 岁。退休者在 2011 年 1 月 1 日仍然生存。

选定年金因子及预期寿命：
$\ddot{a}_{70} = 7.326$
$e_{70} = 13.80$
$e_{71} = 13.25$

2010 年内，由死亡经验导致的损失的范围是多少？
[A] 少于 2 000 元
[B] 2 000 元或以上，但少于 2 300 元
[C] 2 300 元或以上，但少于 2 600 元
[D] 2 600 元或以上，但少于 2 900 元
[E] 2 900 元或以上

9-8

退休前死亡给付	每服务一年,可得 5 000 元,于死亡年年末一笔支付。参加者无论在年中任何时刻死亡,均被授予一整年的服务
精算假设: • 利率 • 退休前除死亡以外的终止 • 退休年龄	每年 7% 无 65 岁
唯一参加者资料: • 出生日期 • 受雇日期 • 2010 年 1 月 1 日的状态	1950 年 1 月 1 日 1990 年 1 月 1 日 仍在职

选定换算函数:

年龄 x	D_x
60	14 863
61	13 694
62	12 600
63	11 575
64	10 616
65	9 718
66	7 926

在 2010 年 1 月 1 日的评估中,未来退休前死亡给付现值的范围是多少?
[A] 少于 7 600 元
[B] 7 600 元或以上,但少于 7 700 元
[C] 7 700 元或以上,但少于 7 800 元
[D] 7 800 元或以上,但少于 7 900 元
[E] 7 900 元或以上

9-9

退休给付	退休人员生存期间,每年 1 月 1 日支付 10 000 元 退休人员死亡后,每年 1 月 1 日支付 5 000 元给继续生存的配偶
假设利率	每年 7%

2010 年 1 月 1 日时,共有 100 名退休人员。他们的年龄均为 70 岁,而配偶的年龄均为 67 岁。

2010 年的死亡经验如下:
5 名退休人员死于 2010 年,其中 3 名的配偶继续生存至 2011 年 1 月 1 日。
95 名退休人员继续生存至 2011 年 1 月 1 日,其中 93 名的配偶继续生存至 2011 年 1 月 1 日。

选定年金因子:
$\ddot{a}_{67} = 8.74; \ddot{a}_{68} = 8.52; \ddot{a}_{70} = 8.06; \ddot{a}_{71} = 7.83; \ddot{a}_{67,70} = 6.51$

（续表）

试问在 2010 年 12 月 31 日的评估中，由于 2010 年死亡经验而产生的收益或损失的范围是多少？
[A] 损失 400 000 元或以上
[B] 损失 200 000 元或以上，但少于 400 000 元
[C] 损失少于 200 000 元
[D] 收益少于 200 000 元
[E] 收益 200 000 元或以上

9-10

一个 58 岁并即将退休的雇员有以下三种给付选择：
(1) 终身月给付 4 000 元。
(2) 终身月给付 3 720 元。退休人员死亡后，仍然生存的配偶将领取终身月给付 1 860 元。
(3) 终身月给付：62 岁之前每月 4 000 元，此后每月 3 500 元。退休人员在任何时间死亡，仍然生存的配偶都将领取终身月给付 K 元。

所有可选形式均为精算等价。

选定换算因子：
$$\frac{N_{62}^{(12)}}{N_{58}^{(12)}} = 0.6867$$

试问 K 的范围是多少？
[A] 少于 2 000
[B] 2 000 或以上，但少于 2 400
[C] 2 400 或以上，但少于 2 800
[D] 2 800 或以上，但少于 3 200
[E] 3 200 或以上

9-11

正常退休给付	最后一年薪酬的 2%
正常退休年龄	65 岁
提早退休资格	满 55 岁
提早退休给付	每提前一年退休，应计给付扣减 5%
精算假设：	
• 利率	每年 7%
• 薪酬增加率	每年 5%
• 退休前死亡或退保终止	无
• 退休概率（假设在年初发生）：	
62 岁	25%
63 岁	50%
64 岁	75%
65 岁	100%
唯一参加者资料（2010 年 1 月 1 日时仍在职）：	
出生日期	1948 年 1 月 1 日
受雇日期	1990 年 1 月 1 日
2009 年薪酬	50 000 元

(续表)

选定年金因子：
$\ddot{a}_{62}^{(12)} = 9.18$
$\ddot{a}_{63}^{(12)} = 8.96$
$\ddot{a}_{64}^{(12)} = 8.74$
$\ddot{a}_{65}^{(12)} = 8.51$

2010 年 1 月 1 日的评估中，未来给付现值的范围是多少？
[A] 少于 155 000 元
[B] 155 000 元或以上，但少于 165 000 元
[C] 165 000 元或以上，但少于 175 000 元
[D] 175 000 元或以上，但少于 185 000 元
[E] 185 000 元或以上

9-12

假设利率	每年 7%		
2010 年 1 月 1 日 所有已退休参加者资料：	陈先生	李先生	张先生
• 出生日期	1950 年 1 月 1 日	1945 年 1 月 1 日	1940 年 1 月 1 日
• 月给付（终身年金）	4 000 元	5 000 元	6 000 元

李先生死于 2010 年 12 月 31 日。在 2010 年内，无其他退休者死亡，也没有参加者刚退休。

选定年金因子：

年龄 x	$\ddot{a}_x^{(12)}$
60	9.81
61	9.60
65	8.74
66	8.51
70	7.60
71	7.37

试问在 2010 年内，已退休参加者的死亡经验收益的范围是多少？
[A] 少于 470 000 元
[B] 470 000 元或以上，但少于 475 000 元
[C] 475 000 元或以上，但少于 480 000 元
[D] 480 000 元或以上，但少于 485 000 元
[E] 485 000 元或以上

9-13

正常退休年龄	65 岁
正常退休给付形式	终身年金
可选退休给付形式	确定 10 年期终身年金（与正常给付形式精算等价）
提早退休年龄	满 55 岁
提早退休给付	与正常退休给付精算等价

(续表)

考虑下列精算假设的变化：
- 年利率：由6%增至8%
- 死亡率：由UP 1994死亡率表(男性)转成"倒退3年"的UP 1994死亡率表(男性)(例如，40岁参加者的死亡率依照死亡率表中37岁的死亡率)

考虑下列关于某参加者的说法：
(1) 如果只有死亡率改变，正常形式下的提早退休给付将会增加。
(2) 如果只有利率假设改变，正常形式下的提早退休给付将会增加。
(3) 如果只有死亡率假设改变，可选形式下的正常退休给付将会增加。

下列哪种说法是正确的？
[A] 只有(1)和(2)
[B] 只有(1)和(3)
[C] 只有(2)和(3)
[D] (1)、(2)和(3)
[E] 正确答案不在以上[A]、[B]、[C]或[D]中给出。

练习题答案：

第3章

3-1：(1) 1 104.17；(2) 101 583；(3) 106 000；(4) 110 417

3-2：4 690

3-3：879.38

3-4：6 871

3-5：11.1%

3-6：减少377

3-7：10 996

3-8：D=333

3-9：A=7 938

3-10：E=54 029(单利)(54 034—复利)

3-11：B=31 638

3-12：D=497

3-13：A=10 395

第4章

4-1：102 773

4-2：1 030

4-3：1 802

4-4：23 493

4-5：42 862

4-6：298

4-7：B=0.9621

4-8：A=1 359

4-9：C=79

4-10：C=17 496

4-11：D=8 369

4-12：A=96 347

4-13：D=2 778

第 5 章

5-1：D=8 525

5-2：C=201.41

5-3：B=14 498

5-4：C=6 028

5-5：B=9 624

5-6：E=9 767

第 6 章

6-1：D=11 427

6-2：C=7 510

6-3：B=4 130

6-4：A=1 069

6-5：B=67（损失）

6-6：A=4 982

6-7：(1) 相同；(2) $\dfrac{\mathrm{NC}_t(1+I)}{\mathrm{PVFS}_{t+1}}\sum_{A_{t+1}} S_{t+1}^j$；(3) $\ddot{a}_{\overline{n}|} = \dfrac{\mathrm{PVFS}_{t+1}}{\sum_{A_{t+1}} S_{t+1}^j}$

第 7 章

7-1：(1) 21 576；(2) 投资损失=3 432，工资收益=7 753，改变方法收益=15 398，2011 年缴费=13 767

7-2：(1) 4 433；(2) 投资损失=2 963，与缴费有关的损失=382，与给付增加有关的损失=8 149；(3) 6 286；(4) 采用单位信用成本法，应纳缴费=4 647

7-3：16 367

7-4：(1) 24 926；(2) 29 637；(3) 23 869

7-5：(1) 18 002；(2) 投资经验收益＝10 400，退休经验损失＝17 226

第 8 章

8-1：(1)14 013；(2) 12 523；(3) 13 945

8-2：(1) 121 577；(2) 资产值＝234 983，精算负债＝233 280；(3) 投资收益＝3 623，退保(一组)损失＝1 440，死亡(二组)损失＝480

第 9 章

9-1：E＝1 604

9-2：E

9-3：E

9-4：B＝11 325

9-5：B＝1 139

9-6：B＝164.77

9-7：B＝2 208

9-8：C＝7 749

9-9：D＝142 465

9-10：B＝2 281

9-11：C＝168 143

9-12：B＝474 258

9-13：B

附录3

养老金精算中英文名词对照表

A

Accounting
会计

Accrual accounting
权责发生制会计

Accrued benefit cost method
应计给付成本法

Accrued liability
应计负债

Accrued pension expense
应计养老金费用

Accumulated benefit obligation, ABO
累积给付义务

Accumulated other comprehensive income, AOCI
累积其他综合收入

Active management
主动式管理的投资策略

Actuarial assumptions
精算假设

Actuarial cost method
精算成本法

Actuarial gain
精算收益

Actuarial liability
精算负债

Actuarial loss
精算损失

Actuarial soundness
精算稳健性

Actuarial valuation
精算评估

Actuarial value of assets
资产精算值

Actuarially equivalent
精算等价

Advance funding or pre-funding
提前筹资或先融资

Age bias
年龄偏差

Aggregate cost method
聚合成本法

Aggregate method
聚合法

Ancillary benefits
附属给付

Annual cost
年成本

Annuity
年金

Annuity function
年金函数

Asset valuation method
资产评估法

Attained age normal cost method
到达年龄正常成本法

Attribution analysis
归因分析

Average value method
资产评估法之平均价值法

B

Balance sheet
资产负债表

Benefit allocation method
给付分配法

Bridge benefit
桥接给付

Building block approach
搭积木法

C

Career average earnings
职业平均工资

Cash balance plan
现金余额计划

Cash flow matching
现金流匹配

Closed group
封闭型团体

Commutation functions
换算函数

Composite survival function
组合生存函数

Confidence intervals
置信区间

Contributory pension plans
捐纳型养老金计划

Convexity
凸性

Cost allocation method
成本分配法

Cost of living adjustments
生活费用调整

D

Decrement rates
衰减率

Deferred compensation
延期补偿

Deferred costs
递延成本

Deferred income
递延收入

Deferred profit sharing plans
延期利润分享计划

Deferred tax savings vehicle
延迟征税积蓄机制

Defined benefit obligation, DBO
确定给付义务

Defined benefit plan
确定给付计划

Defined contribution plan
确定缴费计划

Demographic assumptions
人口统计假设

Deterministic forecast
决定性预测

附录 3
养老金精算中英文名词对照表

Disability benefits
残疾福利

Discount rate
贴现率

Diversification return
多元化回报

Dollar-weighted rate of return
货币加权回报率

Duration matching
久期匹配

E

Early retirement age
提早退休年龄

Economic assumptions
经济假设

Eligibility
参与计划的资格

Employee contributions
雇员缴费

Entry age normal cost method
进入年龄正常成本法

Equity risk premium
股权风险溢价

Expected fund balance
预计资金结余

Expected return approach
预期回报法

Expected return on plan assets, EROA
计划资产的预期回报

Expected value method
资产评估法之期望值法

Experience gains and losses
经验损益

F

Fair market value
合理市场价格

Final average earnings
最终服务期间平均工资

Fixed income yield approach
固定收益投资收益法

Flat benefit plan
固定给付计划

Force of interest
利息力度

Force of mortality
死亡力度

Forecast actuarial cost method
预测精算成本法

Forecast funding method
预测筹资方法

Frozen initial liability cost method
冻结初始负债成本法

Funded status
资金状况

Funding
筹资

Funding deficit
基金赤字

Funding excess or surplus
基金盈余

Funding policy
筹资政策

Funding target
筹资目标

· 245 ·

G

Gain and loss analysis
损益分析

Generally Accepted Accounting Principles
一般公认会计准则

Going concern
持续经营

Going concern valuation
持续经营评估

H

Hybrid or combination plans
混合或组合计划

Hypothetical wind-up valuation
假设清盘评估

I

Immediate disability pension
立即残疾终身年金

Immediate gain
即时收益

Income replacement
收入替代

Income statement
收入表

Individual aggregate cost method
个体聚合成本法

Individual level premium cost method
个体均衡保费成本法

Individual method
个体法

Inflation protection
通货膨胀保护

Interest cost
利息成本

Interest function
利率函数

Intergenerational equity
代际间的公平

Internal rate of return, IRR
内部收益率

J

Joint and survivor annuity
联生遗属年金

L

Level cost method
水平成本法

Liability valuation method
负债评估法

Life annuity with term certain
确定年期终身年金

Locking-in
锁定

M

Macaulay duration
麦考利久期

Mean value
平均值

Modified duration
修正久期

Monte Carlo simulation
蒙特卡罗模拟方法

Mortality table
死亡表或生命表

Moving average market value
市场价格的移动平均值

N

Net defined benefit liability/asset
净确定给付负债或资产

附录 3
养老金精算中英文名词对照表

Net periodic pension cost (income)
养老金定期净成本(收入)

Non-contributory pension plans
非捐纳型养老金计划

Non-participating annuity contract
非分红型年金合同

Normal cost
正常成本

Normal distribution
正态分布

Normal form of pension
养老金正常形式

Normal retirement age
正常退休年龄

O

Open group
开放型团体

Optional form of pension
养老金可选形式

Other comprehensive income, OCI
其他综合收入

P

Paid-up annuity
已缴年金

Passive management
被动式管理的投资策略

Pay-as-you-go
现收现付制

Pension
养老金

Pension cost forecast
养老金成本预测

Pension formula
养老金计算公式

Pension plan or pension scheme
养老金计划

Pensionable or credited service
纳入计算养老金的工作年限

Plan assets
计划资产

Plan design
计划设计

Portability
可转移性

Pre-retirement death benefits
退休前的死亡给付

Present value method
资产评估法之现值法

Present value of future benefits
未来给付的精算现值

Present value of future normal costs
未来年度正常成本的现值

Present value of future years of service, PVFY
未来服务年数现值

Prior service cost/credit
与计划生效日或修订前服务有关的成本/收益

Projected benefit obligation, PBO
规划给付义务

Projected unit credit cost method
规划单位信用成本法

R

Refund benefit
返还给付

Refund life annuity
返还终身年金

Retained earnings
自留收益

Retirement age
退休年龄

Reverse annuity
逆向年金

Risk premium
风险溢价

S

Service cost
年度服务成本

Service table
服务表

Smoothed market value method
资产评估法之平滑市场价值法

Smoothed value of assets
资产的平滑值

Social pension
社会养老金

Solvency
偿债能力

Solvency valuation
偿付能力评估

Spread gain
分散收益

Standard deviation
标准偏差

Stochastic forecast
随机性预测

Stochastic funding method
随机筹资法

Straight life annuity
纯粹终身年金

Supplemental cost
附加成本

Supplemental liability
附加负债

T

Target benefit plan
目标给付计划

Temporary annuity
限期年金

Temporary or supplemental benefits
暂时或补充给付

Terminal funding
期末基金提存筹资

Termination benefits
离职或退保给付

Time-weighted rate of return
时间加权回报率

Traditional unit credit cost method
传统单位信用成本法

U

Ultimate cost
最终成本

Unfunded actuarial liability
未纳基金精算负债

Unit method
资产评估法之单元法

V

Valuation interest rate
评估利率

Vesting
受领权

W

Wind up
清盘

参考文献

Actuarial Standards Board (2011). *Actuarial Standard of Practice No. 35: Selection of Demographic and Other Assumptions for Measuring Pension Obligations*. Actuarial Standards Board Publishing. Available from http://www.actuarialstandardsboard.org/pdf/asops/asop035_152.pdf

Actuarial Standards Board (2011). *Actuarial Standard of Practice No. 44: Selection and Use of Asset Valuation Methods for Pension Valuations*. Actuarial Standards Board Publishing. Available from http://www.actuarialstandardsboard.org/pdf/asops/asop044_160.pdf

Actuarial Standards Board (2013). *Actuarial Standard of Practice No. 27: Selection of Economic Assumptions for Measuring Pension Obligations*. Actuarial Standards Board Publishing. Available from http://www.actuarialstandardsboard.org/pdf/asops/asop027_172.pdf

Aitken, W. H. (2010). *A Problem-Solving Approach to Pension Funding and Valuation* (Second Edition). Winstead: ACTEX Publications, Inc.

Allen, Melone, Rosenbloom, and Mahoney (2003). *Pension Planning: Pension, Profit Sharing, and Other Deferred Compensation Plans* (9th Edition). New York: McGraw-Hill.

American Academy of Actuaries (2009). *A public Policy Practice Note: Selecting and Documenting Mortality Assumptions for Pensions*. United States: American Academy of Actuaries Pension Committee. Available from http://www.actuary.org/files/publications/PC_update_mortalityPN_111021.pdf

American Academy of Actuaries (2011). *A public Policy Practice Note: Selecting and Documenting Other Pension Assumptions*. United States: American Academy of Actuaries Pension Committee. Available from http://www.actuary.org/files/publications/Practice_note_on_selecting_and_documenting_other_pension_assumptions_oct2009.pdf

Anderson, A. W. (2006). *Pension Mathematics for Actuaries* (3rd Edition). Winstead: ACTEX Publications, Inc.

Anderson, J. F. (1999). *Commutation Functions*. Schaumburg: Society of Actuaries.

AonHewitt (2012). *Target Benefit Plans—The Future of Sustainable Retirement Programs*. Canada: AonHewitt.

ASHK (2006). *Retirement Benefits in Hong Kong*. Hong Kong: Hong Kong Actuarial Association. Available from http://www.actuaries.org.hk/upload/File/EdCorner_Retirement.pdf

Berin, B. N. (1989). *The Fundamentals of Pension Mathematics*. Schaumburg: Society of Actuaries.

Blommestein, H. J., Janssen, P., Kortleve, N. & Yermo J. (2009). Evaluating the Design of Private Pension Plans: Costs and Benefits of Risk-Sharing. OECD Working Papers on Insurance and Private Pensions, No. 34, OECD Publishing. Available from http://www.oecd.org/pensions/private-pensions/42469395.pdf

Booth, D. & Fama, E. (1992). Diversification Returns and Asset Contributions. *Financial Analysts Journal*, 48(3), 26—32.

Canadian Institute of Actuaries (1996). *Educational Note: Immunization for Pension Plans*. Canada: Canadian Institute of Actuaries.

Canadian Institute of Actuaries (2010). *Educational Note: Determination of Best Estimate Discount Rates for Going Concern Funding Valuations*. Canada: Canadian Institute of Actuaries.

Canadian Institute of Actuaries (2014a). *Standards of Practice-Pensions*. Canada: Canadian Institute of Actuaries.

Canadian Institute of Actuaries (2014b). *Revised Educational Note: Guidance on Asset Valuation Methods*. Canada: Canadian Institute of Actuaries.

Daskais, R. & LeSueur, D. (1993). An Introduction to Duration for Pension Actuaries. In The Pension Forum, 8(1). Schaumburg: Society of Actuaries.

Farber, D. & Matray, G. (2001). *2001 Supplement to Actuarial Cost Methods: A Review*. Arlington: American Society of Pension Actuaries.

Farrimond, W., Mayer, D. L., Farber, D. & Matray, G. (1999). *Actuarial Cost Methods: A Review*. Arlington: American Society of Pension Actuaries.

FASB (2008). *Statement of Financial Accounting Standards No. 88*. United States: Financial Accounting Foundation.

FASB (2010). *Statement of Financial Accounting Standards No. 158*. United States: Financial Accounting Foundation.

FASB (2010). *Statement of Financial Accounting Standards No. 87*. United States: Financial Accounting Foundation.

Fleischer, D. R. (1975). The Forecast Valuation Method for Pension Plans. *Transaction of the Society of Actuaries*, 27, 93—154.

HKSAR (2013). *Hong Kong: The Facts. Mandatory Provident Fund*. Hong Kong: Government Information Services Department. Available from http://www.gov.hk/en/about/abouthk/factsheets/

docs/mpf. pdf

IFRS (2013). *International Accounting Standard 19: Employee Benefits*. IFRS Foundation.

Joss, D. (2011). Plan Design Approaches to Volatility Management in Retirement Plans. Schaumburg: Society of Actuaries.

McGill D. , Brown, K. N. , Haley, J. J. , Schieber, S. & Warshawsky, M. (2010). *Fundamentals of Pensions* (9th Edition). Oxford: Oxford University Press.

McGinn, D. F. (1994). Benefit Stream Driven Actuarial Valuations for "Defined Benefit" Pension Plans. *International Association of Consulting Actuaries Colloquia*, 2, 305—336. Available from http://www. actuaries. org/IACA/Colloquia/HongKong/Vol_2/McGinn. pdf

Mercer (2013): *Benefits Legislation in Canada 2014*. Mercer Publishing.

Mintz, J. M. (2009). Summary Report on Retirement Income Adequacy Research. Canada: Department of Finance. Available from http://www. fin. gc. ca/activty/pubs/pension/pdf/riar-narr-BD-eng. pdf

Modugno, V. (2012). Estimating Equity Risk Premiums. Schaumburg: Society of Actuaries. Available from SOA-Society of Actuaries-Estimating Equity Risk Premiums.

Moody (2009). *Moody's Rating Symbols & Definitions*. Moody's Investors Service. Available from https://www. moodys. com/sites/products/AboutMoodysRatingsAttachments/MoodysRatingsSymbolsand%20Definitions. pdf

Morneau Sobeco (2013). *Handbook of Canadian Pension and Benefit Plans* (15th Edition). CCH Canadian Limited.

OECD (2013). *Pensions at a Glance 2013: OECD and G20 Indicators*. OECD Publishing. Available from http://www. oecd. org/pensions/public-pensions/OECDPensionsAtAGlance2013. pdf

Tino, P. & Sypher, E. (2002). *Asset Valuation Methods under ERISA*. In The Pension Forum, 14(1). Schaumburg: Society of Actuaries.

Whiteford, P. & Whitehouse, E. (2006). Pension Challenges and Pension Reforms in OECD Countries. *Oxford Review of Economic Policy*, 22(1), 78—94.

Whitehouse, E. (2010). Canada's Retirement-income Provision: An International Perspective. Canada: Department of Finance. Available from Archived-Canada's Retirement-income Provision: An International Perspective.

Winklevoss H. , Ruloff M. & Strake S. (2005). Managing Volatility in a Mark-to Market World: The Stochastic Funding Method. Schaumburg: Society of Actuaries.

Winklevoss, H. E. (1977). *Pension Mathematics with Numerical Illustrations*. Homewood: Richard Irwin, Inc.

教师反馈及教辅申请表

北京大学出版社本着"教材优先、学术为本"的出版宗旨,竭诚为广大高等院校师生服务。为更有针对性地提供服务,请您认真填写以下表格并经系主任签字盖章后寄回,我们将按照您填写的联系方式免费向您提供相应教辅资料,以及在本书内容更新后及时与您联系邮寄样书等事宜。

书名		书号	978-7-301-	作者	
您的姓名				职称职务	
校/院/系					
您所讲授的课程名称					
每学期学生人数	_____人_____年级			学时	
您准备何时用此书授课					
您的联系地址					
邮政编码		联系电话(必填)			
E-mail(必填)		QQ			
您对本书的建议:				系主任签字 盖章	

我们的联系方式:

北京大学出版社经济与管理图书事业部
北京市海淀区成府路 205 号,100871
联系人:徐冰
电话: 010-62767312 / 62757146
传真: 010-62556201
电子邮件: em_pup@126.com   em@pup.cn
Q Q: 5520 63295
新浪微博:@北京大学出版社经管图书
网址: http://www.pup.cn